房地产平台经济论丛　　　　　　　　江苏高校优势学科建设工程资助项目

房地产网络平台信任机理及价格结构

吴伟巍　著

东南大学出版社
SOUTHEAST UNIVERSITY PRESS
·南京·

内 容 提 要

毋庸置疑,平台经济是"互联网+"背景下各个行业转型升级的方向。许多行业都已经借助互联网平台进行了转型升级,平台已经在深刻改变着人们的生活方式。平台的本质在于其可以解决陌生人与陌生人之间的信任。平台的最大魅力在于其突破临界容量后的赢家通吃。

然而,房地产行业的特征却不同于已有平台的"高频"和"低值"。究其本质,因为专业性强等特点,导致产业链上的产品及服务大部分属于信任类商品,即客户使用了也不知道好不好。其"低频""高值"及"重线下服务"的特性,导致其信用体系与基于成交量和用户评价的消费信用体系完全不同。房地产行业基于"互联网+"进行转型升级的方向,本质在于要重新构建房地产网络平台的信用体系。

本书首次针对房地产网络平台的信任体系、估值方式及价格结构进行了全面的分析。本书适合房地产网络平台的创业者及从业者、房地产平台经济的研究人员以及工程管理等相关专业的高年级学生和研究生使用。

图书在版编目(CIP)数据

房地产网络平台信任机理及价格结构/吴伟巍著. —南京:东南大学出版社,2018.8

(房地产平台经济论丛)

ISBN 978-7-5641-7535-1

Ⅰ. ①房… Ⅱ. ①吴… Ⅲ. ①房地产市场-网络营销-研究 Ⅳ. ①F293.352

中国版本图书馆 CIP 数据核字(2017)第 310669 号

房地产网络平台信任机理及价格结构

著　　者　吴伟巍

出版发行	东南大学出版社
社　　址	南京市四牌楼 2 号　邮编:210096
出 版 人	江建中
责任编辑	丁　丁
编辑邮箱	d.d.00@163.com
网　　址	http://www.seupress.com
电子邮箱	press@seupress.com
经　　销	全国各地新华书店
印　　刷	江苏凤凰数码印务有限公司
版　　次	2018 年 8 月第 1 版
印　　次	2018 年 8 月第 1 次印刷
开　　本	787 mm×1 092 mm　1/16
印　　张	12.5
字　　数	281 千
书　　号	ISBN 978-7-5641-7535-1
定　　价	48.00 元

本社图书若有印装质量问题,请直接与营销部联系。电话(传真):025-83791830

序

1. 写序缘由

我和吴伟巍博士认识完全是因为网球。我们虽然同在一个学校,并不在一个学院,而且学科方向完全不同,爱好网球成了我们唯一的交叉点。应该是5年前我们开始合作打双打,尽管没有什么骄人的成绩,也打出了一些令我们满意的比赛。在一起交往多了,我知道伟巍本身研究方向是工程管理中的工程安全问题,年纪轻轻在这一领域已小有成就。我自己在经济学领域工作近30年,从西方经济学流派开始,经过微观经济学、管制经济学和产业组织理论方面的基础训练和研究。在2000年前后转向网络经济学,2012年在和伟巍打球的初期,组织翻译芝加哥大学D.伊文斯的《平台经济学》,把自己主要研究方向延伸到平台方面,后开设"平台经济学"的本科生研讨课。我们每次打球前去球场的路上,正好有时间和伟巍讨论相关的问题。

在彼此不断讨论的过程中,伟巍认为自己也需要拓展新的研究方向,我把对这一领域研究的成果介绍给他,同时提出在新领域运用的路径,并将解决这些问题不成熟的想法和盘托出。伟巍是少数对平台经济学领悟力非常高的年轻人,随即决定将平台与房地产行业相结合进行研究,扩展自己新的研究领域,并把自己未来的主要研究方向调整过来。实事求是地说,在博士毕业以后,特别是在副教授之后,敢于选择全新的研究方向需要巨大的勇气。更可贵的是伟巍为将这一领域实践落地成立了自己的公司。这是我多年想做却一直没有勇气实现的事情,尽管我年长他很多,就这一点伟巍真是值得我学习。创业艰难是尽人皆知的,在工作、学习和家庭等多方面进行协调是更难的事情,况且他还有两个可爱的女儿需要照顾。伟巍应该是各方面做得非常出色,而今公司已初具规模逐步走向正轨,最初研究成果《房地产平台经济论丛》即将出版,希望我为此写一个序。我也借此机会把自己最近在这方面的想法做一个梳理,谈谈研究的思路以及未来的方向,算是抛砖引玉。

2. 逻辑和方向

20世纪90年代初网络经济高速发展,发起了新一轮的技术革命,很大程度上改变了社会资源的配置模式和效率,其最有意义的表现形式是平台模式的普遍运用。尽管"平台"不是一个新的词汇,但网络经济时代赋予了它全新的含义。

从现有的研究和产业的发展来看,平台至少包含四个领域的问题,即理论、模式、技术和政策。社会科学中各个学科对平台理论都有自己的解读,经济学、管理学、政治学和社会学等都形成了各自的理论范式和研究脉络。

2.1 理论的逻辑和问题

限于文献和理论研究领域局限,对其他领域的研究不再赘述,仅仅谈谈平台理论在经济学方面的发展。现在许多研究者希望借助新古典经济学的框架研究平台经济,就现有成果而论,的确大都出自新古典经济学的研究方法、逻辑框架和相应结论。客观地说,从现有的研究成果分析,平台经济学建构与新古典基本逻辑缺乏自洽性是主要"瑕疵",仅仅借助新古典的诸多术语和简单方法是远远不够的。扩展还是重构是平台经济学研究中难抉择的问题,选择扩展是现在平台经济学的主流,这毕竟符合经济学发展的传统。特别是以网络经济学为理论基础,延伸形成平台经济学的框架已经为研究者所接受,这就形成网络经济发展与平台经济学有效的理论链接。

如果从这个视角去看,库兹和夏皮罗于20世纪80年代中期在"网络效应"方面开创性的工作为这一领域的发展提供了前提假设。十年后 Economid N. 建立了网络经济学规范研究框架,特别是对网络报酬递增和互联互通的理论分析,指明了网络经济学的基本研究方向。进入21世纪,阿姆斯特朗建立双边市场均衡分析,初步构建了平台经济学的研究框架,Rochet J. 和 Tirole J. 细化了双边和多边市场理论假设,将蛋鸡悖论、临界容量和交叉外部性等关键术语进行了严格的理论规范。这为2010年普林斯顿大学23岁天才博士 Wely 证明多边市场均衡的存在性成为可能,也就奠定了平台经济学的理论基础。在 Evens、Hugiu 和 White 等一批年轻学者的努力下,平台经济学的理论框架、基本范畴和部分代表性的理论结论基本完成,当然要构建完备的学科体系还远远不够。

从现有的理论研究来看,至少有两个方向值得关注:一是构建平台的基础变量,没有类似市场的价格和组织的产权等价的变量;二是平台的经济主体不清晰,很难对平台进行规范研究。如果能像微观经济学研究范式,借助市场结构理论倒推完美市场机制形成的条件,也许是一条可行的路径。所以清晰分析平台模式的特征,对解决上述问题希望有所帮助。

2.2 模式的要件和缺陷

严格说,模式问题不属于经济学范畴。平台模式的构成有三个要素:一是独立的第三方作为平台的主体;二是平台的规则,作为各方遵守的原则;三是平台的信任机制,是平台存在的基础。这三方面的研究都没有形成经济学的共识,但不妨碍借助产业组织理论的分析框架研究其基本规律。

平台模式可以从参与者视角分析传统的产业组织理论,市场参与者只有供求双方的构成。平台模式加入第三方平台企业,这种市场结构又分三种形式,一是同类或者关联平台之间的关系,二是平台与上下游厂商的关系,三是上下游厂商之间的关系,组合起来极其复杂。现有的理论分析没有形成统一的框架,只能借助传统的产业组织理论从竞争到垄断简单地区分平台之间关系,这也许是平台模式的第一个缺陷。

从产品差异化的视角,一般认为平台提供的是服务,而服务的特征是边生产边消费,本身的差异化是生产过程中天然存在的。平台可以将差异化服务中分离出的标准化部分内生化,平台参与者的自我表现体现自身的差异。有一点"请君入瓮"的意思,可以是霍德林模型的变体,或者是其反向的对偶模型。异质化分解条件的缺失是平台模式的第二个缺陷。

临界容量是平台企业无法逾越的进入障碍,较高的进入壁垒是平台厂商必须面对的行业准则。随着平台产业的发展,进入壁垒将越来越高,希望小投资撬动大平台的时代已经结束。轻资产的特征直接导致低退出壁垒,也是平台厂商恶性竞争的本质原因。从早期的雅虎、搜狐和新浪等门户性网站的开始,到京东和苏宁等专业性网站的延续,以及滴滴和快的情景式网站的合并,加上各类网站对淘宝市场地位的侵蚀,无不体现平台竞争丛林规则的惨烈。平台厂商没有进入退出的基本底线是平台模式的第三个缺陷。

平台企业赖以生存的基础是降低市场交易双方的信息不对称程度,从而降低市场交易成本。这也是目前平台企业相比传统企业最具有优势的特征,物流、资金流和信息流构成的平台信息体系大大提升了原有市场的效率,而平台离一个完美的市场所需要的信息还是远远不够的,更重要的是谁控制了这些信息,谁可以运用这些信息牟利。从长远来看这是中心化平台无法克服的第四个缺陷。无论是平台中的假货、虚假的好评、平台对市场内部信息的控制等都可以证明平台模式不是一个完美信息的市场模式。

我们找到了平台这种模式,它可能成为市场和组织以外第三种配置资源的模式,平台的存在使我们可能趋向于完美配置资源模式,然而有效的技术支撑是成为完美模式的前提。

2.3 技术的发展与误解

虽然平台古来有之,而有今天的发展水平显然是技术进步的结果。现有平台的发展存在严重的误解,平台本身是技术决定的,模式仅仅是实现方式。

首先是计算机操作平台的发展。平台发展起决定作用的是20世纪80年代以后计算机技术的进步,特别是以微软和英特尔模式(W-INTEL)为基础的操作平台的出现,它提供了最初双边市场基本模式的雏形和实现的可能性。

其次,在此基础上2000年前后实现网络交互平台。平台多边市场特征开始体现,这种技术在四个层面上体现:一是底层的操作平台,这就是我们熟悉的以Windows为代表的底层操作平台;二是它的上端是大型的数据库系统,通常是我们所认为的IEP,就是网络的设备提供商;三是中间构成是由IAP构成的运营商平台,就是通常所说的三大运营商;四是我们所熟悉的BAT,就是网络服务提供商,构建在它们上面的是EC,就是我们说的电子商务或者是微商。

再次,平台技术发展的互补性。一是软件技术,就是我们所熟悉的数据库系统和相应的操作平台;二是硬件技术,主要是指计算机中心处理器,也就是我们通常所说的CPU。今天所有大型平台系统,其基础是CPS(Cyber Physical System),也就是无论BAT多热闹,都是建立在基础平台上的。如果底层平台撤除,将无处生存。

最后,操作系统的源代码控制技术和竞争。这些公司将其他公司处于完全被动的状态,也是无论其他公司盈利与否,作为操作平台和提供相应硬软件的公司,比如微软、英特尔、甲骨文和高通等始终保持高速增长的原因。

2.4 政策的选择和争论

从平台诞生的第一天起,政策选择一直是平台产业发展的一个不可回避的问题。这个方面的第一个有争议的政策是微软公司的操作平台垄断判断。从现在来看,就是双边市场接入的兼容性问题,美国和欧盟采取不同的政策限制,最终导致了不同的竞争结果。

关于平台的竞争政策选择问题,有两种不同的思路。一是沿用竞争理论,现有的平台垄断问题就变得不可回避,平台有可能解决马歇尔悖论,而平台的性质必然导致垄断。张维迎等人研究认为,由于平台天然的竞争性,只要放开竞争环境,平台可以解决马歇尔悖论,而无法长期垄断。二是重建一个平台的政策体系。这是现有管制经济学理论研究最为核心的内容,这就要为此建立新的经济学体系。由于平台经济学是在新古典经济学基础上构建,其他学科的学者为摆脱这一困境做了许多工作。本人在"关系经济学"方面的研究也许可以帮助其发展,这也是本人一直追求的目标。当然,完全放任也是一种选择,这是奥地利学派政策的倾向,而比特币的出现就是这一学派最值得夸耀的结果,问题是没有理论支撑的政策是难以长久的。

3. 三点评价和期待

伟巍博士在这几年中集中研究房地产平台问题,从科学研究的视角讨论平台经济学的产业运用是我们最需要扩展的研究领域。因为目前理论研究远远落后于具体的实践,从这个意义上讨论,这样的探索非常有意义。尽管本书研究刚刚展开,在这一领域的探索还是很有价值的,本书在以下几个方面值得推荐:

一是理论框架自我认知体系。通过对平台理论的系统认识,建立了独立第三方的信任体系为核心的认知框架,为建立产业平台企业的核心理论进而建立特定产业的平台模式奠定了基础,这方面的困难程度甚至超过具体的企业运行,因为这方面的理论研究是前人没有做过的,而企业运用至少可以照搬传统企业的管理方法。

二是产业延展和再实践。将平台理论运用在传统产业是一件非常困难的事情,首先平台理论的基本逻辑要有较深刻的认识,并且平台理论本身很不成熟,还有太多值得讨论的问题。这就要求伟巍的课题必须在理论研究和具体运用中不断探索,这对刚刚转入这一领域的研究者和实践者都是巨大挑战。尽管本书这方面的研究刚刚开始,个人认为其研究的方向和把握尺度还是合理的。

三是未来研究的期待和可能的突破。目前平台的实践至少在两方面存在严重对立和相互融合,一方面企业基本沿着传统企业的模式建立平台,而大部分比较成功的企业都是这一类型或者是其变体,比如BAT和京东、苏宁;另一方面建立全新平台模式企业却举步维艰,最近不断出现共享模式平台的倒闭,说明新兴的产业模式面临巨大挑战。甚至一直被认为代表最新产业模式的区块链企业也是如履薄冰,未来的路在哪里是全社会对平台企业提出的疑问。希望伟巍博士和他的团队的研究和实践为此做出自己的努力,即使仅在房地产领域,也是一个了不起的贡献。

东南大学经济管理学院　周勤　教授
2018年2月7日于南京江南文枢苑家中

前　言

毋庸置疑，互联网平台已经在深刻改变着我们的生活方式。衣食住行中，"衣"——我们越来越离不开购物平台，"食"——我们越来越离不开餐饮平台，"行"——我们越来越离不开叫车平台。衣、食、行都已经实现了平台的一统江湖，赢家通吃也是平台的最大魅力所在。那么"住"呢？居住入口式平台的方向在哪里？

房地产行业中，关于网络平台的尝试也如雨后春笋般开始涌现。房地产行业由于其低频高值的特征，不少平台出现了现金流巨大但用户数量极少，且持续亏损严重的"独特"现象。行业乱象丛生的背后，寻找其根本的理论基础，无疑对整个行业都具有重要的指导意义。在这样的背景之下，本书应运而生，尝试探索房地产经济与平台经济的交叉学科——房地产平台经济。

从产业方向来看，基于互联网进行产业的升级和改造是必然方向，平台是"互联网＋"战略下最有效的产业升级改造的方式之一。平台的本质在于"解决陌生人与陌生人之间的信任"。由于双边市场具有的网络外部性特征，一旦突破临界容量之后，平台就有可能实现赢家通吃，这也是平台的最大魅力所在。在"互联网＋"时代，得账户者得天下！支付宝以及微信支付的成功，已经使得消费信用体系可以解决大部分场景的信任问题；即使是红极一时的共享单车，最终也逃脱不了被支付入口一统江湖的命运。

而房地产网络平台，由于低频、高值、重线下服务，其具有不同于消费信用体系的特点。买卖平台、租售平台、信息搜寻平台、装修平台、贷款平台、后服务平台等，涉及的买方信用、卖方信用、中介信用、租客信用、房东信用、装修信用、物管信用等，大部分都不同于已经构建的"成交数量＋客户评价"的体系。例如实践中尝试极多的装修平台，几乎全部都在按照消费信用体系的思路去构建装修信用体系。事实已经证明，这种方式是不可能解决装修中的信任问题的。此外，例如租售平台，在"租售同权"的大背景下，国家信用担保可能成为唯一的可能，部分城市已经开始尝试建立政府主导的房地产租售平台。

本书从平台经济的基本概念出发，尝试探索性建立房地产网络平台的理论体系。第一部分尝试解释房地产网络平台信任形成机理；第二部分尝试解释房地产网络平台的价值分析；第三部分尝试解释房地产网络平台的价格结构。总体而言，该书是从相对"宏观"的视角，即更多从共性出发，建立基本的理论框架体系。而针对不同类别房地产网络平台的特征，比如进一步细分为搜寻类、经验类、信任类的深入分析，将在后续的研究和实践中进一步完善和补充。

在整个书稿完成过程中，得到了来自良师益友、东南大学经济管理学院周勤教授及其课题组成员的深入指导；同时受到了恩师、东南大学土木工程学院李启明教授的鼎力支持。没有两位教授的倾力相助，是不可能有本书的诞生的，在此一并表示深深的谢意！

此外，东南大学硕士研究生王晓雯、王孟连和陈倩茹（现都已经奋斗在行业的第一线），分别主要参与了第一部分、第二部分、第三部分的撰写工作；崔亦玮参加了书稿最后的排版工作；江苏三六五网络股份有限公司的李智博士、单伟校友对三个部分的调研也做出了很大的贡献。在此一并表示感谢！

房地产网络平台的尝试才刚刚开始，我辈工程管理人任重而道远！当然，由于作者才疏学浅，疏漏和错误不可避免，此书权当抛砖引玉，请各位读者批评指正！

吴伟巍
2017年12月20日于南京藏龙御景

CONTENTS 目录

绪 论

第一章 研究背景及研究内容 ... 3
1.1 研究背景 ... 3
1.2 国内外研究现状 ... 4
    1.2.1 第三方治理及信任 ... 4
    1.2.2 双边市场及目标市场选择 ... 5
    1.2.3 价格结构 ... 6
1.3 研究内容 ... 8
    1.3.1 房地产网络平台的信任形成机理 ... 8
    1.3.2 房地产网络平台的价值分析 ... 9
    1.3.3 房地产网络平台的价格结构 ... 9

第二章 研究方法及理论基础 ... 11
2.1 网络平台信任 ... 11
    2.1.1 信任的各学科解释 ... 11
    2.1.2 网络平台信任的分类 ... 12
    2.1.3 网络平台信任的过程 ... 13
2.2 第三方治理的概念 ... 14
    2.2.1 第三方治理的一般概念 ... 14
    2.2.2 网络平台第三方治理的概念 ... 15
2.3 感知风险、信任阈限原理及有调节的中介模型 ... 16
2.4 双边市场理论 ... 20
    2.4.1 双边市场的界定 ... 20
    2.4.2 网络外部性 ... 21
    2.4.3 双边市场的特征 ... 23
    2.4.4 平台竞争基础模型与扩展 ... 24
2.5 企业价值理论 ... 26
    2.5.1 企业价值的内涵 ... 26

  2.5.2 企业价值评估的目的与假设 ·· 27
  2.5.3 传统的企业价值评估方法 ·· 28
 2.6 价格结构研究 ·· 29
  2.6.1 一般分析模型的建立 ·· 29
  2.6.2 行业研究进展 ··· 30
  2.6.3 平台企业的定价模式 ·· 32
  2.6.4 平台企业的定价策略 ·· 32

上 篇　房地产网络平台信任机理

第三章　房地产网络平台信任的定义及分类 ···································· 37
 3.1 房地产网络平台的定义及分类 ··· 37
  3.1.1 房地产网络平台的定义 ·· 37
  3.1.2 房地产网络平台关系模式 ·· 39
  3.1.3 房地产网络平台的分类 ·· 41
 3.2 传统房地产信任与房地产网络平台信任的区别 ······························ 43
  3.2.1 传统信任与网络信任的区别 ··· 43
  3.2.2 传统房地产信任与房地产网络平台信任的区别 ·················· 45
  3.2.3 传统信任治理与房地产网络平台信任治理 ························· 46
 3.3 房地产网络平台信任的定义及分类 ·· 49
  3.3.1 房地产网络平台信任的定义 ··· 49
  3.3.2 房地产网络平台信任的分类 ··· 49
  3.3.3 房地产网络平台信任的对象界定 ·· 51
  3.3.4 房地产网络平台信任的阶段 ··· 51

第四章　房地产网络平台信任形成的假设模型构建 ························· 53
 4.1 房地产网络平台信任形成的影响因素分析 ····································· 53
  4.1.1 房地产网络平台信任的影响因素 ·· 53
  4.1.2 房地产网络平台信任的关系及假设 ···································· 58
 4.2 房地产网络平台信任形成的假设模型构建 ····································· 60
  4.2.1 含有调节的中介模型的适用性分析 ···································· 60
  4.2.2 房地产网络平台信任形成的假设模型构建 ························· 61
 4.3 基于 SEM 的简化分析 ··· 62
  4.3.1 测量模型 ·· 62
  4.3.2 确定路径系数 ··· 63
  4.3.3 路径效果及中介调节效应 ·· 64

第五章 房地产网络平台信任假设模型的实证研究 · 67
- 5.1 调查问卷设计及发放 · 67
  - 5.1.1 研究变量的测量 · 67
  - 5.1.2 问卷的基本内容 · 69
  - 5.1.3 问卷设计及发放 · 70
  - 5.1.4 描述性统计 · 71
  - 5.1.5 问卷设计的信度效度分析 · 76
- 5.2 结构方程模型概述 · 78
- 5.3 结构方程模型构建与分析 · 79
  - 5.3.1 结构方程模型的构建 · 79
  - 5.3.2 结构方程模型整体适配度评价 · 80
  - 5.3.3 研究假设的检验结果 · 82
- 5.4 房地产网络平台信任形成的分析与治理启示 · 83

中 篇 房地产网络平台价值分析

第六章 房地产网络平台的定义与市场细分 · 89
- 6.1 房地产网络平台的定义与业务范围界定 · 89
  - 6.1.1 房地产网络平台的定义 · 89
  - 6.1.2 房地产网络平台的业务范围界定 · 90
- 6.2 房地产网络平台的特征 · 92
  - 6.2.1 房地产网络平台的双边市场特征 · 92
  - 6.2.2 房地产网络平台的互联网企业特征 · 93
- 6.3 房地产网络平台市场细分 · 95
  - 6.3.1 房地产网络平台市场细分的原则 · 95
  - 6.3.2 房地产网络平台市场细分的特点 · 95
  - 6.3.3 按业务类别进行市场细分 · 96

第七章 房地产网络平台市场价值分析 · 98
- 7.1 房地产网络平台企业追求的目标是企业价值最大化 · 98
  - 7.1.1 利润最大化目标的局限性 · 98
  - 7.1.2 企业价值最大化目标的合理性 · 100
- 7.2 房地产网络平台企业价值的驱动因素与含义界定 · 101
  - 7.2.1 传统估值方法的局限性分析 · 101
  - 7.2.2 房地产网络平台企业价值的驱动因素 · 102
  - 7.2.3 房地产网络平台企业价值驱动因素的含义界定 · 103

7.3 房地产网络平台细分市场价值的指标估计 …………………………………… 105
　　7.3.1 房地产网络平台细分市场的需求方用户数量估计 ………………… 106
　　7.3.2 房地产网络平台细分市场的用户价值估计 ………………………… 107

第八章　房地产网络平台市场竞争分析 …………………………………………… 112
8.1 房地产网络平台市场竞争模型构建与求解 …………………………………… 112
　　8.1.1 平台竞争基础模型的适用性分析 …………………………………… 112
　　8.1.2 房地产网络平台市场竞争模型的假设与模型构建 ………………… 112
　　8.1.3 竞争模型的求解 ……………………………………………………… 116
8.2 房地产网络平台市场竞争均衡结果对于市场选择的启示 …………………… 120
　　8.2.1 竞争模型的均衡结果分析 …………………………………………… 120
　　8.2.2 平台竞争模型的结论对于房地产网络平台市场选择的影响分析 ……… 123

第九章　案例分析 …………………………………………………………………… 126
9.1 案例对象选择 …………………………………………………………………… 126
　　9.1.1 以南京市住宅新房和二手房买卖市场为例 ………………………… 126
　　9.1.2 以三六五网为房地产网络平台案例企业 …………………………… 127
9.2 确定指标权重 …………………………………………………………………… 129
9.3 案例背景与市场选择结果分析 ………………………………………………… 131
　　9.3.1 案例背景分析 ………………………………………………………… 131
　　9.3.2 市场选择结果分析 …………………………………………………… 134

下　篇　房地产网络平台价格结构

第十章　房地产网络平台的特征和分类 …………………………………………… 139
10.1 房地产网络平台的特征 ……………………………………………………… 139
　　10.1.1 房地产网络平台的定义 ……………………………………………… 139
　　10.1.2 房地产网络平台的构成要素 ………………………………………… 139
10.2 房地产网络平台的双边市场特征 …………………………………………… 142
　　10.2.1 房地产网络平台的相关概念界定 …………………………………… 142
　　10.2.2 房地产网络平台的双边市场特征辨析 ……………………………… 144
10.3 房地产网络平台的分类 ……………………………………………………… 147
　　10.3.1 市场制造者房地产网络平台 ………………………………………… 147
　　10.3.2 受众创造者房地产网络平台 ………………………………………… 149
　　10.3.3 需求协调者房地产网络平台 ………………………………………… 149

第十一章 房地产网络平台的价格结构模型 … 151

11.1 Armstrong 基础模型的适用性和参数假设分析 … 151
11.1.1 Armstrong 基础模型的适用性分析 … 151
11.1.2 房地产网络平台价格结构模型的参数假设 … 154

11.2 房地产网络平台价格结构模型的构建与求解 … 157
11.2.1 平台采取注册费形式 … 157
11.2.2 平台采取交易费形式 … 160
11.2.3 平台采取两部分收费形式 … 163

11.3 房地产网络平台的价格结构分析 … 165
11.3.1 模型均衡结果分析 … 165
11.3.2 房地产网络平台的定价策略 … 166

参考文献 … 167

绪 论

本篇引言：互联网平台已经在深刻改变着我们的生活方式。衣食住行中，"衣"——我们越来越离不开购物平台、"食"——我们越来越离不开餐饮平台、"行"——我们越来越离不开叫车平台。衣、食、行，都已经实现了平台的一统江湖，赢家通吃也是平台的最大魅力所在。房地产行业中，关于网络平台的尝试也如雨后春笋般开始涌现。房地产行业由于其低频高值的特征，不少平台出现了现金流巨大、但用户数量极少、且持续亏损严重的"独特"现象。居住入口式平台的方向在哪里？

第一章
研究背景及研究内容

1.1 研究背景

互联网已经渗透到人们日常工作和生活中的各个领域,对社会经济和人们生活都产生了重大影响,并且正在深刻改变着中国的经济格局[1-3]。中国互联网络信息中心(CNNIC)发布的第39次《中国互联网络发展状况统计报告》显示[4,5],截至2016年12月,中国网民规模已经达到7.31亿,相当于欧洲的总人口数,全年共计新增网民4 299万人,互联网的普及率达到了53.2%,比2015年底上升了2.9%,超过亚洲平均水平7.6个百分点[2]。同时,"互联网+"已经上升为国家战略[6-9]。"互联网+"的革新大潮呼啸而来,正在深刻改变着人们衣食住行的习惯[10-12]。

房地产作为重要产业之一,也积极在互联网风口顺势而为,借助网络进行转型升级[13]。近年来,房地产网络平台如雨后春笋般出现并迅速壮大,并渗透到房地产产业链的各个阶段,房地产网络平台的实践被推向了高潮。然而,由于服务同质化严重,各种房地产网络平台之间竞争激烈;而在其他领域,已经只剩下了几家大的网络平台。

多数情况下,房地产网络平台连接着两个不同的群体,如买方和卖方、出租方和承租方,具有典型的双边市场特征[14]。同时,房地产交易过程中还需要很多的配套服务(如金融服务等),因此大部分的房地产网络平台还具有明显的多边市场特征[15]。由于双边市场或多边市场网络外部性的存在,每一位用户所得到的效用随另一边用户数量的增加而呈跳跃式增加[15-17]。因此房地产网络平台打破了传统企业与市场之间的边界,重新组织资源的配置结构,其双边市场或多边市场模式下的优势也会随着用户规模的增加越来越明显,从而呈现典型的网络效应[18]。

同时,房地产网络平台收取的总价格在两边或多边用户之间的分配被称为价格结构,其在用户间的分配直接决定着平台企业的定价策略[19]。研究结果已经证实,在需求弹性不变时,最大倾斜的定价策略能给平台企业带来利润最大化[20]。平台对一边的定价也可不受限于边际成本,可低于成本甚至为负数来补贴一方[16,17]。研究表明,多边市场特征下也存在均衡[22]。房地产网络平台通过收费来补偿投资、调控双边或多边用户数量以实现收益共享,通过价格在双边或多边用户之间的合理分配促使双边市场需求增加。

遗憾的是,房地产网络平台的发展时间较短,整体水平较低[13,23]。同时,由于和一般商品不同,房地产网络平台上的交易多具有低频、高值等特点,导致大部分房地产网络平台企业忽视了其多边市场的本质特征,仍然在不断重复着多边市场特征下的单边市场行为,平台的网络外部性优势没有得到体现[24-27]。

除此之外,由于消费者与交易的另一方所具有的信息和权利地位的不对等,很难通过互相监督的方式来监管和惩罚交易中的机会主义现象[28]。在这种情况下,双方可以通过借助或者服从第三方中介组织来协调违约行为和交易冲突[29]。这种通过非国家强制力而存在的第三方监督交易参与人的行为并传递相关信息的方式就是"第三方治理"[30]。作为第三方,房地产网络平台具有更好地促进房地产行业健康发展与良性运作的潜力,解决交易双方信息不对称的问题,有效地遏制交易中的机会主义。

毋庸置疑,房地产网络平台已经成为"互联网+"战略的必然选择。针对房地产网络平台交易所具有的低频、高值等特性,如何有效地推进第三方治理视角下房地产网络平台信任体系的构建、推进房地产网络平台价值分析及市场选择的探索、推进房地产网络平台多边市场特征及其价格结构的研究,都是既具有中国特色又具有国际化趋势的理论和实践难点,具有重要的理论价值与实践意义。

1.2 国内外研究现状

1.2.1 第三方治理及信任

1. 基本治理功能

在网络交易的诸多利益相关者中,"第三方交易平台"获得了很多学者的关注。通过制定和实施有关的交易规则,第三方交易平台获得了规范平台上电子商务的管理权,被认为是解决信息不对称问题的关键和核心。青木昌彦支持第三方在改善信息机制方面具有的重要意义,定义了这种通过非国家强制力而存在的第三方监督交易参与人的行为并传递相关信息的方式为"第三方治理"[30]。

第三方治理作为一种外部治理机制,解决交易所产生的外部性问题最能体现第三方治理模式的优越性。Milgrom等最早提出借用第三方中介组织来协调违约行为和交易冲突的概念[29]。另外,第三方还可以视作一种可以施加成本的产权主体,它通过向产权当事人施加成本,促使其履行他们不愿意自我实施的事务[199]。McMillan指出第三方可以依赖自身的专业优势,通过第三方治理机制仲裁,从而实现对企业合作领域机会主义的治理。

2. 协调作用

对协调作用的研究尚处于起步阶段,目前国内研究借鉴了传统的产品供应链理论及研究方法,大多利用博弈模型建立利益协调机制作为激励手段来解决两方成员间的协调问题。此外,电子商务生态系统的协调机制及演化路径得到了一些分析和研究。付媛通过引入新成员建立风险补偿机制,从而解决沟通偏差造成非主观意愿的服务失败问题。另外,Chen研究了信任和C2C平台提供商忠诚度的关系,提出了信任平台提供商在成员相互信任和对平台提供商忠诚之间起调节作用。

3. 网络平台信任的影响因素

普遍认为第三方网络平台的感知有用性、感知易用性、声誉、系统保证、信任倾向、第三方认证、关系文化会影响用户信任。另外,技术、风险、企业特征、网站声誉和品牌被认为对初始信任有重要的影响。从交易阶段的角度研究电子商务信任的多面性和动态性,会发现至少有两种信任:网络作为购物渠道的电子系统层面信任和网络销售方作为商务伙伴关系的个人层面信任。从人和信息的角度来看,与人有关的影响因素包括个人信任、声誉、结构保证、社会文化因素和支持因素;与信息有关的影响因素包括网站等因素(如安全、隐私和基本的上网体验)。另外,可以通过第三方合作者的信誉来塑造个人的信誉,这也表明第三方关系会影响信任。从第三方机制来看,影响电子商务信任感较大的因素主要是中介机制(信用图章)和反馈机制(声誉系统),信用认证对卖家声誉起调节作用。

发展动态分析及述评小结:平台的标准化和透明化特征在平台信任体系的构建中起到非常重要的作用。作为第三方,平台具有促进交易中信任产生的巨大潜力,第三方治理是平台研究的前沿问题之一。同样,作为第三方,房地产网络平台也具有更好地促进房地产行业健康发展与良性运作的潜力。然而,从第三方治理视角研究房地产网络平台的信任问题尚未起步。

1.2.2 双边市场及目标市场选择

1. 双边市场和网络外部性

关于双边市场的思考源于对网络经济的研究,网络外部性作为网络经济的核心特征,成为双边市场研究的重要理论基础[31,32]。Katz 和 Shapiro 最早给出了网络外部性的定义,即消费者消费某种产品的效用随着消费同种产品的用户数量增加而增加,并从影响需求的层次性角度,将网络外部性分为直接网络外部性和间接网络外部性[31]。双边市场连接两组不同类型的用户,平台企业为这些用户提供了一个相互作用的平台[33,34],平台的两组用户会产生不同类型的网络外部性[31,35]。一边用户由于另一边用户的参与会获得积极的交叉网络外部性,意味着一边的用户基础越大则平台对于另一边的吸引力越大[36,37]。网络外部性也可能出现在同边用户,称为同边网络外部性,如卖家可能会对其他卖家产生消极的同边网络外部性,原因在于增强了卖家之间的竞争[38]。

平台的功能是将两类用户吸引并维持在自己的服务平台,协调双方需求,帮助用户实现外部性的内部化[36]。网络外部性对平台的竞争力有很大的影响[39,40]。强大的网络外部效应是造成市场进入壁垒的主要原因之一,平台在拥有庞大客户群之后会通过增大转移成本和锁定用户来维持其市场地位[41,42]。相关文献认为用户基础、预期、兼容性和转换成本这几个因素对网络外部性发挥着重要的作用[43,44]。由于用户规模是产生网络外部性的重要因素,因此一部分学者采用关于消费者规模(用户数量)的函数来表征网络外部性[45,46]。

由于现实数据难以获取,目前定量化分析网络外部性的研究比较缺乏[47]。一些学者采用格兰杰因果检验来确定平台两边用户之间网络外部性的存在性[48-50],一些学者在此基础上运用归属曲线模型[51-53]、一阶自回归模型[54,55]测度网络外部性的大小与方向。此外,多数学者在假设网络外部性存在的基础上,采用结构化计量模型[56-58]、线性回归模型[59]、半相依回归方程[60,61]、嵌套 Logit 模型[62-64]以及 OLS 回归模型[40,65]来量化网络外部性。

2. 市场细分及目标市场选择

市场细分就是指按照消费者欲望与需求把一个总体市场划分成若干个具有共同特征的子市场的过程[66]。各个细分市场须满足进入性、可盈利性、可衡量性和易反应性四个基本标准[67,68]。传统的营销学理论主要从地理、人口、心理以及行为四个不同侧面对消费者进行细分[67],后来又发展出以价值细分[69,70]、顾客盈利能力细分[71,72],以及利益细分[73,74]等变量。在定性分析的基础上,一些学者将因子分析法和聚类分析法等定量分析技术相结合[75,76]。除此之外,还有学者运用模糊聚类[77]、模糊重叠聚类[78]、混合遗传聚类算法[79]、基于信息熵的蚁群聚类算法[80]、人工神经网络[81]、决策树算法[82,83]等进行市场细分研究。对细分市场的评估,一些学者主要从细分市场的规模和增长程度、细分市场的结构吸引力及企业自身的目标和资源三大方面综合分析[67,84-88]。还有一部分学者采用 GE 矩阵的分析框架,从细分市场吸引力和企业相对竞争实力两个维度进行评价[89-94]。

目标市场选择是一项非常复杂且重要的决策过程[68,95],目前采用的评价方法主要有层次分析法[96,97],经济价值组合矩阵方法[98],熵权理想点法[99],数据包络分析方法[100],GE 矩阵[89,90,94,101],基于可拓学的优度评价法[102,103],基于模糊理论的模糊聚类和模糊决策模型[104]、模糊偏好关系模型[105]、基于五力分析模型的战略均衡的模糊评价方法[87]、模糊层次分析法和模糊 TOPSIS 结合[106]、模糊综合评价[107,108]、基于直觉模糊混合平均(IFHA)算子[109]、基于模糊的质量功能展开方法(QFD)[110],基于灰色理论的灰色定权聚类[111]、灰色综合评价[112]、灰色关联分析[92,113],二元 Logistic 回归模型[114],基于系统动力学(SD)系统结构模型[115]以及 TOPSIS-RE 组合评价模型[116]等。

发展动态分析及述评小结:双边市场理论是国际产业组织理论研究中的最新热点和前沿领域,这些研究大多针对典型的具体产业,如银行卡产业、传媒产业、电信产业等[117-135],还没有针对房地产网络平台的系统性、专题性的深入研究。已有研究未从双边市场及多边市场理论对房地产网络平台进行系统性的理论分析。此外,房地产网络平台如何科学地选择目标市场具有重大的理论和现实意义。从已有的研究来看,虽然市场细分和目标市场选择的相关研究已非常成熟,但未有文献研究考虑网络外部性因素的房地产网络平台企业的目标市场选择问题。

1.2.3 价格结构

1. 价格结构主要分析框架

平台价格结构问题一直是双边市场理论研究中的核心问题之一,甚至被用来判断一个市场是否是双边市场。Rochet 和 Tirole 假设终端用户不承担固定费用,平台厂商采取线性定价原则,通过一个基本模型来研究双边市场的价格结构特征[136]。Armstrong 采用效用而不是价格来影响需求,考虑了交叉网络外部性对双边市场价格的影响,且在分析平台竞争时采用 Hotelling 的分析方法[137]。Wely 对 Rochet 和 Tirole 的模型进行了改进,他使用双边用户的规模作为变量,取代了以前用价格作为变量的分析方法,建立了任意多边、用户来源任意维度下的垄断定价分析框架[21]。

2. 不同分类下的文献梳理

按照 Evans 和 Schmalensee 的分类,可以将双边市场分为交易中介、以广告为其主要收入的媒体、交易支付系统和软件平台[138]。

(1) 交易中介。国内外学者都指出电子市场中的交叉网络外部性强度、网络收益、需求价格弹性、用户归属性以及转移成本是影响平台价格结构的重要因素[139-142]。在平台竞争中,平台服务质量的差异、用户的归属情况会对价格结构产生影响[143-145]。Hagiu 从信息的角度建立模型,发现垄断平台倾向于把价格信息告诉用户,而竞争平台相反[127]。原因是,在竞争平台不把价格信息告知客户,则可以实施价格歧视[146]。近期,一些学者将价格战的定价策略引用到双边市场当中,发现也是可行的[147, 148]。

(2) 以广告为其主要收入的媒体。在报纸媒体平台中,双边市场的价格结构取决于不同广告偏好的读者的数量,读者的位置、性别和财富,内容提供商的收费高低[149-151]。对于电视行业,一些学者对电视行业平台的价格歧视情况进行了研究[152]。

(3) 交易支付系统。Baxter 最早建立了银行卡交易的经济学分析框架,清晰地阐述了交易费的作用[153]。而平台企业的品牌价值和规模优势会影响设定的交换费的高低[154, 155]。但有学者发现在不完全竞争的情况下,双重加价问题将出现,交易费将不能解决该问题[156]。因此,发卡银行应优化信用卡业务的收入结构,减轻对交换费的依赖[157]。

(4) 软件平台。不同类型的操作系统对其双边用户的定价策略截然相反[158]。有学者对这一问题做出了解释,认为平台对最终价格的承诺会影响价格结构[159]。总的来说,影响软件业价格结构的主要因素有网络外部性的强弱、交叉市场互补性的大小、用户归属、产业标准以及市场份额[160, 161]。

3. 平台企业的定价模式

双边市场的平台对于消费者一般有注册费、交易费、两部分收费制三种常见的定价模式[136, 162]。对于银行卡,研究表明平台在对一次交易收取的价格总水平不变时,使用费的结构会影响平台的利润[163]。在对购物中心进行研究时,则仅需要考虑进场费即注册费的问题[118, 164]。中介类型为双边市场的平台企业同时采用会员费和使用费,对于在位企业阻止潜在企业进入的最优策略选择上,更好的选择是收取使用费而不是接入费[19, 165]。不同类型的平台会采取不同的定价模式,Evans 总结了双边市场类型与平台采用何种定价工具的对应关系[36]。

发展动态分析及述评小结:价格结构是平台经济学中的重要研究方向之一。然而,现有文献缺乏基于双边市场性质所展开的房地产网络平台的理论和实证研究。其次,关于平台竞争策略的研究大多停留在静态分析层面,缺乏针对房地产网络平台竞争策略的动态演化及分析。再次,服务是房地产网络平台间异质性的重要因素之一,现有研究也缺乏考虑服务因素的最优价格结构的探讨。

1.3 研究内容

1.3.1 房地产网络平台的信任形成机理

1. 房地产网络平台信任形成的理论基础研究

理解信任的基本概念、各学科对信任的定义以及网络平台信任的分类和形成过程。由于第三方治理是本书围绕双边市场理论提出的网络平台治理思想,然而回顾前人的文献综述尚未对这一概念做出明确说明,因此,本书对传统交易和网络平台中的第三方治理的概念做了梳理,明确了它在本书中的定义;理解感知风险、前景理论和信任阈限的心理学概念,为本书阐释信任形成的机理提供理论基础;理解有调节的中介模型的理论基础,其作为心理学中常用来解释机理形成的基础模型,将应用于本书构建房地产网络平台信任形成机理模型。

2. 房地产网络平台信任的定义及分类

为了清晰界定本书的研究对象——房地产网络平台信任,首先,结合房地产与网络平台的定义,对房地产网络平台进行概念界定,并对房地产网络平台的特征、房地产网络平台上各经济参与主体的关系模式、房地产网络平台的类别进行研究分析;其次,为了深入探究和理解房地产网络平台的信任影响因素,分析了传统信任与网络信任的区别,并讨论房地产作为交易商品的特殊属性,找出从传统环境到网络环境的变迁过程中影响房地产交易信任的主要因素;最后,明晰了本书对房地产网络平台信任的定义。

3. 房地产网络平台信任形成的假设模型构建

首先基于信任的概念和前景理论提出消费者在房地产网络平台上的信任行为是一种风险决策行为,包含信息收集和评估决策两个阶段,并将房地产网络平台信任的影响因素按消费者的行为阶段划分,得到房地产网络平台信任形成过程及影响因素图;其次,分析了房地产网络平台各个阶段及其对应的信任影响因素,加入第三方治理的概念,并针对房地产网络平台上消费者的感知风险内容,站在房地产网络平台治理的角度制定相应的制度保障机制,同时建立了变量间信任形成的假设关系;然后以 TPB 为基础模型,结合含有调节的中介模型对其进行改进,构建了房地产网络平台信任形成的假设模型,并对房地产网络平台信任形成的各个阶段、影响因素,以及形成过程做了阐释。最后进行了基于结构方程模型(Structural Equation Model,SEM)的简化分析。

4. 房地产网络平台信任形成机理的实证研究

首先根据文献综述相关的研究,设计了房地产网络平台信任形成的测量量表和调查问卷,对房地产网络平台信任形成机理问题进行了问卷调查;其次,基于获得的调研数据,运用 SEM 方法,对理论假设模型进行了检验;最终对房地产网络平台信任形成机理进行了分析解释,并提出房地产网络平台治理的启示与建议。

1.3.2 房地产网络平台的价值分析

1. 房地产网络平台的定义与市场细分

对房地产网络平台进行定义,对其市场范围进行界定。分析了房地产网络平台具有的双边市场特征与互联网企业特征。在分析市场细分的原则以及房地产网络平台市场细分的特点的基础上,将房地产网络平台涉及的市场范围按照业务类别进行细分。

2. 房地产网络平台细分市场价值分析

首先分析了房地产网络平台企业根据利润最大化选择目标市场具有的局限性,进而分析出房地产网络平台企业追求的是企业价值最大化目标。其次,通过分析经典的互联网企业估值模型,得到企业价值的驱动因素是用户数量和用户价值,并对房地产网络平台企业的用户数量与用户价值的含义进行界定。最后对这两个指标在不同细分市场的估计进行说明。

3. 房地产网络平台市场竞争分析

将房地产网络平台在选择市场时面对的与在位房地产网络平台的竞争情况进行抽象,通过不同参数的设定反映了不同房地产网络平台的特点与优势,建立两个房地产网络平台竞争的经济学模型来分析竞争均衡时的用户市场份额,得到影响房地产网络平台进行市场选择的指标。

4. 案例分析

以三六五网为房地产网络平台案例企业,以南京市新房和二手房买卖市场为例,将前文分析得到的五个指标综合起来,分析了市场选择的决策过程。根据层次分析法确定指标权重,组织从业专家进行量化评分,综合加权得到新房和二手房市场的得分,并对案例结果进行分析。

1.3.3 房地产网络平台的价格结构

1. 房地产网络平台的特征和分类

该部分从双边市场的角度对房地产网络平台进行定义,并对房地产网络平台的双边市场特征进行辨析。接下来,将现有的房地产网络平台分为市场创造型、受众创造型和需求协调型三种类型,为后续的模型构建做出铺垫。

2. 房地产网络平台价格结构模型研究

本部分以 Armstrong 模型为基础,与其不同之处在于 Armstrong 的研究中仅分析了注册费情形下平台的定价策略,且忽略了平台用户的异质性。而本书对其进行改进,构建了一个平台用户异质的房地产网络平台价格结构模型,并分别在平台向用户收取注册费、交易费和两部分收费的框架下,讨论交叉网络外部性对平台价格结构的影响。同时,结合房地产网络平台的市场环境,对相关变量进行解释和分析,从而为房地产网络平台的定价提出策略和建议。

以上研究内容是一个有机的整体,图 1-1 表示了整个房地产平台经济论丛研究内容之间的逻辑关系,本书探讨的是其中三个部分的内容。

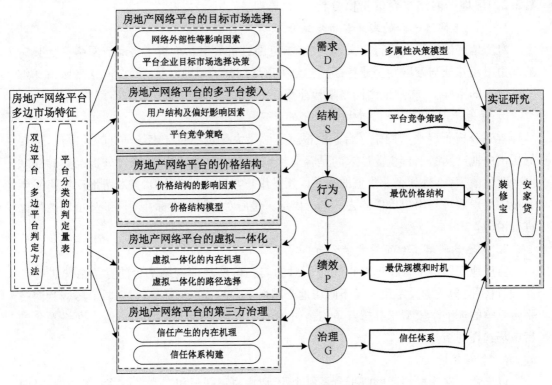

图 1-1 研究内容之间的逻辑关系图

第二章
研究方法及理论基础

2.1 网络平台信任

2.1.1 信任的各学科解释

信任问题一直是各研究领域关心的重点问题，常常与信赖（reliability）、信用（credibility）、责任（responsibility）等含义[166]联系在一起。1900年，德国社会学家Simmel在《货币哲学》中第一次提出了信任，到如今，信任的研究已发展到社会学、心理学、经济学、管理学等多个领域。原来信任被定义为是一种单一的概念[167]，到后来经过诸多学者的进一步研究，发现了信任的多元面，也因此信任变得更加难以定义和测量，被很多学者形容为"混乱的大杂烩"[168-171]。由于信任受到诸多因素的影响，是一个非常复杂的问题，不同学者对信任的研究视角不同，不同学科研究信任问题的方法也不同，因而对于信任的内涵和内在规定至今还没有统一的界定。本书对各个学科理解的信任进行了梳理。

1. 心理学

心理学认为信任由情境刺激产生[172]，是双方进行合作行为所需的心理前提，包含认知和情感两个方面，通过经验的积累和不断学习，会形成对他人稳定的预期，具有个人特质[173]。Lee和Turban[174]认为信任是随着个性和心理发展而形成的一种期望，不同的人会有不同程度的信任，这是由于不同的经历和个性导致的，这种期望可以来自个人或组织的口头或书面承诺[167]，或者是相信对方会按照自己的期望做事，不会伤害其利益的心理[175]。总之，心理学将信任理解为与个人的心理和特质有关，是来自认知和经验的一种对情境的反应，更多的是着重于对人际行为和关系的研究。

2. 社会学

社会学认为信任是在社会制度和文化发展下形成的[176]。德国社会学家Luhmann[177]在《信任与权力》一书中提出信任是宏观层面的"系统信任"（system trust），是嵌入在社会结构和制度中用来减少社会交往复杂性的一种"简化机制"。

美国社会学家巴伯[168]认为信任是对符合社会道德秩序的期望。著名研究学者弗朗西斯·福山[178]从社会关系结构的角度将信任视为是源于道德规范的直觉，一种社会资本，另外他还进一步研究了社会组织信任，认为信任能够降低企业经营成本，促进社会繁荣和经济发展。纵观社会学,可以认为信任其本身是社会交往的"简化机制",是在制度基础上建立起来的,其研究大多与社会和文化因素联系在一起。

3. 管理学

管理学视信任为组织间或个体和组织间为达成共同目标而相互信赖的纽带[179,180],因此经常被用来研究组织绩效[181,182]。冯圆[183]研究了对组织间关系的管理,并逐一提出了解决企业群成本管理的问题对策。孟越[181]应用交易成本理论和委托代理理论,研究了供应链联盟的复杂环境背景下,以组织间信任为基础建立的组织间关系对有效实施跨组织成本管理的作用机制,突出了组织间关系质量在企业群成本管理过程中的重要性。不同的组织形式有相应的信任水平,当没有达到最低信任水平时,将产生相应的成本。因此,管理学认为信任的理性控制水平能够影响管理效果,不仅可以降低交易成本,有利于合作,防范投机行为,还能增强企业的应变能力,提升组织凝聚力,是组织控制的一种形式[180],也表示"与他人或组织合作的可能性"[184]或"愿意承担对方行为带来的损失"。

4. 经济学

经济学中的信任与交易相关,认为信任是交换能够顺利进行的前提,没有信任就不会有交易发生,信息不对称往往会导致道德风险和机会主义行为,从而引发信任问题。

经济学家倾向于把信任看作是风险的子集,认为信任意味着承担风险[185,186],即一方为了获得利益而愿意将自己暴露在风险中,并相信对方会按照自己的期望行事的一种信念[187]。这种信任是基于对成本和收益比较的算计式信任[187,188],在风险环境中,只有当个人预期获得的收入为正时,才会做出信任行为,否则便不会产生信任[186]。

后来,越来越多的学者都开始关注、借鉴、吸纳不同领域的视角和研究方法,并试图融合。社会经济学家格拉诺维特[189]开创性地提出了"嵌入性"的概念,即经济行为嵌入在社会网络的信任结构中。因此,信任既涉及人们的风险承受能力,也涉及人们对风险的认知、对风险的态度和风险控制的相应的制度环境。心理学、社会学、管理学、经济学的不断融合,使得关于信任问题的探索获得了更大的发展。虽然不同学科对信任理解的视角有所不同,但是总体来看,并不存在明显的冲突,并在几个方面达成了一致性的意见:①信任关系必须有施信方(trustor)和受信方(trustee)两者共同构成,信任可以是单向的也可以是相互的;②信任发生的环境具有不确定性,即对对方的行为不可控;③信任是基于自愿的主观行为,不受到外界强迫。

2.1.2 网络平台信任的分类

关于网络平台信任,目前还没有一个统一的概念,本书在对多领域、多学科"信任"内涵的归纳和理解的基础上,按照信任的来源和学科分类,构建了如图2-1所示的网络平台信任的理论体系。网络信任主要包括了个人信任、基于认知的信任、基于知识的信任、算计信任、制度信任5个方面的共同作用,主要结合了心理学、经济学和社会学学科对信任的理解和界定。其中个人信任、基于知识的信任、基于认知的信任、算计信任与消费者的个人特征和主观收集到的信息和决策有关。而基于制度的信任属于外部影响因素,可以

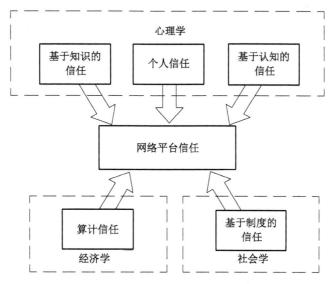

图 2-1 网络平台信任形成的理论体系图

由网络平台运营商通过制定交易规则和市场制度来进行控制。

其中,各种信任所表示的具体含义和代表理论的提出人归纳如表 2-1 所示。

表 2-1 网络平台信任的分类

层次结构	信任的分类	解释	代表理论提出人
消费者信任特征	个人信任(personality-based trust)	信任倾向,对人性的真诚(faith in humanity effects),信任立场(trusting stance effects)	Mayer et al., 1995[190]; McKnight & Chervany, 2002[170]; Gefen et al, 2003[191]
	基于认知的信任(cognition-based trust)	源于对对方能力、正直、善意、可预测性、专业性、声誉等的感知	Lewis & Weigert, 1985[173]; Mayer et al., 1995[190]; Gefen & Rao, 2003[192]
	基于知识的信任(knowledge-based trust)	通过与他人交往的经验获得,是持续了一段时间后的信任,受网络熟悉度、网购经验影响	Lewicki & Bunker, 1995[188]; McKnight & Chervany, 2002[170]
	算计信任(calculative-based trust)	又称为经济人信任,是基于理性计算产生的,综合考虑风险、成本和收益的结果	Williamson, 1993[187]; Shapiro et al., 1992[193]; 张维迎,2003[194]
网络平台特征	基于制度的信任(institution-based trust)	情境正常和结构保障,包括对网站的适应、习惯、社会规范、非正式制度、法律、规章、保证、承诺、合约	Urban, 2000[195]; Luhmann, 1979[177]; Zucker, 1986[176]; Williamson, 1993[187]

2.1.3 网络平台信任的过程

信任的发展是一个动态过程,按照信任发展阶段,信任可以分为交易前信任和交易后信任[196]、外表信任(cue-based trust)和经验信任(experience-based trust)[195]、初始信任

(initial trust)、成熟信任(mature trust)或持续信任(Jarvenpaa)[197]。被最为广泛接受的信任阶段分类方式是将信任划分为初始信任和持续信任。初始信任是指信任的双方接触不久,还没有过交往历史,陌生人之间第一次接触都是初始信任。而当双方开始频繁接触后,才会进一步合作从而产生忠诚。持续信任解释了信任的发展是会随时间和深度变化的,随着双方交互次数的增多,交互程度的深入,信任的程度会随着熟悉和了解进一步增强[198]。

2.2 第三方治理的概念

2.2.1 第三方治理的一般概念

治理(governance)理论起源于政治科学中的政策研究,最早提出是为了与传统意义上的统治(government)相区分,不再局限于政府或国家强制力作为治理的主体,治理的目的是规范公民活动,提升公共利益,包括产权保护、交易外部性,以及契约执行等问题[199]。迈隆(Malone)[200]将治理定义为通过采取一系列措施和行为,管理组织中的一切要素,使活动间的相互关系能够协调配合从而实现整体目标的过程。

在市场经济领域中,Rubinstein 和 Wolinsky[201]认为第三方就是中间商(middleman),Cosimano[202]认为是买卖双方之间的机构组织。Yavas 认为第三方是为服务商和消费者提供场所并找到交易对象的造市商(market maker)[203]。事实上,在市场交易中,第三方有很多种形式,不管是贸易商(merchants)[204]还是营销商(marketers)[205],他们都作为中间方促进交换但不作为买卖的主体,为帮助买卖双方聚集和交易,通过定价、配置产品和服务、协调交易,以及出清市场,对市场进行创造和运营,其自身通过收取管理费或佣金获利。

第三方治理的基本功能包括保护产权、执行契约以及解决交易所产生的外部性问题[200]。第三方具有改善信息的作用。Croson[206]指出第三方处于"第一方"和"第二方"之间,其不仅掌握了丰富的信息资源,在改善信息环境和信息筛选方面具备专业性、及时性和真实性[205]等优势。青木昌彦[30]表示有效的第三方能保障市场交易者对合同和产权安全性的稳定预期,从而促进市场交易范围的扩展。商会作为第三方,其享有的信息资源优势和专业性能够给成员提供公开查询企业信息的平台,降低了交易的信息不对称,加强了成员之间的互助、互信[207]。

另外,出于监督契约执行的需要,直接促生了第三方治理。Milgrom[29]等最早提出借用第三方中介组织来协调违约行为和交易冲突的概念,早期的第三方治理出现在中世纪交易的商法仲裁中,由具有商业地位的法官来管理合同,可以在不利用法律的情况下保障合同的顺利执行。"第三方"通过向产权当事人施加压力,约束他们履行不愿意实施的事[208],通过对机会主义行为进行惩罚和治理[209],促进信任形成。总的来说,通过非国家强制力而存在的第三方监督交易参与人行为的方式就称为"第三方治理"。

交易成本经济学涵盖了资产专用性、人的有限理性和机会主义行为三个关键概念。第三方治理在交易成本经济学中的重要作用就是降低交易成本。威廉姆森在科斯的基础上进一步将交易成本理论充分发展,由此诞生新制度经济学。他提出由于市场经济并不是完美配制的,因此所有的交易都是有成本的,而个人的行为准则就在于使交易成本最小化[210]。弥补了前人忽视交易商品属性的特点,威廉姆森考虑了交易商品本身特征存在的风险,包括交易不确定性(uncertainty)、资产专属性(transaction-specific)和交易的频率(frequency),并提出了一个交易契约治理结构模型,认为不同的交易情况应该对应不同的契约结构[210]。而所谓最优的治理,就是指能够使交易成本最小化的契约治理方式。

其中,第三方治理作为一种中介性质的制度形式出现,适合于资产专属性中或高、交易频率低的交易模式。当交易遇到问题的时候,借助第三方的帮助(例如仲裁)来解决纠纷、抑制机会主义行为,降低交易成本。

2.2.2 网络平台第三方治理的概念

在平台经济学的概念中,平台被认为是抽象的"市场"和"企业"概念的具化,不仅是一个双方交易的空间场所,其本身也是经济利益的主体。基于双边市场的理论,学者们对平台充当第三方治理角色的研究也不断加深[211-213],网络平台作为第三方的概念及功能逐渐清晰。Sarker,Bulter和Steinfield[214]将网络市场中的第三方视为提供生产者和消费者市场交互的渠道,通过创造规模效应来提高组织绩效。

Brousseau[215]提出网络中的商务媒介(commercial intermediaries)是处于中立位置的,通过提供给需求方和服务商方便有效的信息,能够使他们双方自发地寻求需求匹配,具有收集整合、分类、整理信息的功能。最重要的是,网络媒介不仅扮演了信息管理的角色,还能够通过管理信息来协调计划,具有控制市场流动性(liquidity management),提供安全交换保障(securing exchange)、物流管理、风险担保等功能。他更表示,将网络商务媒介视为第三方(third parties),连接供应商和消费者需要解决一个相互需求及匹配优化的问题,也是两个重要的关于参与者之间的协调问题:一个是信息不对称而引发逆向选择和道德风险问题;另一个是服务商提供的产品都能满足终端消费者的互补相容问题。这才是治理(governance)长远交易的实质。

王飞[216]表示借助第三方完成交易的机制是一种外部机制,第三方治理除了具有监督契约执行的功能外,还在解决交易外部性方面具有显著的优越性,平台的出现促进引导了正外部性,抑制了负外部性。他还强调了目前平台的第三方治理研究主要停留在解决交易后的外部性问题,例如对交易后的违规行为进行惩处,但是对交易前的治理还鲜有关注。Grewal[217]提出网络平台的卖家治理问题是平台治理的难点和重点。也有一些学者开始关注影响网络平台绩效的因素并着手研究网络平台的治理问题,Chakravarty[218]认为网络平台双边市场用户管理的不对称性会影响网络平台的绩效,只有以客户关系为导向,强化客户关注度,才能提升网络平台绩效。李小玲[219]探究了网络平台实施营销策略来改善双边用户的关系和提升卖家竞争力的作用。总体来说,关于网络平台的治理研究才刚刚开始。

从新制度经济学的角度给予解释,第三方治理之所以能够降低交易成本,是因为网络平台在其中掌握了产品交易过程的产权,例如,可以搜集市场参与者的信息并公开透明发布,提供捆绑交易服务,从而分散经济主体的交易成本。

综上,本书中的第三方治理围绕双边市场的理论出发,"第三方"定义为房地产网络平台,它通过连接双边市场的参与者,即房地产网络平台中的需求方和服务商,具有促进商品、服务、信息、知识的自由流动转化,降低信息搜索的成本,提高交易效率的作用。另外房地产网络平台能够通过制定规则来约束惩处违约行为,降低市场交易风险,从而起到了第三方治理的作用。

2.3 感知风险、信任阈限原理及有调节的中介模型

1. 感知风险

感知风险最初于 1960 年由美国哈佛大学教授 Bauer[220] 提出,是一个心理学概念,后来延伸应用到市场营销的研究领域中。有很多学者研究了感知风险并在 Bauer 的基础上对其定义进行了不断完善和补充。关于感知风险的内涵,Cox[221] 和 Cunningham[222] 都将其视为两因素:一为不确定性可能发生的概率,二为主观感知到的损失大小。Cunningham 对感知风险的定义被大多数研究者认同,他通过直接询问受访者关于风险和不确定性的感受,然后用不确定性和结果损失的乘积来测量感知风险的大小。

感知风险的产生不仅与某种具体的产品或服务相关,也受到购买环境和购买心理的影响。对于感知风险所包含的内容,目前得到大部分学者认同的是 Jacoby 和 Kaplan[223] 的解释,他将感知风险分为六种,包括时间风险(time risk)、功能风险(functional risk)、心理风险(psychologist risk)、财务风险(financial risk)、身体风险(physical risk)、社会风险(social risk)。在网络商务交易中,感知风险定义为消费者在做出在线购买行为时,其主观决定的期望损失[222]。

1979 年卡尼曼和特沃斯基提出前景理论,是心理学和行为科学的关于风险决策的综合理论,该理论通过对提出的期望效用理论完全理性人的批判而得出,对传统微观经济学中的风险决策理论进行了修正。前景理论表示,人的风险决策过程包含两个阶段,第一阶段为对信息的收集整理阶段,第二阶段为评估决策阶段,对某事件的前景进行估算,最终选择利益最高的前景。

前景理论认为决策者对风险的态度是由价值函数 $v(x_i)$ 和权数函数 $\pi(p_i)$ 联合决定的,即决策者根据感受到的前景值来判断,公式如下:

$$V(p, x) = \sum_{i=1}^{n} \pi(p_i) v(x_i) \tag{2-1}$$

其中,$\pi(p_i)$ 表示决策者主观判断的事件发生的概率,$v(x_i)$ 是决策者对每个事件的主观价值,刻画了有限理性决策者在不确定条件下的心理,从构成概念上来说,与 Cox 提出的感知风险的两因素函数是统一的。

减少风险理论认为消费者在做出购买决策的过程中是在寻找降低感知风险的方式,

本书认同减少风险理论,既然消费者的购买决策过程是一个寻找能够降低感知风险的过程,那么促进消费者做出信任行为的最直接有效的方式就是降低其感知风险。

2. 信任阈限模型

1860年,德国物理学家Fechner开创了刺激与感觉的心理物理学研究。感觉阈限意味着一个刺激作用于感受器,会得到一个相应的心理反应量。反应量的大小决定了是否会产生感觉,从没有感觉到有感觉的过程中对应的临界点即为阈限。感觉阈限分为绝对感觉阈限和差别感觉阈限,前者又分为下、上感觉阈限,分别对应人感觉的最小和最大刺激量,两者距离之差就是感觉范围。差别感觉阈限是指人能够察觉到的刺激最小变化量[224]。心理学上将信任看作是对情境刺激的反应,那么消费者做出交易可能也存在一个最小信任值。

社会学家和经济学家将信任定义为一种承担风险的行为,当一个人在风险环境中把自己托付给另一个人,只有当确定产生的预期收入为正时,才会做出信任行为,否则便不会信任[186]。这种观点中也暗含了在信任过程中可能存在一个由风险进行刺激的阈限。结合前景理论,得出一个存在信任阈限下的信任形成过程,如图2-2所示。

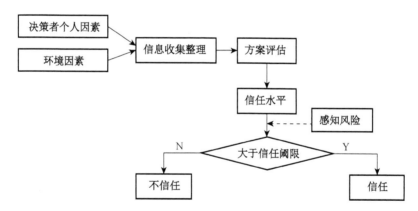

图2-2 结合前景理论的信任形成过程

基于以上理解,最终信任的结果可能是信任水平与感知风险水平的共同作用,如果信任水平超过了阈限,那么施信方就会与受信方合作,而如果信任水平没有达到信任阈限,那么合作就不会产生[192,190]。本书基于感觉阈限理论,认为人的信任也是存在阈限的,只有超过这一阈限,才会做出信任的行为,因此,降低感知风险或提高信任水平,能够使信任更容易达到信任阈限。

3. 有调节的中介模型

关于中介效应已经有很长的研究历史了[225],中介模型可以被用来描述变量之间的因果关系,通过探究X如何影响Y,从而解释事物形成的机理[226]。

如果一个变量X影响了另一个变量Y,X与Y之间存在因果关系,用图形表示没有中介的模型,如图2-3所示。

路径c称为完全影响。如果自变量X通过第三个变量M来影 图2-3 无中介的模型
响Y,M就称为中介变量,中介模型如图2-4所示。

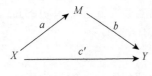

图 2-4　基础中介模型

路径 c' 被称作直接影响。完全中介就是指变量 X 对 Y 的影响完全受 M 控制,也就是路径 c' 为 0。部分中介是指 X 到 Y 的直接影响在某种程度上减少,但是不为 0。

有中介效应的影响称为间接影响,总效应＝直接影响＋间接影响。用符号表示就是

$$c = c' + ab \tag{2-2}$$

中介效应就通过间接影响 ab 来测量。间接影响相当于因果变量的减少量,即

$$ab = c - c' \tag{2-3}$$

在中介效应中,每个影响是通过零和非零系数来规定的,比如,不一致的中介(inconsistent mediation)c' 的符号与 ab 是相反的。例如"压力"和"心情"的关系可以被"处理"中介,那么可以推测,直接影响是负的,也就是说越有"压力","心情"就越不好,而"处理"作用在心情上的效果是正向的,增加"处理","心情"就越好,是不直接的积极作用。这样的情况下,由于直接间接作用的相互抵消,使得"压力"对"心情"的总影响非常小,直接影响大于总影响。

在心理行为研究中,常使用调节(moderation)和中介(mediation)来探究过程分析(process analysis)。如果自变量 X 与因变量 Y 的关系受到第三个变量 U 的作用(如图 2-5 所示)U 影响 X 和 Y 之间关系的方向(正或负)和强弱,那么此时 U 就是调节变量。调节效应分析的目的是探究 X 何时影响 Y 或何时影响较大[124]。

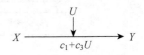

图 2-5　调节模型

当一个复杂的模型包含的变量多于 3 个,就可能同时包含中介变量和调节变量,例如有调节的中介模型(moderated mediation model)。这种模型意味着自变量通过中介变量对因变量产生影响,而中介过程受到调节变量的调节[227]。Edwards 和 Lambert[228]在讨论既有调节又有中介的模型时,组合出如图 2-6 所示的

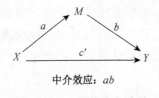

中介效应：ab

图 2-6(a)　简单中介模型

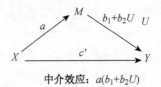

中介效应：$a(b_1+b_2U)$

图 2-6(b)　调节了中介过程后半路径

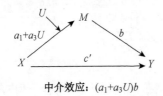

中介效应：$(a_1+a_3U)b$

图 2-6(c)　调节了中介过程前半路径

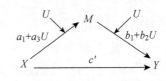

中介效应：$(a_1+a_3U)(b_1+b_2U)$

图 2-6(d)　调节了中介过程前后路径

前半路径、后半路径、直接路径都受到调节的7种模型。温忠麟[227]将其分成了两类,一种是只调节间接效应模型,另一种是同时调节间接效应和直接效应的模型。

1. 只调节间接效应

中介效应等于中介路径上两个路径系数(回归系数)的乘积[227]。对于图2-6(a)所示模型,中介效应为ab,是不依赖于任何变量的参数。如图2-6(b)所示模型中,中介效应为$a(b_1+b_2U)$,是调节变量U的函数,意味着中介效应后半路径受到U的调节。当然,如图2-6(c),调节变量也可以调节中介过程的前半路径,中介效应为$(a_1+a_3U)b$。当同时调节前后两个路径时,如图2-6(d),中介效应为$(a_1+a_3U)(b_1+b_2U)$。可以说,图2-6(b)和图2-6(c)都是图2-6(d)模型的特例。

2. 同时调节间接效应和直接效应

如果上述模型中调节变量还可以同时调节直接效应,那么就可以得到如图2-6(e)所示模型,同时调节了中介过程的前半路径和直接路径,中介效应为$a(b_1+b_2U)$。如图2-6(f),同时调节了中介过程后半路径和直接路径,中介效应为$(a_1+a_3U)b$。图2-6(g)是一般的有调节的中介模型,同时调节了直接路径和中介过程的前后两个路径,图2-6(e)和图2-6(f)模型都是其特例。

图2-6(e) 调节了中介过程前半路径和直接路径　　图2-6(f) 调节了中介过程后半路径和直接路径

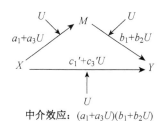

图2-6(g) 调节了中介过程前后路径和直接路径

为了检验X对Y的直接效应是否受到调节,可以建立如下Y对X、U和UX的回归方程:

$$Y = c_0 + c_1X + c_2U + c_3UX + e_1 \tag{2-4}$$

如果c_3显著,那么应当考虑调节了直接效应的模型。而无论直接效应是否受到调节,X经过M对Y的中介效应都是$(a_1+a_3U)(b_1+b_2U)$。

有调节的中介模型,重点在于考虑自变量对因变量的作用机理,首先分析的是中介效应,分析调节效应。当$U=0$时就是最基础的中介效应,且中介效应不要求显著。当$U\neq 0$

时,也就是只要在某个 U 处中介效应是显著的,即中介效应受到了 U 的影响,就说明是有调节的中介了。具体来说就是只要中介效应 $(a_1+a_3U)(b_1+b_2U)=a_1b_1+(a_1b_2+a_3b_1)U+a_3b_2U^2$ 随 U 变化,则中介效应就是有调节的。

2.4 双边市场理论

2.4.1 双边市场的界定

平台(platform)作为一种新的企业组织形态,通过吸引用户、协调并满足不同用户的各自需求,促成用户之间的交易达成。现实生活中的平台,如互联网站、媒体、银行卡等经济组织都具有双边市场特征,基本涵盖了经济中最重要的产业,并成为引领新经济时代的重要经济体[229]。因此,双边市场(two-sided markets)理论引发学术界和产业界高度重视。

关于双边市场的界定目前没有公认的观点,比较流行的有两种观点:一是以 Rochet 和 Tirole 主张的"价格结构说",二是以 Armstrong 为典型代表的"交叉网络外部性说"。

Rochet 和 Tirole 界定双边市场的核心思想是根据平台制定的价格结构(price structure)来判断[230]。首先,考虑一个平台企业向买方和卖方收取费用 P_1 和 P_2,如果买卖双方在平台上实现的交易量 Q 仅仅依赖于平台制定的总价格水平 $P=P_1+P_2$,也就是说,如果交易量 Q 的大小与这个总价格在买方和卖方之间是如何分派的(即 P_1 和 P_2 的大小关系,表明了价格结构的不同)不存在相关性,那么这种市场就是单边的。与此相比,在总价格 P 保持不变的情况下,如果 P_1 和 P_2 的变化会影响到交易量 Q 大小的变化,那么这个市场就是双边的。换句话说,价格结构至关重要,平台企业必须设计价格结构以便把两边集合到平台上来[231]。这称为双边市场的价格结构非中性判断原则。另外,双边市场存在的必要条件是科斯定理的失灵(Failure of the Coase Theorem)[231]。科斯定理的观点是:如果产权是明晰的、可交易的,不存在交易成本,并且信息是对称的,那么双方的谈判结果总是帕累托有效率的[232]。然而,现实世界中的双方互动的过程中一定会存在着信息不对称,以及为了找到彼此、谈判、监督合同执行等交易费用的存在,因此科斯定理失效是必然的。而平台恰恰是作为第三方,更好地协调、透明平台用户之间的需求与信息不对称,可以有效降低用户之间的交易成本,这也是平台以及平台与用户形成的双边市场存在的原因。

Armstrong 认为用户之间的交叉网络外部性(cross network externality)是双边市场存在的前提条件,两边用户通过平台进行互动或交易,一边用户所得到的效用与另一边用户的规模相关,且另一边用户规模越多,本边用户可能得到的效用越大,那么,这样的市场就是双边市场[37]。Wright 也给出了类似的描述:双边市场中的平台连接了两种类型的用户,每类用户通过平台与另一类用户进行互动或交易从而获得价值,因此平台通过制定规则影响两类用户间外部性被内部化的程度,或者影响用户所享受到的外部性的程度来迎合双边用户的需求[119]。Roson 认为,如果平台服务于两组代理人,至少一组代理人的参与增加了另一组代理人参与的价值,那么这样的市场就是双边的[229]。Rysman 和 Choi 认为双边市场是这样一种市场,其中两组代理人(agents)通过一个中介或平台互动;每组代理人的决策非常典型地通过一种外部性影响另一组代理人的产出结果[233,234]。

由以上分析可知,双边市场的市场结构与传统的市场结构有所不同,如图 2-7、图 2-8 所示。传统的单边市场结构中,企业是产品和服务的提供方,用户是产品和服务的需求方,企业与用户直接进行交易互动,构成了一边市场。双边市场中的平台连接了两组不同类型的用户,平台企业为这些用户提供了一个相互作用的平台,平台并不生产双边用户需要的产品,只是提供服务使得双方用户能够更好地互动和交易。平台需要通过一边用户吸引另一边用户,只有双边用户对彼此有需求且同时加入平台上,平台才能发挥自身价值。企业(一边用户 A)与平台构成一边市场,消费者(另一边用户 B)与平台构成另一边市场,这是与传统的企业—消费者这样的单边市场结构的主要区别,这也是称之为双边市场的原因。虽然单边市场下的企业面对的用户群也具有不同特征,但是企业无须通过一边用户去吸引另一边用户,即不存在交叉网络外部性。

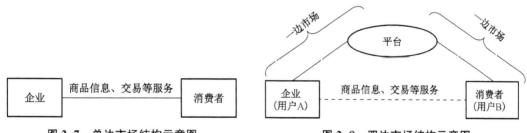

图 2-7　单边市场结构示意图　　　　图 2-8　双边市场结构示意图

尽管关于双边市场的界定仍有争议,未能达成一致认识,Evans 还是概括出了一个双边市场所必须满足的三个前提:①存在两类或多类不同类型的用户;②平台上不同类型用户之间相互作用会产生外部性,一边用户的数量会影响到另一边用户的效用和决策;③存在这样一个平台企业,可以将两边用户之间产生的网络外部性内部化[235]。因此,双边市场界定的定性描述为我们判断一个平台是否属于双边市场提供了参考依据。本书也是按照以上三个条件来界定房地产网络平台满足双边市场条件的。

2.4.2　网络外部性

1. 网络经济下的网络外部性

互联网的普及以及网络经济的迅速发展,由网络经济产生的网络外部性也因此受到越来越多学者的关注。Katz 和 Shapiro 最早给出了网络外部性(network externality)的描述性定义,即消费者消费某种产品获得的价值随着消费同种产品的用户数量的增加而增加,并从影响需求的层次性角度将网络外部性分为直接网络外部性(direct network externality)和间接网络外部性(indirect network externality)[31]。后来 Farrell 和 Saloner 在 Katz 和 Shapiro 的基础上,对两种网络外部性给出了更加明确的界定:直接网络外部性是指消费者消费某种产品获得的价值随着消费同种产品的消费者数量的增加而增加,因为使用这种产品的消费者数量越多,则大规模生产会带来产品价格的降低,从而会带来消费者价值的增加;其次,如使用电话、邮件等产品的用户数量越多,则消费者可以与其他更多的消费者沟通,进而带来价值的增加,而当只有一个人使用该邮件时,是不存在任何价值的[236]。而随着使用这种产品的用户数量增加,这种产品的互补品如剃须刀的刀片、相机的胶卷等也因此得到大范围生产而变得更加便宜且容易得到时,使用该产品的消费者可以更加便宜地获得互补品带来的价值,因此获得的总价值进一步增加,即存在间接网络外部性[236]。

网络外部性产生的根本原因是由于网络本身具有的系统性和网络内部组成部分之间信息交流的交互性[31]。首先,无论网络新增多少个节点,网络规模变得多么庞大,它们都是网络的一部分,同网络中其他节点组成一个整体。其次,网络中的任何两个节点之间都可以联系。因此,每个节点都会因网络规模的扩大而享受到更多价值,同时该网络具有的价值也越高。影响网络价值的元素主要包括用户安装基础(installed based)和网络外部性强度(network externality strength),用户安装基础或网络外部性强度的不同都会直接影响到网络价值大小的差异[237]。安装基础指消费者对使用某个产品的用户数量或加入一个网络的用户规模的一个预期数量,用户数量规模越大,则网络价值越高。网络外部性强度系数则反映了网络内信息流动的速度,网络外部性强度越大,则网络具有的价值越大。当用户规模超过一定数值[文献中称临界容量或关键多数(critical mass)],网络外部性就会迎来爆发性增长[32]。由于网络外部性的存在,用户得到的效用来自两个方面,一个方面是产品具有的内在价值带来的效用,另一个方面是产品具有的用户规模(即用户安装基础)带来的网络效应价值,也称"协同价值",即用户之间的相互作用带来的价值,而这部分价值就是源于网络外部性带来的价值[238,239]。

2. 双边市场下的网络外部性

由于互联网的快速普及与发展,关于互联网经济的研究受到学者的重视,网络外部性是互联网经济研究的核心内容,同时双边市场这种新型的网络经济形态的普遍出现,网络外部性也成为双边市场的理论基础之一,并有了新的内涵[31,32]。双边市场的市场结构与传统的市场结构有所不同,双边市场连接两组不同类型的用户,平台企业为这些用户提供了一个相互作用的平台,平台的两边用户会产生两种不同类型的网络外部性[230,235]。Parker和Van先后提出了交叉市场外部性(cross-market externality)与网络间外部性(inter-network externality)的观点,认为其是一种发生在两个市场之间的间接效应,指一边市场用户的效用不仅与购买的产品获得的效用有关,还与另一边市场用户的数量相关[240,241],这也就是我们所说的交叉网络外部性(cross-group network externality)的含义。双边市场的网络外部性也可能出现在同边用户内部,即同一边市场内的用户的效用与本边用户数量存在相关性,称为组内网络外部性(inner-group network externality)。如使用土巴兔装修平台获取装修服务的装修需求者越多,则其他装修需求者对于土巴兔信赖度越高,则会吸引更多的装修需求者加入土巴兔。再如,平台上的卖家可能会对其他卖家产生消极的作用,增加了卖家之间的竞争。平台的两种网络外部性也可能存在正负之分,但是不能单凭同边和异边来判断,需要结合不同平台用户之间的作用来具体问题具体分析[242]。平台连接了两边用户,产生了两种不同类型的网络外部性,用户得到的效用一方面来自平台提供的产品和服务得到的基础服务效用,另一方面来自网络效用,包括对边用户数量产生的交叉网络外部性以及同边用户数量产生的组内网络外部性带来的网络效用之和[243]。

以上是对平台的网络外部性的直观性描述,不同产业或市场内的网络外部性强度一般不同,而且平台所处的发展阶段不同网络外部性强度也会存在差异,需要根据实际数据进行测定[244]。已有一些学者用现实数据验证双边市场平台的交叉网络外部性的存在性,如 Rysman 基于双边市场理论研究了银行卡的使用,用实际数据说明用户使用某张银行卡的频率与银行卡平台连接的商户数量直接相关,说明在银行卡这个双边市场中交叉网络外部性是真实存在的[62]。Rysman 后来又运用美国实际数据验证了支付卡市场中交叉网络外部性的存在,且系数为正[233]。我国学者傅联英、骆品亮、脊莉等人用实际数据验证了我国银行卡支付平台和即时通信平台的交叉网络外部性确实存在[44,51,54]。由于实际数据难以获得,这方面的实证研究较少[245]。

2.4.3 双边市场的特征

双边市场作为区别于单边市场的特殊市场形态,具有以下四个方面的特征[230,231,120,246,247]。

(1)双边用户需求的互补性特征是指一边用户加入平台是因为平台上另一边用户可以满足其需求,只有这两种类型的用户群体同时出现在平台中,并且双边用户通过平台提供的服务实现互补需求的满足,该平台才有价值。如租房用户通过房地产网络平台是希望找到合适的房屋,如果平台不提供房屋出租的信息,那么租房用户对于平台的需求就为零,房东出租房屋也是如此。双边市场结构下,对平台企业的总需求取决于双边用户对彼此的联合需求,缺少任何一边用户的需求,平台企业的总需求则无法形成。因此,平台正是基于双边用户需求的互补性,并更高效率地促成用户的需求达成,从而实现自身价值。

(2)交叉网络外部性作为双边市场的重要特征,包含着几个层次的含义。首先是外部性,说明每一边市场中都存在效用溢出;其次是网络外部性,表明网络外部性的大小与网络用户规模和网络外部性强度有关;最后是交叉性,意味着这种效用溢出不同于网络经济下的网络外部性,即溢出效用不是市场内部一个用户对其他用户的溢出,而是在不同边的用户通过平台相互作用而产生的溢出效应[247]。显然,交叉网络外部性的存在,主要是双边用户之间的需求互补特性导致的。实际中,交叉网络外部性一般为正,即由于平台上开发商数量的楼盘信息很多,会增加购房者达成交易的概率。但是也存在为负的情况,如以广告为主要收入的媒体,广告越多,观众的体验越差。

(3)价格结构非中性(non-neutrality)[231]指平台对于双边用户的定价不是完全一样的,会存在倾斜现象,即平台对于一边用户收费较低而对另一边用户收费较高。因为只有双边有需求的用户都加入平台上来,平台才能实现价值,所以平台必须努力吸引用户加入平台,如何制定合适的价格则成为解决这一问题的手段。现实中,平台企业对于消费者一边用户制定较低价格、免费(如信息平台对于消费者一边用户不收费,报纸是免费给读者阅读的),甚至补贴(如滴滴打车在早期培育市场阶段,对乘客和司机给予补贴),就是为了能积累更多的消费者用户,同时通过双边用户之间的交叉网络外部性的影响,从而可以吸引更多的商家用户加入平台,通过对商家用户一边用户制定较高价格,以获得收益[120]。

(4) 多平台接入(multi-homing)指用户同时接入多个平台,即同时购买多个竞争性厂商提供的产品或服务,或者同时到多个平台进行相关信息的搜索等行为[119]。多平台接入行为在实际中是非常普遍的,如一个消费者不可能一直在一家蔬菜摊购买蔬菜,经常到几家去买,双边市场中的用户多平台接入行为与此类似,也是经常出现的。由于通常一个平台提供的产品和服务不能完全满足消费者的所有需求,而且平台之间互相不兼容,用户只能选择接入多个平台才能完全满足自身需求。另外,由于交叉网络效应的存在,一些用户多平台接入是想尽可能多地享受平台另外一边用户规模带来的外部性收益[235]。如买家通常会通过淘宝网上多家店铺查看、比较商品信息,并最终决定是否购买。

2.4.4 平台竞争基础模型与扩展

1. 平台竞争基础模型

关于双边市场中不同平台之间进行竞争的研究,最经典的是 Rochet 和 Tirole[230]及 Armstrong[37]的开创性研究。平台可以采取三种收费模式:注册费、交易费以及注册费加交易费的两部分收费[231]。对于不同类型的平台主要的收费模式不同,由于平台竞争模型的复杂性,多数学者在建立模型时将收费形式进行严格假设。Rochet 和 Tirole 研究平台收取交易费时营利性平台间的竞争和非营利性平台间的竞争问题,认为平台连接的买方和卖方用户之间的需求依赖于平台所收取的价格,并根据平台利润函数最大化求解出最优的价格结构水平,但模型并未考虑双边用户之间的交叉网络外部性所产生的影响[230]。Armstrong 首次将交叉网络外部性引入用户效用函数,同时忽略组内网络外部性的作用,研究了平台收取注册费时的一般意义上的平台竞争模型,并采用 Hotelling 空间选址模型分析平台企业间的竞争问题[37],较为通用,后来文献大多在此经典基础模型上进行扩展,对双边市场中平台企业的定价和竞争行为进行建模研究。本书也是基于此基础竞争模型,然后在其基础上加入更多参数,以符合房地产网络平台竞争的情况。下面简要介绍平台竞争基础模型的假设与求解过程。

平台连接了两边用户,每个用户加入平台所获得的效用由两部分构成,一部分是用户使用平台提供的产品或服务获得的基础效用(U_0),另一部分是由用户规模带来的网络效用,模型仅考虑了交叉网络外部性而忽略了组内网络外部性的作用。一边用户获得网络效用随着对边用户数量的增大而增大,用 α 表示交叉网络外部性强度系数,系数与另一边用户数量的乘积(αN)表示另一边用户对于本边用户产生的网络效用大小[37]。然后引入 Hotelling 模型,将市场内的平台抽象为两个平台(平台1和平台2),两个平台提供的产品和服务是完全同质的,即用户获得的基础服务效用相同,因此两个平台提供的产品和服务对于用户来说为替代关系。将双边用户的数量均标准化为1,假设双边用户均匀分布在0~1的线段上且双边用户都是单归属。将两个平台企业置于线段的两端,用户到两个平台购买产品或服务需要支付一定的运输成本,运输成本与距离为线性正比关系(TX、TY),这种空间位置上的差异决定了两个平台企业提供的产品和服务是有差别的,用户自身定位的选择表示用户对于两个平台企业的产品和服务的偏好程度,即衡量了两个平台企业的差别化程度。基于 Hotelling 模型的平台竞争结构如图 2-9 所示。

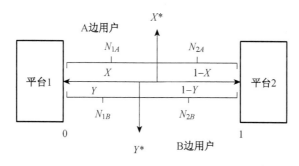

图 2-9 基于 Hotelling 模型的平台竞争结构示意图

平台企业收取双边用户注册费(P),双边用户的净效用等于用户获得的基础服务效用,加上网络效用,减去需要支付的平台收取的注册费,再减去用户到平台需要花费的运输成本。双边用户的效用函数如下:

$$\begin{cases} U_{1A} = U_0 + \alpha N_{1B} - P_{1A} - TX \\ U_{1B} = U_0 + \alpha N_{1A} - P_{1B} - TY \end{cases} \quad (2-5)$$

$$\begin{cases} U_{2A} = U_0 + \alpha N_{2B} - P_{2A} - T(1-X) \\ U_{2B} = U_0 + \alpha N_{2A} - P_{2B} - T(1-Y) \end{cases} \quad (2-6)$$

模型假设两个平台企业提供的基础服务是完全相同的,为简化分析即令 $U_0=0$。由于竞争时,平台企业创立时投入的固定成本已为沉淀成本,故不予考虑,同时模型为简化分析,假设平台提供服务的边际成本为零。因此,平台企业获得的利润则取决于平台双边用户的数量以及平台对于双边用户收取的价格水平,平台根据自身利润最大化来进行定价,平台利润函数为

$$\pi_i = P_{iA} N_{iA} + P_{iB} N_{iB} (i = 1, 2) \quad (2-7)$$

两个平台企业在 Hotelling 框架下进行竞争博弈,两个平台企业各自为双边用户制定价格,然后双边用户根据自身净效用最大化来选择加入哪个平台。两个平台企业则根据自身利润最大化进行竞争博弈,达到均衡结果时,分析不同因素对于竞争结果的影响,进而指导平台企业制定相应策略,以提高竞争优势。

2. 平台竞争模型的扩展

双边市场中用户之间的交叉网络外部性对平台企业的竞争结果和策略有很大的影响,Rysman 认为强大的网络外部效应是造成市场进入壁垒的主要原因之一,平台在拥有庞大客户群之后会通过增大转移成本和锁定用户来维持其市场地位[233]。尹冬生认为我国电子支付产业内的平台企业竞争其实质是网络外部性强度的竞争,网络外部性强度的

大小最终决定了各电子支付平台企业的核心竞争力强弱,竞争策略的制定也都围绕着影响网络外部性强度的因素展开[249]。傅联英得出交叉网络外部性强度是影响银行卡组织市场绩效的最主要因素,并深刻地影响着整个电子支付行业的竞争格局的结论[44]。Park,Lieberman,Shapiro 和 Varian 等学者认为由于交叉网络外部性的存在,一个平台也可能吸引更多的双边用户加入平台,并最终占领全部市场份额,尽管该平台的质量可能并不比其他平台好,充分说明了交叉网络效应对于平台企业市场竞争力具有重要的影响[250-252]。

以上文献是假设平台提供的服务完全同质的前提下,主要分析交叉网络外部性对于平台竞争的影响。实际中,平台提供的服务不可能完全一致,满足用户需求的程度也不相同,因此,用户得到的效用会存在差异,用户效用反映了用户在消费平台的产品或服务过程中需求和欲望得到满足的程度,而平台提供的产品或服务的质量对于用户效用起着决定性作用[253,254]。一些学者将平台提供的服务完全同质的假设放松,引入服务质量差异系数,表示平台存在纵向差异化,扩展了基础竞争模型中用户效用函数来分析平台竞争均衡结果。曹俊浩认为平台提供的服务并不是完全同质的,存在质量差异,因此,用户对于两个平台提供的基础服务产生不同的偏好,通过引入离散质量差异参数来表征平台的差异以及用户对于平台的偏好,在对称均衡下,分析平台竞争策略,扩展了 Armstrong 竞争模型对于平台提供的基础服务完全相同的假设[255]。刘蓉娜则在 Armstrong 竞争模型的基础上引入了连续的质量差异函数来表征平台质量的差异变化,进而分析质量差异对于平台竞争均衡的影响[256]。纪汉霖则将平台提供的服务按照高低质量进行划分,并分析提供不同质量服务时平台的竞争结果与策略[248]。Liebowitz 与 Tellis 等学者认为平台质量也是非常重要的,创新能力强的后进入平台可以通过提供高质量的产品或服务战胜在位平台[257,42]。王小芳和纪汉霖假设在位平台拥有一定用户安装基础时,用户会产生拥挤效应,新老平台具有相同的交叉网络外部性强度,规模不对称的新老平台争夺新进入市场的双边用户,由于对称均衡并不能表示出新旧平台的用户市场份额的竞争结果,文献没有基于对称均衡的假设,而是实际计算出均衡结果,进一步丰富了 Armstrong 竞争模型的求解过程[258]。

2.5 企业价值理论

2.5.1 企业价值的内涵

不同的经济主体对于企业价值的认识不断发展和深化,由此形成了企业价值的不同内涵与表现形式[259]。

从会计核算的角度,对企业价值的认识局限于企业拥有的资产,包括实物资产和无形资产具有的静态价值,认为企业价值是指建立一个企业全部支出的价值总和,可以通过对企业现拥有的各项资产价值进行评估,然后加总得到企业价值的数值[260]。由于财务资料数据的明确性和易获得性,财务管理人员使用企业的账面价值来反映企业资产的价值。之后,考虑到资本市场条件的变化,账面价值已经不能满足对企业价值认识的要求,后来,重置成本法在账面价值基础上进行改进,利用重新建立一个企业所有的成本支出减去贬值部分得到企业的现实价值,可以反映企业的静态价值[261]。实际上,账面价值与重置成本法并不是在评估企业价值,而是评估企业的资产具有的价值[262]。企业的价值是企业作为一个系统整体,所有资产协同整合运作产生的价值,正常经营的企业其价值大于单个资产价值的简单相加。因此,这种价值认识衍生的估值方法更适合评估企业的清算价值。

马克思政治经济学认为商品是凝结了很多人类劳动生产出来的,必须具有使用价值才能在市场上进行交换,因此具有价值,而社会必要劳动时间的多少则衡量了商品具有的价值的大小。企业是一种特殊的商品,其建立、运营、投资等过程也凝结了很多人类劳动在其中,而且企业可以生产产品,这些产品具有使用价值,可以通过在市场交换或买卖为企业带来利润,因此企业也具有价值[260]。而企业价值的大小也可以通过社会必要劳动时间的多少来衡量。显然,马克思的劳动价值论揭示了企业价值的来源,用来解释企业价值的含义非常具有理论意义,但是社会必要劳动时间无法进行衡量和判断,因此实际估值操作中并没有产生适用的估值方法[262]。

从市场交换的角度认为企业之所以具有价值是因为企业具有获利能力,能够创造价值,企业价值的大小是由企业的未来获利能力决定的[263]。在此基础上,内在价值理论得到多方认可,企业内在价值理论认为企业具有价值是因为企业具有创造现金流的能力,企业价值的大小可以通过企业在未来各个时期产生的净现金流量的贴现值之和来计算,该观点最早由经济学家 Irving Fisher 提出,后经 Modigliani 和 Miller 进一步发展。企业存在的目的就是将投入高效率地转化为产出,以不断实现盈利。企业之所以可以在市场上进行交换,是因为投资者看重的是企业未来可以盈利,投资收益率越高,愿意购买企业股票的投资人越多,企业的市场价值越高。企业可以上市、兼并、收购、改制、重组等,市场的公开性和竞争性决定了企业价值是交易双方认可的市场价值[264]。

2.5.2 企业价值评估的目的与假设

对于企业价值的评估来源于产权市场和资本市场的现实需要以及资产评估理论的成熟,资产评估行业在全世界已有 200 多年历史,并于 20 世纪 80 年代引入到我国[265]。企业价值评估(简称估值)作为资产评估的一个重要分支,在传统资产评估的基础上延伸与发展,形成了符合自身特点的评估体系。

1. 企业价值评估的目的

企业价值评估的目的包括:企业进行并购、重组、融资等市场活动时,市场交易双方需要对企业价值进行定价,以明确双方支付金额以及占有的股权比例;企业面临破产清算时,需要对企业的清算价值进行确定;投资者在对企业进行投资决策时,需要对企业的经营业绩和未来发展前景等进行分析,以明确企业可能具有的价值,以及能够为投资者带来的收益;企业管理者为了进一步增加企业价值,以企业价值最大化为管理目标,通过对企业自身价值的评估,得到识别出提升价值的侧重点,从而制定各种经营决策[265]。

2. 企业价值评估的假设

由于对企业价值存在多种认识且市场条件不断变化,为了达到不同的价值评估目的,需要根据实际情况进行一定的假设。目前理论界与实务界对于企业价值评估的假设一般包括交易假设、有效市场假设、持续使用假设和清算假设[266]。交易假设是以产权交易为前提,即产权主体或者经营主体发生变更,是对企业价值进行评估的基础假设之一。有效市场假设指资本市场上信息公开、透明,交易双方平等、自愿地为企业价值确定的公允定价,可以在公开的市场也可以是在模拟的内部市场。持续使用假设指企业所有的资源将按目前的经营方式、规模、用途等继续使用,在可预见的未来不会出现大规模减产、增资或者清算的情况。清算假设是当企业现在面临清算或者具有潜在的被清算的可能性,通常可以根据相应的财务数据资料判断被评估企业是否处于该状态,清算假设下企业价值的评估值通常要低于持续使用假设前提下的评估值。根据以上分析可知,不同的假设条件可能是互不相容的,不同的估值假设适用于不同的估值方法,因此需要针对不同的估值目的选择适用的假设条件。

2.5.3 传统的企业价值评估方法

根据对企业价值的不同认识与评估目的形成了成本法、市场法、收益法三种传统的企业价值评估方法[263]。

(1) 成本法。成本法的基本思路是将企业拥有的流动资产、有形资产和无形资产等各项资产要素单独列出来,用市场认可的公允价值对企业所有资产和负债作公允性评估,然后利用资产价值扣减掉负债价值,最终得到企业净资产的价值。常用的成本法有净资产账面价值评估法、资产负债法和重置成本法[267]。成本法就是基于会计核算角度衍生出来的估值方法,更适合用于评估拥有大量有形资产且无形资产占比较少的企业、非营利性组织以及面临破产的企业具有的清算价值[261]。

(2) 收益法。收益法估值是基于企业收益进行估值的一种方法,认为企业价值的精髓还是在于企业未来盈利能力,其核心思想是通过对企业未来可能实现的现金流进行合理估计,再以合适的折现率和收益年限对其进行折现,得到企业价值的评估值[268]。用公式表示如下: $V = \sum_{t=1}^{n} \frac{S}{(1+r)^t}$,其中,$S$ 为现金流,最常用的现金流表现形式是股利(DPS)、股权自由现金流(FCFE)、公司自由现金流(FCFF)三种;n 为假设的收益年限;r 为折现率,不同的现金流形式的折现率不同:股利贴现模型使用股东要求的收益率作为折现率,股权自由现金流折现模型一般使用公司股权资金的资本成本进行贴现,公司自由现金流折现模型一般使用包含股权资金和债权资金在内的加权平均资本成本计算折现率。根据对公司未来现金流的预期增长情况的不同,又可分为固定增长模型(即以恒定的增长率一直经营)、两阶段增长模型(一般是先高速增长,然后缓慢增长)以及三阶段增长模型(一般假设是先快速增长,然后增长速度减慢,最后以恒定速度一直经营下去),都是建立在企业持续经营的前提下的,实际中两阶段模型贴近实际,而且计算相对较为简单,故应用较多。后来在收益法的思想基础上又衍生出经济增加值(EVA)模型[240],综合考虑了当前价值以及未来现金流的折现价值。收益法适用于可以稳定盈利且现金流可以准确预测的企业价值评估。

(3) 市场法。市场法估值的理论依据是替代原则,指某一企业的价值与其他类似的企业价值具有可比性,即可以利用某个可比公司的价值参数来估计被评估公司价值的一种评估方法[261]。市场法估值通常是以某一变量为基础,如每股净收益(市盈率)、每股销售收入(市销率)、账面价值(市净率)、息税前利润(EBITDA)、营销回报等,根据某个可比企业的价值,从而对一个新企业的价值进行评估[269]。用公式表示为:$\frac{V_1}{X_2} = \frac{V_2}{X_2}$,其中,$X_1$ 为待评估企业的与企业价值相关的变量值;V_1 为待评估企业的价值;X_2 为可比企业的与企业价值相关的变量值;V_2 为可比企业的价值。根据其他三个已知的数值可以得到待评估企业的价值。选择的参照公司需与目标公司具有成长潜力相似、风险水平相当、现金流类似等条件,在实际操作中,常常选取同一行业的其他公司进行比较,最后综合考虑公司与可比公司在发展阶段、公司规模、竞争地位等方面的差异,再予以溢价或者折价的相应调整[263]。应用市场法估值的前提是具有可以准确计算估值的可比企业,选取的变量必须能够反映价值且数值为正,并且能够计算得到。因此,市场法一般可以作为辅助性的估值手段,无法单独使用。

2.6 价格结构研究

价格结构的非中性使得平台的定价问题成为双边市场的一大关注点,平台价格结构的变化会影响到两边用户的数量和参与热情,进而影响交易量,最终会影响到平台的盈利水平。因此,平台企业需要设定最优价格结构,采取最合理的收费形式。价格结构在双边市场中起到重要作用,甚至被用来判断一个市场是否是双边市场。对于双边市场价格结构的研究已经取得了不少的成果。

2.6.1 一般分析模型的建立

Rochet 和 Tirole 的研究是最早的双边市场一般性分析,文章假设终端用户不承担固定费用,平台厂商采取线性定价原则,试图通过一个基本模型来研究双边市场的价格结构特征,模型中指出平台厂商的价格结构主要取决于两边用户的需求、平台厂商的成本以及竞争态势等因素。但是 Rochet 和 Tirole 建立的模型中忽略了双边市场的重要特征——交叉网络外部性。其次,尽管 Rochet 和 Tirole 试图建立双边市场的一般模型,但是其研究处处流露出银行卡产业的印记,对其他双边市场产业研究的可移植性不强[270]。

Armstrong 的研究成果及模型采用效用 u_A,u_B 而不是价格 p_A,p_B 来影响需求,考虑了交叉网络外部性对双边市场价格的影响,且在分析平台竞争时由于采用 Hotelling 的分析方法,较为通用[137]。因此现有的文献大多采用 Armstrong 的基准模型进行拓展,对双边市场各个不同行业的竞争垄断行为及价格结构进行研究。本书也采用 Armstrong 的基准模型建立房地产网络平台的价格结构模型。

Armstrong 构建了垄断平台向两边消费者收取注册费的基本模型,平台厂商每一边市场的用户分别用 A、B 表示。为简化分析,Armstrong 忽略了用户 A、B 对自己市场的用户数量的关注,而假设用户 A 仅仅关注平台厂商拥有的另一边市场的用户数量,即用户 B 的数量,用户 B 也具有类似特征,即模型仅考虑了交叉网络外部性而忽略了自网络外部性的作用。平台厂商在双边市场的用户数量为 n_A、n_B,平台厂商向两边市场收取费用的价格为 p_A、p_B,λ_A 表示通过平台用户 B 带给用户 A 的收益,同理定义 λ_B,那么双边用户的效用为:

$$u_A = \lambda_A n_B - p_A, \; u_B = \lambda_B n_A - p_B \tag{2-8}$$

Armstrong 的研究成果及模型采用效用而不是价格来影响需求,是因为考虑了交叉网络外部性对双边市场价格的影响。消费者效用是消费者价值的直接反映,反映了人们从消费某物品或服务中欲望得到满足的程度。

该模型同时假设同一边市场的用户通过与另一边的每个用户发生交易或者相互关系获得的收益是相同的,即用户是同质的,由此可得平台厂商的需求函数为:

$$n_A = \phi_A(u_A), \; n_B = \phi_B(u_B) \tag{2-9}$$

平台厂商为用户 A、用户 B 提供服务的单位成本为 f_A、f_B,则平台厂商利润 π 为:

$$\pi = (p_A - f_A)n_A + (p_B - f_B)n_B \tag{2-10}$$

因此,

$$\pi(u_A, u_B) = [\lambda_A \phi_B(u_B) - u_A - f_A]\phi_A(u_A) + [\lambda_B \phi_A(u_A) - u_B - f_B]\phi_B(u_B) \tag{2-11}$$

平台最优价格是:

$$p_A = f_A - \lambda_B n_B, \; p_B = f_B - \lambda_A n_A \tag{2-12}$$

该模型虽然考虑了交叉网络外部性,但是平台假设用户是同质的,在黄页等市场通常是对由一家厂商提供产品的产业具有一定的适用性,其他用户异质性明显的产业则并不适用。

2.6.2 行业研究进展

本书尝试从平台类型的角度将研究不同类型平台的价格结构文献进行梳理和总结。按照 Evans 和 Schmalensee 的分类,可以将双边平台分为交易支付系统、以广告为其主要收入的媒体、交易中介和软件平台[271]。

Baxter 分析了银行卡交易费机制,开创了双边市场理论分析的先河,也是最早正式研究双边市场定价问题的发表文献之一,文章建立了银行卡交易的经济学分析框架,清晰地阐述了交易费的作用,文章指出交换费可以修正外部性带来的市场缺陷[153]。Bolt 和 Tieman 以荷兰信用卡系统为例,建立了简单的双边市场模型,分析表明在需求弹性保持不变的情况下,采用倾斜定价策略可以实现平台利润最大化[272]。胥莉等以银行卡系统为例,通过两阶段模型对平台企业的间接定价策略展开研究[155]。

Ferrando 等以报纸媒体行业为研究背景,建立了竞争市场下报纸媒体平台的价格结构模型,研究表明不同广告偏好的读者数量会影响媒体平台竞争的博弈均衡[273]。Kaiser 和 Wright 获取了德国杂志业 1979—2002 年的 8 组数据,以 Armstrong 的模型为框架,对杂志平台的价格结构进行了实证分析。研究表明杂志平台的收费对象是广告商,对消费者采取低价策略,即杂志的利润主要来自广告[17]。Jullien 和 Sand-Zantman 提出除了广告商和读者,内容提供商的收费高低也会对媒体行业的价格结构产生影响[274]。

Bhargava 和 Choudhary 是较早采用网络外部性特征研究中介平台价格结构问题的,针对中介服务的价格结构问题,建立了数学模型,模型中选取成本和网络外部性为变量,假设中介可以提供两种不同质量的服务,研究发现,当边际成本较低、网络外部性不明显时,平台应该向消费者和供应商提供高质量服务;如果网络外部性足够大时,平台可采取低质量服务并降低对供应商的收费[275]。Aaron Schiff 运用数量模型对垄断市场结构下提供匹配服务的平台厂商的定价行为进行研究,在模型中,Aaron Schiff 通过逆需求函数,使用一边市场的规模来衡量用户获得的网络外部性收益[276]。陈芳构建了双边用户单归属条件下的平台竞争 Hotelling 模型,并就相关影响因素进行了分析[143]。彭讲华以网上购物平台为行业背景,构建了其价格结构模型,结论指出平台应提高其差异化水平,进而可以收取更高的会员费进而增加盈利[277]。倪可心通过对拉手网团购平台的分析,指出在双边市场中不能将平台企业连接的两边用户割裂成两个市场来看,双边市场是一种市场形态,它是由一个平台连接两边用户的一个市场,而不是两个市场,平台对两边用户的定价不能分别独立地反映两边的成本结构[278]。

Evans 发现不同类型的操作系统对其双边用户的定价策略截然相反。对家庭游戏机操作平台来说,其收费对象主要是游戏软件开发商,而以边际成本或者低于边际成本的价格向消费者出售游戏主机;但是,像 Windows、Apple、手机操作系统等操作系统的利润主要来源于终端消费者[158]。Hagiu 对这一问题做出了解释,认为平台对最终价格的承诺会影响价格结构。操作系统推出前平台厂商不会宣布自己产品的价格,而游戏主机在推出前各厂商会预先宣布自己产品的价格,因此导致了两类软件价格结构的不同[159]。李煜通过三角式体系构架,研究具有封闭和开放多层次特性的软件平台价格结构,得出应当对平台一方的多归属用户采取高定价策略,这样反而能够有利于平台的盈利[279]。

Armstrong 的研究成果及模型采用效用 u_A、u_B 而不是价格 p_A、p_B 来影响需求,考虑了交叉网络外部性对双边市场价格的影响,因此现有的文献大多采用 Armstrong 的基准模型进行拓展,对双边市场各个不同行业的竞争垄断行为及价格结构进行研究,本书也采用 Armstrong 模型作为基准模型。

通过梳理文献发现,双边市场的价格结构研究文献通常是从特定产业平台出发,分析该平台的双边市场特征,对影响该产业平台的价格结构的因素进行抽象,然后提出模型假设并构建数学模型,从而推导出均衡状态下平台的最优定价方式。虽然价格结构作为双边市场的重要概念,但在双边市场视角下对房地产网络平台价格结构的研究却是非常稀少。期望通过本书的工作,能从双边市场角度对房地产网络平台有一个全面的把握和洞察,为房地产网络平台企业的发展提供参考,使其向着更理性、更规范的方向发展。

2.6.3 平台企业的定价模式

平台厂商在定价时,不仅会受到价格总水平和价格结构的影响,不同的定价模式也会影响平台的交易量和利润。双边市场的平台对于消费者一般有注册费、交易费、两部分收费制三种常见的定价模式。注册费是指平台在一个固定的时间段内向消费者收取一个固定的费用;交易费是指平台根据交易次数或者交易量向消费者收取费用;两部分收费制是指消费者先交纳一个注册费从而获得进入平台的资格,当发生交易时,平台再按照消费者发生交易的次数或者交易量向消费者收取费用[270]。现实情况中,平台企业在对两边用户收费时,主要有会员费、广告费、增值服务费、佣金等,这些收费虽然名称各不相同,但根据收费的本质都可以归入前面归纳的三种收费形式中[278]。

2.6.4 平台企业的定价策略

1. 平台的倾斜式定价策略

倾斜式定价是指平台为吸引两边的用户加入平台进行交易对两边用户收取不同的费用,对一方收取高价格,而对另一方收取低价格或者进行补贴[280]。传统经济学理论认为,当企业把价格压得低于其平均成本时,可能就是一种掠夺性定价。掠夺性定价是指市场中具有一定市场势力的厂商为了获取垄断地位,将市场上现存的竞争对手逐出市场或阻止潜在对手进入,暂时以低于成本的价格连续地销售其商品或提供服务,一旦竞争对手退出市场,再提高产品价格以补偿掠夺期的损失,并获取超额利润,实施有损消费者利益的企业行为[281]。因此,掠夺性定价常常为政府所限制。而对于平台企业,采取以低于成本的价格对一边用户定价的策略,其本质上是解决平台企业对双边市场价格结构的确定问题,而不是为了获取垄断地位后获得超额利润。由于平台企业的双边市场特征,事实上,平台企业的利润主要来源于某一个市场,而对另一边市场优惠,甚至实施补贴。即使是垄断平台企业,也无法像传统单边市场的企业那样,以先低价后高价的手段获取超额利润,这会使原来享受低价的这一边用户的数量减少,那么另一边用户的数量也会减少,平台上的交易量减少,从而平台企业的利润会减少。因此双边市场中平台企业的倾斜定价不能简单认定为掠夺性定价。

倾斜式定价或不对称定价是具有双边市场特征的产业中的普遍现象。平台企业如果对两边用户都制定比较高的定价,最初平台两边的消费者数量也比较少,交易成交可能性小,这样消费者是不愿意到平台上交易的。为了吸引用户加入平台,平台会对其中一边用户采取低价甚至免费、补贴的策略,先培养一边用户,打破僵局,进而带动另一边用户的加入,同时在另外一边制定比较高的价格来弥补平台运营成本,从而提高成交量,实现更多的利润。

Rochet 和 Tirole 最早开始了垄断情形下双边市场中平台的倾斜式定价研究。他们建立了只收取注册费的数学模型,探究双边用户收取的注册费与双边用户的需求价格弹性之间的逻辑关系。结论表明,两边用户的需求价格弹性会影响平台的价格结构,平台会对需求价格弹性较高的一边用户收取较低费用,吸引更多数量的用户加入;对需求价格弹性较低的一边用户收取较高的使用费[270]。

Armstrong 构造的效用函数中考虑了交叉网络外部性,在效用函数中,平台只收取注册费,该函数是线性函数,一边用户的效用是关于另一边用户数量的递增函数,即平台一边用户的效用会随着平台另一边用户数量的增加而增加。结论指出,对于交叉网络外部性强的一边用户,其用户数量的增加将提高另一边用户接入平台获得的效用,进而会有更多的用户加入平台的另一边,进而提高平台的交易量[282]。

Hagiu 研究了用户对产品多样性的偏好对平台倾斜定价的影响,同样的,文章只考虑收取注册费的情况。研究表明,当买方用户偏好较强时,平台的主要收入来源于卖方;而当买方用户偏好较弱时,平台倾向于对买方收取更高的费用[283]。

2. 平台的补贴和扶持策略

双边市场中的补贴是平台形成发展的过渡策略,目的是将平台规模扩大[284]。在双边市场初期形成过程中必须解决"鸡与蛋"的问题,从双边市场的产业实践中可以发现,平台厂商要想成功,必须把双边用户同时拉到平台上来。但现实情况是平台厂商要说服一边用户加入平台,就必须先得说服一部分卖家,而且使他们相信一定会有很多买家参与市场,反之亦然,平台面临究竟是先吸引哪边用户的抉择。面对这一问题,平台厂商普遍采用"分而治之"的定价策略,即通过补贴吸引对整个平台网络有利的一边用户的参与,通过该边用户的加入和聚集从而带动另一边用户的加入,进而推动平台的发展[119, 285, 286]。在这一阶段,尤其重要的是,平台对未来交易量或价格的承诺是否可信。Hagiu 指出,可信的承诺能充分地影响动态博弈[287]。对于运营初期超市平台和网约车平台来说,平台一般会先吸引产品或服务供应商,但是由于平台上的消费者很少,导致交易量很少,产品和服务提供者加入平台的意愿度低。这时平台会对于产品和服务供给者采用补贴和扶持的策略,并且对未来消费者数量做出承诺,吸引产品和服务供给者加入平台。

3. 平台的差异化策略

1956 年,Smith 指出产品差异化可以改变公司的价格数量需求曲线。目前,对平台差异化的分析主要分为横向差异化和纵向差异化这两种情形。纵向差异化是指平台间服务或者产品质量的差异,平台通过选择特殊的服务水平使相互之间区别开来。横向差异化是指平台通过提供不同的特质或价格来吸引不同的用户群,从而形成区别[288]。

Parker 和 Van 构建了一个软件的纵向差异化模型,他们的研究表明垄断平台对低端产品实行免费的定价策略可以刺激高版本产品需求[240]。Gaudeul 指出当买方价值降低时,平台提供的服务质量会降低,由于平台服务质量的降低,还可能导致向卖方收取费用的价格按比例地减少[289]。Kind 等以媒体企业为研究对象,研究表明媒体企业内容的差异化程度越小,则他们收入中更依赖于广告[290]。Hagiu 以软件产业作为研究对象,讨论了使用横向差异化策略平台企业价格行为的一个规律。在软件产业中,消费者会对应用软件种类存在强烈的偏好。因此平台往往会给消费者提供丰富的应用软件种类,此时,平台企业偏向于从消费者市场中获取主要利润[287]。

4. 平台的捆绑销售策略

捆绑销售策略是指以一个价格销售两个或两个以上的产品和服务,从而扩大用户规模提高自身的竞争优势[291]。Choi 分别研究了垄断平台和竞争平台下捆绑策略的影响，研究表明，对于垄断平台来说，捆绑销售能够帮助其更快更好地进入新市场，而对于竞争平台，捆绑销售则会起到阻碍发展的作用[292]。从定价的角度来说，Amelio 和 Jullien 指出在垄断市场的情形下，捆绑销售可以增加消费者的效用。在双边市场环境下，平台往往采取倾斜定价，当平台对一边用户的最优定价小于零时，平台厂商不能直接对消费者进行价格补贴。此时捆绑销售则恰恰可以解决这个问题，文章中还梳理出平台捆绑销售的三种策略：一是平台会提供免费的赠品；二是将其互补或者相关的产品捆绑在一起销售；三是为一边用户提供免费服务[293]。

上 篇

房地产网络平台信任机理

本篇引言：平台的本质在于"解决陌生人与陌生人之间的信任"。由于双边市场具有的网络外部性特征，一旦突破临界容量之后，平台就有可能实现赢家通吃，这也是平台的最大魅力所在。毋庸置疑，支付宝以及微信支付的成功，已经使得消费信用体系可以解决大部分场景的信任问题；即使是红极一时的共享单车，最终也逃脱不了被支付入口一统江湖的命运。而房地产网络平台，由于其低频、高值、重线下服务，使之具有不同于消费信用体系的特点，房地产网络平台信任机理的形成机理就成为首先要解决的问题！

第三章
房地产网络平台信任的定义及分类

3.1 房地产网络平台的定义及分类

3.1.1 房地产网络平台的定义

所谓网络平台(network platform),是指网络产业中的一种平台化经营模式,即由专业的平台运营商作为第三方中立的市场管理者,以互联网为基础,以信息技术和相应的网络系统为依托所构建的一个实现用户交互需求(如交换信息、产品和服务)的虚拟市场[294]。其作为市场主体间交换协作的媒介,为市场参与双方提供发布和搜索供求信息、信息沟通与传播、撮合交易、资金存管、信用管理等服务,制定市场参与双方完成交易的协议和机制[295]。网络平台打破了时空的限制,能够使平台用户获得更多的交互对象,具有提高交互效率、降低交互成本、优化网络交易环境、促进网络交易的功能[296]。

房地产是房产和地产的总称,系指土地和土地上永久性建筑物和构筑物及其附着的各种权利关系和经济关系构成的综合体[297],法律意义上的房地产本质是一种财产权利,这种财产权利是指寓含于房地产实体中的各种经济利益以及由此而形成的各种权利,如所有权、使用权、抵押权、典当权、租赁权等[298]。传统的房地产市场交易是指从事房地产买卖、租赁、抵押、典当等交易活动以及一切交易途径和形式[299],土地使用权包括土地的出让、转让(包括协议、招标、拍卖)、抵押、开发,房屋的所有权和使用权包括买卖、租赁、转让、抵押,以及一些与房地产有关的开发、建设、经营、管理、消费、服务等活动。围绕商品的生产、流通和消费三个环节,房地产涉及开发商、中介服务机构、物业管理公司和消费者[300]。

借鉴网络平台的定义,将房地产网络平台定义为由房地产平台运营商作为第三方中立的市场管理者,以互联网为基础,以信息技术和相应的网络系统为依托所构建的一个满足房地产企业与房地产消费者进行土地的出让、转让、抵押、开发,房屋买卖、租赁、转让、抵押,以及开发、建设、经营、管理等信息、产品和服务需求的虚拟市场。房地产网络平台作为市场双边用户交换协作的媒介,提供关于房地产的信息发布和搜索、信息沟通与传播、撮合交易、资金存管、信用管理等服务,为房地产企业及房地产消费者双边带来了更多的交互对象,提高了交互效率。同时,通过制定房地产市场交易的协议和机制,具有优化房地产网络交易环境、促进房地产交易的功能。

针对房地产网络平台的定义,对其特征进行说明:

1. 房地产网络平台具有第三方治理的功能

房地产网络平台是第三方中立的市场管理者,其不作为参与市场交易的主体,为市场参与双方提供发布和搜索供求信息、信息沟通与传播、撮合交易、资金存管、信用管理等服务。结合Brousseau[301]提出的网络平台的治理作用,房地产网络平台具有信息管理、风险分担和管理市场商品流动性的功能。由于其拥有产品交易过程的产权[302],因此可以搜集市场参与者的信息并公开透明发布,提供捆绑交易服务,从而分散经济主体的交易成本。对于房地产网络平台上的购房者来说,平台通过将开发商的信息收集和筛选排序,能够帮助节省购房者信息获取的搜索成本和时间成本;对开发商和房产代理机构来说,能够快速精准地找到意向购房者的信息,加速了信息的流动传递,房地产网络平台在其中起到了将信息收集整合、分类、整理的作用。此外,在交易过程中,房地产网络平台通过控制产品的质量和监控交易支付保障交易安全,例如保障开发商购买建材设备、消费者购买家装家居产品的质量和支付过程,承担交易安全保障的作用,克服交易过程中的道德风险。由于房地产网络平台处于服务商和消费者的中间位置,能够较好地掌握双方的信息,例如通过追踪每一笔订单的预定支付以及评论的各个环节,能够及时发现消费者是否反复预定,服务商有无刷高虚假信用记录等机会主义行为。

2. 房地产网络平台具有双边市场的特征

房地产网络平台作为第三方,服务于双边网络用户,一边指卖方用户与房地产网络平台构成的市场,另一边指买方用户与房地产网络平台构成的市场。买方用户、房地产网络平台以及卖方用户构成了双边市场结构,具有Evans[36]对双边市场的界定特征,即网络外部性和互补性:①房地产网络平台的网络外部性是指一类用户所获得的效用取决于使用该平台的另外一类用户的规模和质量。房地产网络平台上具有的开发商、房产中介机构、物业管理机构等服务商数量越多质量越好,就会吸引更多的购房者、消费者等需求方;反过来,购房者、消费者用户的数量越多质量越好,那么开发商、房产中介机构、物业管理机构等服务商就越愿意加入平台。若网络外部性为负,则表明购房者、消费者等需求方会因为开发商、房产中介机构、物业管理机构等服务商的规模减少或质量变差而离开市场,反之亦如此。②互补性是指房地产网络平台上的双边市场用户互相能满足需求,例如房地产网络平台上一端的用户需要购房、租赁、贷款等服务,那么相应的另一端服务商就包括了开发商、二手房房东、银行等,来提供能够满足需求方的服务。只有具有了互补性,房地产网络平台才能发挥信息管理功能,提供信息匹配和沟通互换。

3. 房地产网络平台是一个虚拟的市场

房地产网络平台是以信息技术和相应的网络系统为依托的虚拟市场,即交易各方通过电子化的方式进行商业交易,因此,房地产网络平台上的各方市场参与者无法面对面地交流,只能通过数字化信息传播。时空隔离,使得各方参与者之间是一种陌生人的交互,脱离了人际交往"面对面"的互动方式。但同时,由于信息技术的应用优势,电子化的交易方式和信息流通方式能方便房地产网络平台上的双边参与者对信息进行搜索整合,提高交互效率,降低双边市场用户的交互成本。

3.1.2 房地产网络平台关系模式

1. 主体构成

房地产网络平台由三方主体构成,"第一方"是指房地产网络平台的需求方,即在房地产网络平台上寻找合作的主动方,其通过房地产网络平台有目的地寻求信息、商品和服务交易,向网络平台注册提供自己的需求信息、提交购买商品和服务的订单,以及支付货款;"第二方"是指房地产网络平台的服务方,即商务合作关系中寻求消费者的服务提供方,向网络平台以个人或企业形式发布相应的广告信息。"第一方"与"第二方"是网络平台市场中经济活动参与的主体,发生直接交易和服务,具有互补性和共生共存的关系。"第三方"是指房地产网络平台运营商本身,其独立于买卖双方,不直接参与交易,而是作为媒介,将开发商、金融机构、房地产专业顾问、消费者或买家纳入一个共同的网络经济环境中,提供房地产的买卖、租赁、抵押、典当等服务,是双方进行信息及商品服务交互的传播渠道,为交易双方提供信息整合、物流运输、交易担保,具有保护产权、执行契约和解决交易外部性问题的治理功能。房地产网络平台主体构成如图3-1所示。

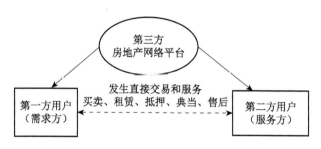

图3-1 房地产网络平台主体构成

2. 关系模式

电子商务的运营模式可以分为五种:B2B(business to business)、B2C(business to customer)、C2C(customer to customer)、G2B(government to business)、G2C(government to customer)[303]。在房地产网络平台中,由于网络平台具有共生共存的双边市场结构特征[304],而政府具有垄断地位,不会因为另一边企业或者消费者的增加而增加,因此本书中定义的房地产网络平台不包括G2B和G2C两类,只存在B2B、B2C、C2C三种模式。

B2B,即企业与企业之间通过网络平台,将对上游的供应商采购业务和对下游的代理商销售业务联系在一起进行电子贸易,从而降低交易成本。B2B房地产网络平台商务模式涉及面很广,从房地产的开发建造到房地产的买卖租赁,房地产网络平台通过连接企业间的业务(包括上游的开发商和下游的建筑材料供应商、设备供应商、设计施工承包商及房地产销售代理之间的业务),大大降低了企业的直接成本和经营成本。商务活动范围不再局限于有限的地域,提高了企业间合作的时效性,企业可以在短时间内找到最合适的交易伙伴,或者更大范围地扩大自己的业务。

B2C,即企业与终端消费者(个人)之间的电子商务,通过互联网技术将本企业或其他企业的产品和服务直接传递给消费者。B2C 的房地产网络平台模式是最基础也是应用最为广泛的模式,涵盖了房地产买卖、租赁、抵押及售后的装潢和社区物业管理服务等各个阶段,主要面向终端消费者。将消费者与房地产开发商、房地产中介机构、广告媒体、银行、房地产估价公司、拍卖公司、咨询公司、法律事务所,以及售后相关服务单位如装修公司、物业公司、社区服务公司、家政服务公司等连接,加快了房屋买卖等信息的流通,使得企业能够与消费者直接进行双向沟通,减少了中间环节,降低了交易成本。

　　C2C,即个人消费者之间的电子商务,这一模式主要是为买卖双方提供直接交易的在线平台,使得不同地域的买卖双方能够在不同的时间通过网络平台找到合适的对家进行交易。房地产网络平台中 C2C 商务模式是指房产的终端消费者个人之间的买卖或服务交易,例如二手房的买卖和租赁。

　　房地产网络平台参与市场交易的主体关系如图 3-2 所示。

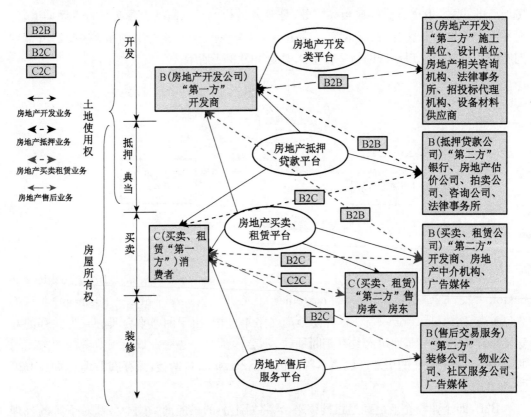

图 3-2　房地产网络平台的各参与方关系及业务模式

　　由于房地产网络平台主要实现的是促进双边市场商务交易的功能,因此,按照房地产的产权及《中华人民共和国城市房地产管理法》中的房地产交易分类方法,将房地产网络平台划分为房地产开发平台、房地产抵押贷款平台、房地产买卖和租赁平台及房地产售后服务平台四大类。

　　(1) 房地产开发平台主要服务于房地产开发阶段,主要进行的是 B2B 业务模式,涉及房地产开发商(第一方)与施工单位、设计单位、房地产相关咨询机构、法律事务所、招投标代理机构、设备材料供应商等(第二方)的商品和服务交易。

(2) 房地产抵押贷款平台既服务于开发阶段,也服务于房屋作为商品进行市场买卖的流通阶段,因此包含"B2B"和"B2C"两类商务模式。第一方包括房屋物权的拥有者房地产开发商和购房者,第二方包括银行、房地产估价公司、拍卖公司、咨询公司、法律事务所等。

(3) 房地产买卖和租赁平台。房屋作为市场上可以流动的商品,房地产网络平台起到了搭建买卖和租赁渠道的媒介作用,这一类涉及的经济活动也最为复杂,有 B2B、B2C、C2C 三种业务模式。B2B 主要是房地产开发商与房地产中介代理机构和广告媒体之间关于房产销售的业务合作,B2C 主要是房地产开发商或房地产中介机构面对终端消费者之间的房产买卖和租赁交易合作,C2C 主要是个人之间的二手房买卖和租赁业务。

(4) 房地产售后拓展服务平台,面向终端客户群体,业务模式包括 B2C 和 C2C 两类,包括房屋的装修、社区服务、物业管理服务等。

3.1.3 房地产网络平台的分类

网络平台根据提供服务的类别不同,可分为信息服务平台和全方位服务平台,前者主要是提供市场参与主体的信息,通过网络平台服务,市场参与方可以自由选择成交对象,但是不直接在网络上进行交易,而是通过线下或另外接触进一步签订合同。而后者是指在网络平台上不单提供信息服务,还涉及商品的在线交易和线下服务,网络平台作为第三方提供资金结算和物流配送的服务等[305]。

按照网络平台的上述分类,将房地产网络平台分为"信息类房地产网络平台"和"综合类房地产网络平台"两类。

1. 信息类房地产网络平台

这一类房地产网络平台只提供房地产相关信息服务,市场上交易双方以交换信息为主,服务方发布关于房地产的信息"内容"(新闻、评论、节目等)来获取受众和消费者,而消费者通过发布自己的需求信息来寻找匹配的服务方。从而房地产网络平台实现双方的信息互换和资源共享。信息类房地产网络平台一般采取单边收费的方式,"第一方"为消费者,或者称为信息阅读者,主要通过阅读搜索获取房产类相关资讯,付出少量的搜索成本和时间成本,由提供信息的服务方付出广告、挂牌、端口费等相关费用。房地产网络平台作为"第三方",利用自己的专业优势、信息聚集优势完成信息的整合和发布。消费者能够通过该平台快速地找到与自己需求匹配的服务,然后与服务商进行进一步接触。

这一类平台主要提供如新房、二手房买卖租赁等房产资讯等服务,不含有第三方支付和物流配送,一般如果后续涉及产品和服务交易往往需要转到线下进行,进一步与卖方协商才能最终签订协议支付款项,如图 3-3 所示。

最为普遍的信息类房地产网络平台,例如房地产买卖租赁平台,此类房地产网络平台提供双边市场用户在平台上发布房源买卖和租赁的相关信息的渠道,房地产网络平台拥有强大的信息库,使得需求方能够在平台上快速找到与自己需求相匹配的房源,同样的,房地产服务商也可以通过平台快速找到自己意向的客户。房地产买卖租赁平台中提供信息的"第二方"既可以是 B 端的房地产开发商、房地产中介机构、广告媒体类的公司,也可

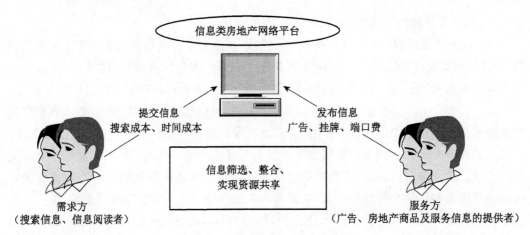

图 3-3　信息类房地产网络平台

以是发布房源信息的个人。一般此类房地产网络平台不直接涉及金钱交易,主要通过提供联系房源的电话、房产咨询、预约看房等服务为代理商带来客户,提高房产经纪人的服务效率,节约购房者选择的时间成本。购房或租房流程一般包括:①房源信息搜索;②填写个人信息;③预约看房;④与房东或房地产专业顾问取得联系;⑤线下交易。

2. 综合类房地产网络平台

此类房地产网络平台建设较为全面,不仅提供信息服务,还包括与银行绑定的第三方支付功能甚至有物流配送服务等,因此,此类房地产网络平台往往对金钱和货物起到担保的作用,这类房地产网络平台业务涉及面较广,交易流程也较为复杂,如图 3-4 所示。

综合类房地产网络平台以出售商品和服务为主,强调的是平台上市场参与主体间契约的签订,其本质是权利的转让。对于买方用户来说,暂时没有收到货品和服务,但是签订了订单并向平台支付了款项,即买方获得了房地产相关的货品和服务的所有权;而卖方暂时没有收到金钱,但可以认为获得了相应货币的所有权。房地产网络平台在其中作为第三方通过制定一系列的交易规则并承担信息管理、物流管理、交易安全保障、风险分担等责任,从中撮合买卖双方的交易,保障契约的顺利签订。

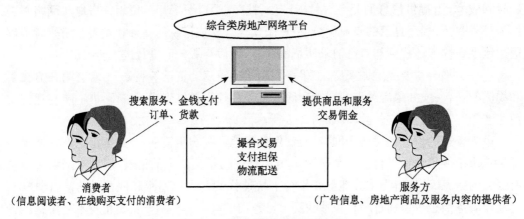

图 3-4　综合类房地产网络平台

3.2 传统房地产信任与房地产网络平台信任的区别

3.2.1 传统信任与网络信任的区别

不同的社会文化下,信任构成的特点也不同[306],从传统交易转换到网络交易的环境中,信任的内涵和产生条件也相应地发生了变化,因此需要对传统信任和网络信任进行区别研究。

1. 人际关系由"强"变"弱"

早期生活在农业自然经济年代的人们生活范围集中,社会交往以血缘和地缘为基础展开,家庭、家族与个人的关系最为密切,这种信任关系具有"亲缘利他"性[307],陶芝兰和王欢[306]总结了传统社会的信任具有局限性、狭隘性和基于过往经验的特征。由于人们的生活范围以家庭或家族为核心,信任随着交往对象产生,往往局限在亲朋和乡邻这些具有血缘关系的人上。Granovetter[308]认为人际信任关系中的强连带是信任产生的主要来源,长时间的认识、高频率的互动、亲密的谈话以及行为、情感性的互惠等是人际信任的基础。亲密和情感是强连带的标志,情感的依赖使得人们愿意表达善意而不愿意欺骗,从而降低了机会主义的可能,双方保持善意的互动而增加信任[309]。

在网络环境中,基于地缘和亲缘的熟人信任关系被打破,取而代之的是陌生人之间的信任关系。人际关系网的异质性和松散性使得人与人之间的信任脱离了强连带的关系,因此也丧失了情感上的依赖,情感信任的缺失增加了机会主义的可能性。另外,认知和知识信任通过与他人交往的经验获得,产生于对对方能力、正直、善意、可预测性、专业性、声誉的感知[309-311]。当信任从时空统一的面对面"在场"交往转为跨越时间和空间的"缺场"交往,网络市场中的经济参与主体无法通过与对方互动来产生对对方的特征认知[312],通过人际互动相互了解和对其性别、年龄、相貌、地位、语言行为等判断失效,个人的性别、年龄、相貌、地位等社会属性和特质都被剥离了,处于网络环境中的主体很容易出现情感淡化的倾向,而交往主体也无法做出理性的认知判断。

2. 感知风险增强

网络环境中的交易由于其虚拟性、匿名性等特征,买卖双方存在着严重的信息不对称,因而更容易产生道德风险和机会主义倾向[313]。中国互联网络信息中心(CNNIC)发布的第 39 次《中国互联网络发展状况统计报告》[314]显示,2016 年遭遇网络安全事件的用户占比达到整个网民的 70.5%。其中,网上诈骗是网民遇到的首要网络安全问题。可见网络环境中主要的安全风险是人为引发的。感知风险(perceived risk)一直是消费者心理学研究中备受关注的。1960 年哈佛大学 Bauer 首次将感知风险引入营销学,用来解释消费者购买决策和行为。由于消费者在网络上购物的感知风险比传统店下的要高,因此部分消费者不愿意在网上交易[315],阻碍了网络经济的发展。

从交易角度来说,传统交易到网络交易,消费者面对的服务对象、获取信息的方式、交易环境、购物渠道,以及支付和交互方式都有了很大的变化,如表 3-1 所示。

表 3-1　传统信任与网络信任的区别

比较项	传统信任	网络信任
对象	实体的卖家个人/公司	虚拟的服务商
认知产品的方式	实际触摸体验	网上得到的产品信息
环境因素	传统市场、店铺装修	系统环境、网站页面
支付方式、取货方式	现金支付、现场取货	订单、电子支付、物流配送
交互方式	人与人互动（语言、行为、外貌）	人与计算机界面互动（图片、信息、视频）

交易对象从地点固定的实体店及可以与之互动的服务销售人员变为网上虚拟的店铺和计算机界面。传统环境中消费者购买可以通过实际触摸来感知和了解商品，与服务人员之间可以通过语言、行为等互动方式产生对服务人员能力、善意、正直[310]等影响信任的因素认知判断。而网络环境下的商品和服务完全以信息化的方式，即图片、文字、视频等视觉形式来呈现，消费者通过阅读商品信息而产生的对商品的感知不同于传统线下对商品服务的实际体验感受，感知到的风险很大程度上会受到信息质量和内容的影响[316]。另外，购物渠道由于从实体店变为了互联网，原本对于实体店铺的装修体验转变为对网络技术系统和网站页面的感知，从而网站导航、搜索功能、定位功能、产品分类目录，所有与网页设计相关的内容[317]，以及网站的安全，隐私和基本的上网体验[318]、浏览方式（navigation）、推荐机制（advice）、信任标签（trust seals）等都会对消费者的信任产生影响[319]。

总的来说，由于网络交易存在商品不确定、卖家不确定，以及网络交易环境不确定等风险[320]，从而导致消费者的感知风险增强。"感知风险"是指消费者在做出行为决定时对损失和任何负面结果的一种主观预感[307]。传统交易中影响消费者感知风险的因素包括社会风险、时间风险、经济风险、身体安全风险、功能风险、心理风险 6 个维度[321]。在网络交易环境下，影响消费者信任的感知风险主要表现为时间风险、财务风险、功能风险、心理风险[322]，如表 3-2 所示。

表 3-2　网络环境下的交易感知风险

风险内容	风险解释
财务风险	由于人们对网络技术的不信任，从而担心网络支付存在风险，如信用卡信息被盗取、受到诈骗等财产损失
功能风险	担心网上描述的信息、商品和服务信息与实际结果不符
心理风险	担心递交个人信息会造成隐私泄露风险，收到垃圾邮件、骚扰电话，担心购物内容及偏好被跟踪
时间风险	由于网速影响等造成的搜索时间风险，以及购买后等待服务和送货的时间风险

3.2.2 传统房地产信任与房地产网络平台信任的区别

从房地产的交易过程来说,房地产交易从传统到网络的区别如表3-3所示。

表3-3 传统房地产与房地产网络平台交易的区别

比较项	传统信任	网络信任
对象	实体的售楼处、房地产中介机构、装修公司	虚拟的开发商、房地产经纪人(机构)、商品店铺
认知产品的方式	样板房、真实房屋的体验、商品的触摸、销售人员讲解	网上的广告(文字信息、图片等)
环境因素	售楼处、样板房的外观、公司规模	系统环境、网站页面
支付方式、交易方式	现金支付、现场交易	订单、电子支付、物流配送
交互方式	人与销售人员的互动(语言、行为、外貌)	人与计算机界面互动(图片、信息、视频)

最直观的是,房地产网络平台带来了房地产交易营销方式和购物体验的变化。传统的房地产市场主要通过各种电视广告、报纸、杂志等传统媒体组合进行广告宣传,消费者是与实体的企业进行直接交易,有购房或租房需求的消费者会直接前往开发商的实体售楼处或向路边的房地产经纪机构进行咨询,由销售人员直接带去样板房或由房产经纪人带去业主家进行实地体验。对于消费者来说,信息收集成本高,信息零散且不方便获取。而房地产网络平台的出现,打破了传统的营销模式,开发商和房地产经纪人(机构)只需要与房地产网络平台建立相关链接或直接将物业的区位、社会环境、自然环境、交通情况、商业配套、户型、价格等信息发布到平台上,消费者可以足不出户地通过网络查找收集信息,具有方便及时、信息集中、不受时空限制的优势,大大降低了购房者亲自奔波看房的搜索成本和时间成本。

然而,在人际互动的认知方面,房地产网络平台也由于互联网的虚拟性,脱离了人与人面对面的沟通。传统的房地产交易中,房地产销售人员所表现出的能力和专业知识、善意、正直的特点都会影响消费者对其可信特质的判断[324]。另外,房地产消费者在进行商品选购时,对交易方的公司规模、开发商的售楼处及样板房的外观都会形成认知判断。确认交易后,一般能够现场交易,所交易的对象也是确定的,风险性较低。而房地产网络平台上需求方面对的是虚拟的商品店铺,房地产经纪人也脱离了实体的中介机构,服务商具有无法交互的不确定性,消费者难以通过对其语言、行为和外貌等产生信任。另外,需求方对于房地产产品的认知只能通过开发商、房地产经纪人(机构)或房地产服务机构发布的广告信息,以文字、图片的形式来了解交通情况、地理位置、周边配套设施、房屋朝向、户型等信息,而对实际的体验无法感知,对于购买房地产产品和咨询服务的消费者,也脱离了现场对公司规模的认知,带来了很大的不确定性。

事实上,房地产作为一种交易复杂的商品,没有经验的消费者很难去选择。通常他们需要从销售人员那里获得更多的信息和建议来做决定,甚至很多时候,他们并不知道自己确切的需求是什么。例如房屋买卖、租赁及家装服务这些非标准化的商品,往往消费者需要与销售人员通过面对面的沟通来表达需求,而通过网络系统却很难实现。房地产作为大宗商品,消费者在选择决策的过程中必定会进行周密的考虑,来自网络信息的认知不足,容易使得消费者产生不信任,最后还是会选择去线下找中介代理或者亲自去看房。

房地产网络平台上的感知风险定义为消费者使用房地产网络平台交易存在不确定的负面结果的担忧。主要包括如下三种风险:

1. 功能风险

房地产网络平台上消费者感知到的功能风险主要是实际的商品或房屋与网络上描述不符。信息的真实性问题一直是房地产网络平台危害性较大的问题。一些服务商或开发商为了达到宣传效果,进行虚假宣传、夸张宣传,误导和欺骗购房者和消费者。对于房屋买卖、租赁类交易,功能风险主要体现为:①房源不存在。房地产经纪人将虚构的或是已出售的房源按照真实房源的样子发布,购房者或租房者仅从图片无法辨别,但致电后回复往往是该房源已出售,房地产经纪人趁机推销其他房源。②低价诱惑。有些房地产经纪人故意将房产低价发布在网络平台上吸引客户,但实际进行交易时,以业主不稳定为由,抬高价格。③图片与实际房源不符。房地产经纪人以样貌较好的图片发布,但实际并非房源本身图片。而对于家居、建材类材料,消费者也会担心实际商品与图片不符的风险。

2. 心理风险

大多数房地产网络平台在提供预约服务时,都要求用户填写个人信息,然而有些房地产网络平台或服务商有可能在服务后将这些个人信息转卖而损害消费者的隐私,心理风险是指消费者担心个人信息遭到泄露,会收到各种房地产广告短信、垃圾邮件,或者是骚扰电话等风险。

3. 经济风险

存在交易类的房地产网络平台如提供装修家居服务、社区服务,包括很多新房买卖也可以进行网上团购预先支付一部分定金,而这可能引发网络支付风险,例如信用卡号被盗取、虚假服务诈骗等。由于房地产的商品和服务价格高,更换成本大,因此,一旦发生经济风险给消费者带来的损失是巨大的。

3.2.3 传统信任治理与房地产网络平台信任治理

1. 传统交易的信任治理与网络交易信任治理

我国正处于传统经济到网络经济的转轨时期,网络交易的感知风险增强以及机会主义频发严重阻碍了网络经济的发展,如何使房地产行业能够在经济转轨时代下健康诚信地发展,是相关利益主体乃至整个社会的共同诉求,寻求有效的治理风险和交易冲突的方式刻不容缓。那么,从传统交易到网络交易,治理方式发生了怎样的变化呢?

事实上,如果从进化心理学的角度看信任的发展及其治理的变迁,可以发现传统的经济交易也曾发生过信任危机。从最初传统的交易信任到现代化的商务信任转变时期,血缘、地缘产生的物物交换信任变为了以货币为交易形式的现代化跨国贸易,熟人信任转变为陌生人信任,传统的人际交往准则被打破,在阶级社会未开始之前伴随着文化的呈现,道德成了社会发展中约定俗成的行为规范。而随着经济社会的发展和企业组织的出现,正式制度如法律法规开始建立,规范化的体制重建了人与人间的信任,经济秩序得以形成[323]。

最终,传统交易中如习俗、奖惩、传统行为准则等构成非正式约束,宪法、法律和产权构成正式规则,正式和非正式约束共同形成的道德的、伦理的、行为的规范是人们产生信任和合作的重要因素[324],使得处于制度环境中的人变得可信。制度的产生能够实现监督和强制执行的功能,限定了行为的界限,从而使得个人的行为也变得可预期[325]。

然而,如今传统交易变为网络交易,对机会主义行为的监督和治理方式也变得难以执行。从治理主体进行分析,一般存在三种监督方式,即交易主体作为"第一方"的自我监督;双方交易主体在交易时,一方作为"第二方"的互相监督,以及由双方交易主体以外的他人进行的"第三方"的监督方式。网络环境下,需求方与服务方在交易时双方的身份和信息都可以在隐匿的情况下进行,此时,现实生活中道德的约束作用和舆论的监督作用显得非常无力,这不仅为道德风险行为提供了隐蔽空间,更使得人们通过自觉遵守道德规范来约束自我行为的方式变得更为困难,也就是说,"第一方"自我监督失效。传统到网络交易下,信任的本质也从源于"亲缘利他"的信任转变为"互惠利他"的信任,即个人为获取更大的收益才愿意产生相互合作关系[307],这种互惠利他的关系只有当双方开始频繁接触后,才会进一步合作产生信任[326],因此往往需要通过较长期的重复博弈才能抑制风险和投机倾向。也就是说网络环境下的"第二方"监督成立是需要一定条件的,即满足重复购买的前提。从"第三方"监督来说,网络的虚拟性和匿名性使得网络平台上的服务商(企业或个体经营户)并不一定会将自己的真实的信息在网上公布,甚至没有到相关部门办理任何经营手续,因此,政府难以对其经营行为实施治理和监管。另外,针对互联网出台的法律法规也尚未健全,制度体系的缺失使得机会主义风险大大增加,处于网络环境中的人容易失去信任的前提。

总体来看,网络环境下很难对受信方可能产生的机会主义行为进行约束和监督,来自"第一方"的自我道德约束失效,相互监督的"第二方"治理需要以重复购买或多次交互为前提,"第三方"的行业监督和正式制度惩治也由于尚未接轨的互联网法律法规缺失而难以执行。在这样的情况下,急需探求一种新的治理方式来约束互联网交易下的机会主义行为,降低消费者的感知风险。

2. 房地产网络平台信任治理

房地产交易的复杂性和不确定性,以及信息不对称性极容易导致机会主义行为,引发交易冲突。房地产市场的信任缺失程度相当严重,已上升到社会问题前三名[327],对于普通的购房者来说,购买房屋可能要花费十多年甚至几十年的积蓄,一旦被骗,很容易引发社会群体性冲突而造成社会问题[328]。

那么,房地产市场严重的交易冲突是否可以通过某种方式进行治理呢?

在新制度经济理论中,威廉姆森认为个人的行为决策是在追求交易成本最小化,在有限理性和机会主义行为的假设条件下,威廉姆森提出了一个交易契约治理结构模型来保障每一类商品的顺利交易,最大限度地降低交易成本,避免机会主义。根据这一治理结构模型,对房地产这类特殊商品的属性进行分析。房地产作为一种商品能够在市场上进行交易,与普通商品对比,房地产具有信息严重不对称、交易频率低、交易难度高,以及不可替代、不可移动、交易价格高的特点[325]。表3-4为房地产与普通商品交易特征的对比。

表3-4 房地产与普通商品交易特征对比

比较项目		普通商品	房地产商品
信息不对称性		一般	严重不对称
交易频率		高	低
交易难易(不确定性)		交易简单,不确定性低	交易复杂,不确定性高
资产专属性	产品的可替代性	可以替代	不可替代
	产品的移动性	可以移动	不可移动(土地、房屋)
	交易价格	低	高

(1)信息不对称严重:信息不对称一直是房地产商品交易的典型属性,由于土地作为一种由国家垄断的交易商品,开发商、房地产经纪人(机构)、政府掌握了房地产的大部分信息,他们了解房地产从开发到销售过程中所包含的隐蔽环节的内容,对房屋的竣工时间、施工质量、价格、地理位置、周边环境和配套设施、交通、户型等信息都占有绝对的信息优势。另外,在房地产买卖过程中,房地产本身的专业性更加剧了消费者与开发商、消费者与房地产经纪人之间的信息不对称性。房地产开发商、房地产经纪人(机构),以及其他房地产服务商作为信息优势方,为追求自身的利益而极有可能欺骗消费者。

(2)交易频率低:房地产交易,不管是土地拍卖、房屋买卖、抵押、租赁,还是售后的房屋装修都具有低频交易的特点。

(3)交易不确定性高:由于房地产交易非常复杂,并不像普通商品那样可以直接选择购买付款,房地产交易周期往往需要很长的一段时间,例如房屋交易一般还需要与房地产经纪人或开发商销售人员进一步细节洽谈,成交之后还包括相关的法律文件签署,而这期间有可能发生很多不确定性。

(4)资产专属性高:①地域专属性。房屋和土地都具有不可移动性的特点,房地产所在的场所都是唯一的,因此无论是房地产交易还是房地产相关的服务,都具有地域性。这使得房屋无法像其他商品一样在统一的商场或集市上购买,消费者辗转看房需要去多个不同的地点,花费很多的时间成本和交通成本。②非标准化。房地产商品和服务都具有非标准化的特性,土地所在的位置、房屋的结构、功能、户型都是不同的,消费者对房地产相关服务的需求(例如家装、物业)也是不同的,因此房地产交易难以有标准化的流程。③高价值。由于土地的稀缺性,决定了房地产商品和服务的高价值。而高价值会使得房地产交易具有很高的风险性,一旦发生履约风险,双方都可能付出高昂的交易成本。例如,一旦交房后再发现房屋质量问题,用来专属购买房产的资金将无法收回,从而付出高昂的交易成本代价。房地产的地域性、非标准化、高价值的特点决定了其本身具有很高的资产专属性。

因此,适合房地产这类商品交易的最优治理方式为"第三方治理"。第三方治理作为一种中介性的制度形式出现,当交易遇到问题的时候,借助第三方的帮助来解决纠纷,能够大大降低交易成本[300]。

目前,房地产网络平台还没有形成一个行业规范,各个平台的管理不一,如何进行信息传递、交易的确定,以及费用的支付都需要一定的规范来降低双方的风险。由于我国的房地产网络平台发展时间较短,相关的法律法规尚未形成,因此房地产网络平台上还存在很大的风险。

以往的研究将网络平台和平台上的服务商混为一体,而本书认为网络平台是由独立的平台运营商负责运营和维护的,与服务商相互独立,是作为连接平台买卖双方的第三方而存在。作为"第三方",房地产网络平台对道德风险和解决交易外部性方面具有显著的优越性[30]。一方面通过收集整合、分类、整理信息,完成消费者和开发商、房地产经纪人等信息匹配,降低信息的不对称性;另一方面,房地产网络平台通过制定一系列的交易规则,能够对市场双边的违约行为进行惩处,通过增加违约成本,抑制道德风险。因此,房地产网络平台第三方治理对促进消费者信任,建立房地产网络信任体系有重要作用。

本书将从"第三方治理"的角度,探究房地产网络平台对治理双边市场用户机会主义行为,降低消费者感知风险,促进房地产网络平台信任形成的作用机理。

3.3 房地产网络平台信任的定义及分类

3.3.1 房地产网络平台信任的定义

本书研究的房地产网络平台信任属于交易信任的范畴。经济学认为信任是交易能够顺利进行的前提,没有信任就不会有交易发生[313]。房地产网络平台上需求方对服务商产生信任是最终发生交易行为的必要条件。

关于信任的定义解释种类繁多。例如,Mayer[310]认为信任是对交易伙伴能力、善意、正直和可预测行为的信心。Doney 和 Cannon[329]认为信任是对信任对象可信和善意的感觉,认为其承诺是可靠的。Kim 等人[316]认为信任是买方对卖方以自己期望的方式履行交易职责和义务的主观信念。Corritore 等人[330]将信任定义为将自己的弱点暴露在网络风险环境中而不会受到伤害并相信对方会按照自己的期望行事的一种信念。

本书将房地产网络平台的信任定义为在风险情况和不确定环境中,房地产网络平台上的需求方主观相信房地产网络平台出于善意和公正的意愿为买卖双方提供一套保证交易流程和公平执行的服务,相信房地产网络平台有能力控制服务商的机会主义风险,提供安全的交易环境,从而愿意与房地产网络平台中的服务商交互,相信其会按照自己的期望行事的一种信念。

3.3.2 房地产网络平台信任的分类

根据对网络平台信任的分类,网络平台上存在个人信任、基于认知的信任、基于知识的信任、算计信任,以及基于制度的信任。接下来,结合房地产网络平台进行具体分析。

个人信任是指房地产网络平台上的消费者因为文化、经历、社会环境等而形成的信任,这种信任已经成为一个人个人属性的一部分,又称为信任倾向。一方面是指对人性的真诚(faith in humanity effects),另一方面是出于信任立场(trusting stance effects)[326]。个人信任决定了消费者信任的初始值,会影响其对服务商的信任信念,并直接影响信任意图。

基于认知的信任包含了两部分内容,一方面是消费者对房地产网络平台的认知,包括其在浏览网站上的信息内容时,所产生的对网站规模、服务质量、信息真实性的认知;另一方面是指消费者在与房地产网络平台上的服务商、房地产经纪人进行进一步交流时,对他们所表现出的服务水平的认知。

基于知识的信任是在与网络平台或者与平台上的服务商有了一定的重复交易后所形成的信任,受网络交易经验和对服务商的熟悉度的影响[331]。但是由于房地产网络平台对消费者来说使用较为低频,且大多为"一次性"的交易服务,因此,对于大部分房地产网络平台的消费者来说,并不存在基于知识的信任,本书的房地产网络平台信任不包含基于知识的信任。

算计信任在房地产网络平台信任的定义中是非常重要的一个内容,当消费者对房地产网络平台产生风险感知,其最终做出的信任行为即表现为一种风险承担,这样一种风险决策是信任水平和感知风险共同作用的结果。信任表现为消费者对平台上的服务商会按照自己意愿行事的一种期望[316],可以看作是可能获得的收益,而感知风险意味着结果的不确定性和可能带来的损失[332],可以解释为交易成本。根据感知阈限理论,本书认为信任存在一个信任阈限,即做出信任行为所需要的信任的最小值,只有当信任水平超过感知风险时,才会达到信任阈限并触发消费者做出提交个人信息或在平台上购买房地产商品或服务的行为。因此,房地产网络平台上的消费者的最终信任行为是包含了收益和成本计算的。这也是本书考虑通过降低感知风险,降低交易成本来促进消费者信任的理论基础。

制度信任对房地产网络平台信任也尤其重要。制度信任尤其适用于陌生人之间没有直接历史交往的关系之中[323],对促进网络平台上缺乏双方互动的经济活动有重要作用[311],而房地产网络平台由于具有低频交易的特点,需求方难以与服务商形成长期的互动关系,因此制度信任尤其适用于房地产网络平台信任的构建。另外,房地产网络平台作为第三方,通过建立统一交易规范流程、标准制度和制度结构保障,能够使得双边的参与主体自觉遵循规则,形成对制度的认同[306],从而降低需求方与服务商交互的不确定性,促进信任的形成。本书将制度信任划分为平台的内部信任因素,即房地产网络平台能够通过制定制度机制来控制消费者的制度信任,因此,制度信任是房地产网络平台进行"第三方治理"的治理机制,对降低消费者的感知风险有重要作用。

信任是一个动态的过程,按照众多学者对信任动态过程的划分[333,310,311]。本书中消费者最终做出信任行为包含了从信任倾向到信任信念再到产生信任意图的全过程。

3.3.3 房地产网络平台信任的对象界定

信任是在交易双方之间产生的,必须存在施信方和受信方[310],信任的对象可以是个人也可以是群体[334]。房地产网络平台主要有三种关系模式:B2B、B2C、C2C,前人对施信者和受信者之间的信任研究,大多局限于一对一的信任关系,而本书将房地产网络平台上的施信者和受信者都看作是群体,研究的是 B2C 和 C2C 面向消费者终端的房地产网络平台信任。平台上的施信者指的是对房地产网络平台的信息、商品和服务有需求的一方,称为"需求方",包括有买卖、租赁、房屋抵押贷款、装修等需求服务的 C 端消费者。受信者主要是指房地产网络平台上的 B 端服务商或个人,统称为"服务方",包括与房地产抵押贷款相关的单位如银行、房地产估价公司、拍卖公司、咨询公司、法律事务所等,与房地产买卖租赁相关的单位和个人如开发商、房地产中介机构、广告媒体、二手房东等,与房地产交易后服务相关的单位如装修公司、物业公司、社区服务公司等卖方群体。制度信任能够提高行为人行动的可预测性,使人们信任那些同处于相同制度中的人[306]。除了对人的信任,本书还包括了房地产网络平台上需求方对制度的信任,是指房地产网络平台上的需求方对正式的法律法规或者是网络平台制定的交易规则和制度机制的信任。

3.3.4 房地产网络平台信任的阶段

信任是一个动态的发展过程,按照信任的持续时间可以将信任分为初始信任(initial trust)和持续信任[335],初始信任是指没有过网络购物经验或对网络平台不熟悉,一般是指用户第一次浏览信息或第一次购买时对网络平台产生的信任,是信任发展的初级阶段。而持续信任是继初始信任之后更深入一步的信任高级阶段,与网购经验和网络平台熟悉因素相关[312]。考虑到房地产作为交易商品的低频属性,用户本身进行"第二次"交易或第二次访问平台的可能性较小,同时根据房地产网络平台的发展需求,如何快速地建立需求方用户对服务商的初始信任,是房地产网络平台管理的重要战略。因此,本书将房地产网络平台信任界定为对需求方的初始信任研究。

房地产网络平台需求方的信任过程是在风险环境下进行的,因此,本书将信任的形成过程看作房地产网络平台上需求方的风险决策过程,根据前景理论,决策过程包含对信息的收集整理和评估决策两个阶段。

本书研究的是交易信任,任何交易行为都是由动机支配的,总收益增加,使双方受益,才是交易发生的条件,这是交易本身所蕴含的价值量基础,也是需求动机产生的起点[336],受信任倾向的影响,记为 T_0。也就是说,房地产网络平台上发生交易,首先是出于需求方存在房屋买卖、租赁、抵押等服务的客观需求。例如一部分进入房地产网络平台的用户群体首先明确自己有购房需求,于是相应地选择新房或二手房平台。第二阶段是主动进行信息收集,这里会出现两个层次,一是适度收集的状态,即按照自己的需求浏览房地产网络平台上的信息、广告,对房屋相关的信息和房屋质量等进行信息的收集整理;二是积极收集,是为了了解更多的信息而进一步与开发商、房地产经纪人进行联系,开发商通过销售人员的销售能力以及提供有效的信息传递来增加消费者购买的可能性,而消费者也对开发商或房地产经纪人(机构)所具有的服务能力、善意、正直等特征产生初步的认知,因

此 $T_0 \sim T_1$ 阶段为认知信任阶段,结束点记为 T_1。第三阶段,对信息来源的真实性、价格的高低、房屋质量的优劣等进行评估,通过比较并最终做出购买决策,$T_1 \sim T_2$ 阶段为算计信任阶段,结束点记为 T_2。在风险环境中,只有当个人预期获得的收入为正时,才会做出信任行为,否则便不会信任[337],从评估决策到做出信任行为是算计信任的过程,本书研究房地产网络平台第三方治理通过降低感知风险来促使需求方达到信任所需的阈限,在图 3-5 中表示为评估选择到信任行为阶段,即 $T_1 \sim T_2$ 与信任曲线围成的区域面积。

完整的房地产网络平台初始信任的过程包括需求确认、信息收集、评估选择到最后做出信任行为四个阶段。房地产网络平台上的用户的信任形成阶段及信任水平如图 3-5 所示。

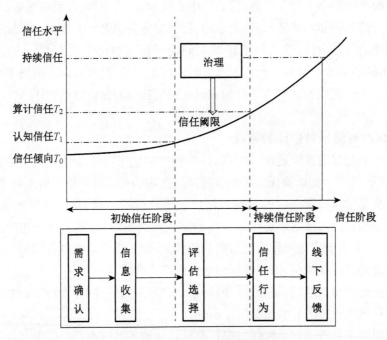

图 3-5 房地产网络平台信任形成阶段

第四章
房地产网络平台信任形成的假设模型构建

4.1 房地产网络平台信任形成的影响因素分析

4.1.1 房地产网络平台信任的影响因素

通过文献综述,总结归纳了影响网络平台的众多因素,分别对消费者个人特征、服务商特征和网络平台特征进行分类,并按照消费者的四个行为阶段即需求确认、信息收集、评估选择和信任行为进行汇总,房地产网络平台信任形成的各阶段的影响因素如表4-1所示。

表4-1 房地产网络平台信任形成的各阶段的影响因素

消费者行为阶段	信任的类别	信任的形成阶段	影响因素		参考文献
阶段一:需求确认	个人特征信任	消费者信任倾向	消费者个人特征	包括消费者性格、年龄、受教育程度、文化背景	鲁耀斌,周涛,2005[338];Bart Y,2005[339]
阶段二:信息收集	认知信任	对服务商的信任信念	服务商的特征	包括服务商具备的知识、友善态度、提供的信息的真实性	Mayer et al.,1995;McKnight & Chervany,2001;Gefen,2002;Yoon,2002;Tan et al.,2004
阶段三:评估选择	算计信任	产生信任行为意图(计算信任水平是否达到信任阈限)	环境风险、人为风险	包括网络安全技术、网站设计质量、机会主义行为	鲁耀斌,周涛,2005;McKnight et al.,2002;Bart et al.,2006
阶段四:信任行为	做出信任行为、注册、提交个人信息或支付				McKnight et al.,1998;Gefen et al.,2003

经济学家将信任视为承担风险的行为,本书将房地产网络平台信任定义为在风险情况和不确定环境中,房地产网络平台上的需求方相信服务商会按照自己的期望行事的一种信念,因此视信任为一个风险决策过程。按照前景理论,信任过程包括信息收集和评估选择。

由于信任是一个动态的形成过程,本书研究的房地产网络平台信任是消费者在房地产网络平台上对服务商产生的信任,视消费者为有限理性人,参考 TPB 计划行为理论[338]将信任的形成机理分为信任倾向、对服务商的信任信念、产生信任行为意图这三个信任形成阶段。最终消费者由信任水平是否达到信任阈限来决策是否做出行为。消费者对平台服务商的信任形成过程如图 4-1 所示。

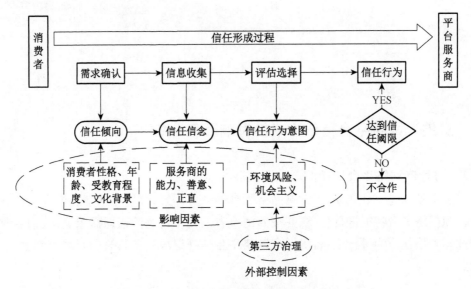

图 4-1　房地产网络平台信任形成过程及影响因素

本书将信任的影响因素按信任的形成阶段划分,对信任各阶段的信任倾向、信任信念、信任行为意图的内涵进行阐释,并对过程中包含的影响因素即服务商的能力、正直、善意、环境风险、机会主义以及第三方治理进行如下说明:

1. 信任倾向

信任倾向是一种人的内在因素,影响信任倾向的因素为人的性格类型、经历和文化背景,另外,信任倾向对初始信任有重要影响[326]。由于房地产作为交易商品具有低频属性,大多数消费者对房地产相关商品的购买都是"一次性"的,之前没有过相应的对房地产网络平台的使用经验,因此对大部分的房地产网络平台用户来说都是初始使用,信任倾向对房地产网络平台用户初始信任有重要影响。

2. 信任信念

房地产网络平台上的信任信念是指需求方对服务方产生的信任信念,即需求方认为服务方是安全的,具备有利于他的特征[311]。房地产相关商品具有复杂性和专业性[325],没有经验的消费者很难去选择,房地产不像其他简单的商品可以越过销售人员的服务直接下单进行购买,而是非常依赖于房产中介(房地产经纪人、专业的房地产咨询服务机构、家装建材的提供商、物业管理服务机构等)的服务和评价。

消费者通过网站上提供的联系方式向房地产网络平台上的服务商进行在线联系和咨询。此时,服务商所表现出的能力、专业知识、善意、正直等特点很大程度上会影响消费者对其可信度的判断[310],消费者对服务商产生积极的认知信任,会促进其信任行为。具体内容解释见表 4-2。

表 4-2 房地产网络平台信任信念的影响因素

	信任的影响因素	内容解释
对服务商的信任信念	能力	服务商具备专业的房地产知识,能够解答需求方提出的关于房屋买卖、租赁、抵押等的问题,能够提供房产交易的有用的建议和信息
	正直	房地产开发商、房地产经纪人和房地产服务商提供真实准确的商品和服务的信息,例如发布真实的房源信息,在介绍宣传价格、质量情况、配套设施等方面公正合理,不夸张宣传,不欺骗敲诈消费者,在有房源时及时通知用户
	善意	房地产经纪人或服务商愿意站在购房者或消费者的角度为其出谋划策,真心诚意地推荐房源而不是虚假营销,能提供符合购房者或消费者个人意愿的交易建议,发布的广告信息图片清晰全面,对消费者应该了解的相关注意事项不隐瞒并进行提醒

3. 环境风险和机会主义

环境风险是指与经济交易主体特征无关的风险,包括网络环境和平台网页环境。房地产网络平台是基于互联网技术产生的,因此网络的安全技术、网站页面设计、导航使用习惯等风险作为环境风险会影响消费者的信任[339,340]。另外,信息不对称也是房地产网络平台最严重的问题之一,开发商和房地产经纪人(机构),以及房地产服务商对自己销售生产的房屋、商品都掌握了充分的信息,往往处于信息优势地位,而极有可能做出不利于消费者的机会主义行为,例如有些开发商和房地产经纪人(机构)发布虚假信息,与消费者签订霸王条款,做出交易后不履行承诺、跳单等侵害消费者权益的行为,这会引起消费者的不满,从而放弃与开发商或房产经纪人(机构)合作。

房地产属于非标准化的商品,在网络平台上进行销售往往更容易引发道德风险和机会主义,对于越是复杂的商品,部分消费者可能会认为图片和文字描述是可以被服务商或网络平台操纵的,从而不愿意相信网络上的信息[301],因此对这类消费者而言,房地产的复杂性和不确定性风险影响了他们选择在网上购买的可能性。另外,目前房地产网络平台上房源信息严重存在虚假、重复、过时等信息质量问题[149]。有些房地产经纪人在网上发布的照片并非房源本身,或是图片质量很低,严重影响购房者或租房者对信息有用性的感知,从而影响其对信息的采纳[342]。

环境风险和机会主义能够引发消费者对风险的主观感知,主要包括:①功能风险,消费者感知到房屋、商品、服务的实际内容与网站上的文字或图片介绍的信息不符;②心理风险,担心在注册或购买房屋、商品及服务的时候向房地产网络平台或服务商提交个人信息造成隐私泄露的风险;③财务风险,在支付注册费或支付购买商品的钱款时担心受到诈骗或信息攻击而导致财务损失。由对房地产网络平台感知风险的影响因素分析可知,对于不同类的房地产网络平台,其对信任影响最大的不同在于消费者的感知风险是不同的,财务风险对房地产网络平台来说是影响感知风险的关键因素,信息类的房地产网络平台上消费者以发布信息和搜索信息为主,在线下完成交易,因此只需支付注册费,这其中包括了发布信息所需要支付的费用。而综合类的房地产网络平台上消费者在线完成交易需要支付商品或服务的价格,而房地产作为大宗交易类商品,其相关的商品、服务价格相对较高,房屋买卖、抵押贷款和装修涉及的交易金额巨大,因此消费者感知到的财务风险会比信息类房地产网络平台只支付注册费的要高。财务风险越高,那么消费者的支付意愿就越低[343]。在房地产网络平台上,任何存在的感知风险都可能负向影响消费者的购买态度和接受意愿[344, 345]。如果不存在任何的治理措施而使得消费者对房地产网络平台的感知风险过大,那么他们将很难产生对房地产网络平台的使用意愿,从而不愿意注册提交个人信息,不愿意购买商品和服务。

4. 第三方治理

房地产网络平台由于具有低频交易的特点,需求方难以与服务商形成长期的互动关系,另外,房地产具有资产专属性高的特征,也使得其契约成本很高。根据威廉姆森[302]提出的交易契约治理结构模型,房地产低频高值的交易非常适合于通过第三方治理来降低交易成本。

房地产网络平台是第三方中立的市场管理者,其不作为参与市场交易的主体,为市场参与双方提供发布和搜索供求信息、信息沟通与传播、撮合交易、资金存管、信用管理等服务,具有信息管理、风险分担和管理市场商品流动性的功能,在提高搜索效率、精准产品匹配和降低风险方面有重要作用[346, 347]。

在房地产网络平台上,需求方和服务方双方通过数字化的命令请求来实现交互。而房地产网络平台在双方主体之间通过收集、整合信息,控制信息流动,从而为双边用户寻找相互匹配的用户,通过处理订单信息、审查合同、资金结算等直接控制着房地产双边市场用户订单处理和支付托管的中间流程,承担了风险,撮合交易。因此,房地产网络平台"第三方治理"的作用原理如图 4-2 所示,其通过治理环境风险和信息不对称、降低消费者主观的感知风险来促进信任形成。

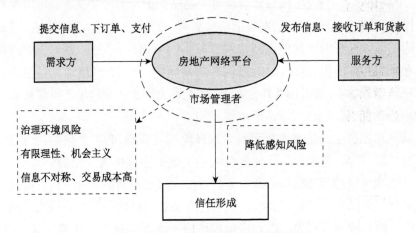

图 4-2 第三方治理对信任形成的作用

风险在房地产网络平台中是客观存在的,只有在使得需求方达到信任水平时做出交易行为,才会给企业带来盈利,控制、减少消费者的感知风险是促进信任和交易的直接有效方法。

房地产网络平台通过制定一系列的交易规则,能够对市场中存在的交易风险进行处理和规制[348],从而有力保证网络平台市场交易的公正性、客观性和真实性,降低感知风险[347]。房地产网络平台由于具有低频交易的特征,因此网络平台上产生的是陌生人之间的信任,制度信任尤其适用于没有直接历史交往的关系中[323],对促进网络平台上缺乏双方互动的经济活动有重要作用[311]。消费者在与房地产网络平台的交互过程中感知到网络平台采取了具体的控制措施,该措施能够使得双边的参与主体自觉遵循规则,形成对制度的认同[306],从而促进信任的形成。

关于制度信任的内容,McKnight提出制度信任包括情境正常(situational normality)和结构保障(structural assurance)两部分[326],前者指习惯、适应环境,后者指规则、法律、担保、承诺等。本书将从情境正常和结构保障两个部分来构建完整的制度信任。其中结构保障部分为针对感知风险内容具体制定的隐私保护机制、第三方认证机制和第三方支付监管机制,这三种机制分别考虑了感知风险的心理风险、功能风险、财务风险维度。

① 情境正常:房地产网络平台中习惯和适应环境是指用户登录网站时能够感受到的,例如网页设计及信息内容等安排符合正常的使用习惯,以及网络技术安全保障、网络环境、上网体验[318]所带来的舒适感。

② 隐私保护机制:针对心理风险构建隐私保护机制。由于在房地产网络平台上与服务商进行交互活动,常需要提交个人信息,那么就有可能存在担心隐私信息泄露、收到骚扰电话和垃圾信息的心理风险。房地产网络平台为了防止服务商或其他系统故意地对消费者的个人信息进行窃取,制定隐私保护机制,加强计算机系统的密钥保护,严加防范信息传输协议中的错误,并给予消费者相关条款的承诺来降低其心理风险的感知,例如提出不会将个人信息出售给其他公司,阻止未经授权访问获取用户的个人资料,在必要时会按照用户的要求删除个人信息[349]等保证。

③ 第三方认证机制:针对功能风险构建第三方认证机制。房地产网络平台上泛滥的虚假信息会提高消费者对房屋买卖、商品及服务的功能风险的感知,第三方认证机制是目前房地产网络平台上应用较为广泛的机制,主要是通过对房地产经纪人(机构)或服务商的身份认证,或者是对房源真实性的直接认证,提供给需求方更多关于服务商和房屋的可信度信息,对服务商或房源信息进行审核,在一定程度上控制了虚假信息,降低了购房者或租房者对功能风险的感知。

目前,第三方认证机制已普遍应用于房地产网络平台的二手房买卖租赁中,例如,为了打击虚假房源,严控平台信息,搜房网于2014年启动了100%认证个人房源的"真房源"计划,对其内部所有的房源信息进行盘查,剔除所有的虚假房源,并对所有的个人房源采取100%的人工认证。搜房网的认证流程为编辑审核—搜索引擎核实—电话审核认证—100%第三方认证房源信息,租房者能够通过租房页面的"100%个人房源"标签对认证的房源信息进行查找。房天下网络平台对二手房买卖的经纪人进行了身份认证、名片认证和综合能力认证；House365 网络平台对其租房板块的个人房源通过电话确认，甚至是实地确认并拍摄带有 House365 的实物标签照片来证实其房源的真实性，一定程度上能够保障信息来源的真实度。

④ 第三方支付监管机制：针对财务风险构建第三方支付监管机制。随着房地产网络平台发展的愈发成熟，越来越多的综合类房地产网络平台诞生，房地产的各种相关产品和服务的销售模式也兴起了例如秒杀、拍卖、团购等线上销售的方式。然而由于在线交易的金额较大，消费者对财务风险的感知较高，支付安全问题成为影响房地产网络平台消费者感知风险的重要因素。房地产网络平台要顺利发展网络在线交易模式，就必须寻求降低消费者财务风险感知的方式，建立安全的支付交易平台，来保障消费者支付过程的安全性、账户信息及其账户内交易资金的安全。

大部分房地产网络平台采用了例如支付宝、财付通，以及与银行进行授权合作等第三方支付监管机制来对房地产网络平台上的财务风险进行控制。第三方支付监管的保障交易流程内容包括：第一步，需求方在交易类房地产网络平台上选购服务及产品，决定购买，签订订单；第二步，需求方选择第三方支付保障机制作为交易中介，将货款转到第三方账户中；第三步，第三方支付平台通知服务商，需求方已经支付货款；第四步，服务商收到需求方支付的通知，按照契约执行义务；第五步，服务完成，需求方确认，第三方支付平台将货款转移至服务商账户，交易成功。

第三方支付机制不仅能够支持交换支付信息，而且能够保留消费者与服务商的电子凭证，一旦出现交易纠纷或需要退款，第三方支付保障作为资金流动的托管机制，能够为消费者提供资金保护及违约赔偿，通过提供交易保障，降低交易风险，促进了消费者的支付意愿[350]。

5. 信任行为意图

信任意图是基于对结果的期望而采取的行为意向，包含了信任相关的行为可能性，是在一定的风险和不确定情况下，一方愿意产生依赖的程度[312]。房地产网络平台上的信任意图是指需求方意向与房地产网络平台上的服务商产生房地产买卖、租赁、抵押等相关的信息、商品和服务的交换，从而已经准备好将自己暴露在风险中，向房地产网络平台或服务商提供个人信息、注册报名、预约看房、参与团购等，或因购买房地产相关商品例如家装建材、订购社区物业服务等向房地产网络平台提交购物订单、支付商品或服务所需要的金钱。

4.1.2 房地产网络平台信任的关系及假设

根据以上的信任形成的各阶段说明，对房地产网络平台信任各阶段关系做出假设如下：

信任倾向，一方面是指对人性的真诚（faith in humanity effects），另一方面是出于信任立场（trusting stance effects）[326]。从人性的角度来说，房地产网络平台上的需求方出于与服务商的交易意愿，当不存在制度信任或其他特定信息，其本身对服务商会有一个初始信任值[351]，愿意相信网站上的服务商会按照自己意愿行事。从信任立场来说，信任立场不会导致信任信念,而是直接影响信任意图[326]。房地产网络平台的需求方愿意相信服务商是可信和善意的,相信其能够为自己带来需要的服务,不管服务商是否真的可信。也就是说,如果需求方本身的性格和文化经历使得他愿意去相信服务商,且他在与服务商交互时,服务商并没有做出任何让他不相信的行为,那么信任倾向会促进他向房地产网络平台提交信息或支付购买订单。

假设1:信任倾向对房地产网络平台信任意图有显著的正向影响。

房地产网络平台上往往存在多个服务商,因此购房者或消费者通过对房地产经纪人或服务商能力、正直、善意的评估,从而选择愿意与之进行经济交互的服务商,产生对房地产网络平台上服务商的信任信念,由于与服务商并没有过往的交互经验,不存在"熟悉",因此可以认为消费者的信任倾向对服务商信任信念起到了正向促进的作用,使得消费者愿意去信任服务商。

假设2:信任倾向对房地产网络平台上的服务商信任信念有显著的正向影响。

房地产网络平台上服务商的能力、正直和善意会对消费者在进行房地产商品和服务选购时产生重要影响。当消费者评估服务商是可信的时候,消费者的可感知风险会随之降低;反过来,当服务商的行为在某种程度上降低了风险,那么消费者就更有可能与其合作,从而维持信任关系[341]。由于网络的虚拟性,房地产网络平台上的商品和服务商都具有不确定性,服务商良好的服务态度、提供真实的广告和商品信息会降低消费者的风险感知。因此,有学者在房地产网络平台的营销战略里,提出要重视网络客户关系管理,了解消费者需求,充分利用图片、视频等资源提供给消费者更多决策信息[352]。

假设3:房地产网络平台服务商信任信念对信任意图具有显著的正向影响。

假设4:房地产网络平台服务商信任信念对感知风险具有负向影响。

由于房地产交易的复杂性、不确定性,以及严重的信息不对称性,导致房地产网络平台上的交易比一般的网络平台具有更高风险。消费者在寻求信息、商品服务时,产生的主观风险认知就称为感知风险[316],其做出最后的信任行为是对风险的承担,会负向影响消费者的信任意图,增加交易成本[353]。如果用户对网络上的感知风险过大,那么他们将很难产生对网络平台的使用意愿[354, 343]。

假设5:感知风险会显著负向影响信任意图。

房地产网络平台通过第三方治理,为平台市场制定相适应的制度保障机制,能够起到降低感知风险的作用[355, 352]。因为完善的制度会使得机会主义行为不易实施,从而抑制服务商可能存在的不诚信交易意图。房地产网络平台的风险控制能力越强,平台上需求方能够感受到的具体的风险控制措施越完善,那么其对风险的感知就会降低,从而更容易达到信任阈限。

假设6:情境正常对消费者的感知风险具有显著的负向调节作用。

假设7:隐私保护对消费者的感知风险具有显著的负向调节作用。

假设8:第三方认证机制对消费者的感知风险具有显著的负向调节作用。

假设9:第三方支付监管对消费者的感知风险具有显著的负向调节作用。

4.2 房地产网络平台信任形成的假设模型构建

4.2.1 含有调节的中介模型的适用性分析

目前学者们对信任形成机理的研究大多是对信任影响因素的研究,也有学者研究了消费者感知风险对网上购买行为的影响[356,357]。但是这些研究都没有站在市场治理层面去探究具体该如何降低消费者的感知风险,以及究竟信任的形成过程分为哪几个阶段。本书基于计划行为理论模型,构建含有调节的中介模型来阐释信任阈限原理,从而揭示房地产网络平台信任形成机理,即以制度信任为外部影响因素,通过调节降低感知风险,从而使得消费者在信息收集阶段所形成的认知信任水平能够通过信任阈限,形成信任意图,并最终做出信任行为。

1. 计划行为理论(TPB)基础

计划行为理论模型(the theory of planned behavior,TPB)[63]是基于有限理性行为的决策,通过对信息事物的加工、分析和思考从而做出决策行为,该理论认为行为意向受到信任态度、主观规范和行为控制认知的影响,通过分析影响行为的因素解释人类行为决策的认知理论,适用于本书对信任形成机理的阐释。在信任的形成机理里,消费者为有限理性人,信任是通过对认知事件的信息加工和合理思考而做出的决策行为,由信任信念影响信任意向,而信任意向决定了最终的信任行为。

2. 基于TPB改进的含有调节的中介模型

感知风险作为房地产从传统交易变为网络平台交易中重要的影响因素,在信任的形成过程中,对消费者最终做出信任行为也有重要影响[354]。探讨感知风险该处于信任形成阶段的何种位置,就需要理清信任与感知风险的关系。但是,目前对于信任与感知风险的关系并没有统一的说法,有学者将信任与感知风险的关系归纳为三种[358,304]:第一种,独立作用模式,即大部分学者在研究时将风险和信任当作两个要素进行拆开,要么只研究信任而没有考虑风险,要么只研究风险而没有考虑信任,认为信任和风险是两个不同的概念,相互独立;第二种,调节模式,风险调节了信任对行为的影响;第三种,中介模式,风险在信任和行为之间起中介作用。

本书根据前景理论分析得到房地产网络平台信任的过程分为信息收集和评估选择两个阶段,因为评估选择所在的算计信任类别,将感知风险作为影响消费者评估选择的影响因素,从而确定了感知风险在信任形成过程中位于服务商信任信念和信任行为意图的中介位置。将第三方治理作为降低平台上需求方感知风险的调节变量,本书构建了调节中介过程前半路径的模型(如图4-3)来解释房地产网络平台信任形成受到外部影响因素调节的原理,这里的外部影响因素包括房地产网络平台制定的一系列交易制度。

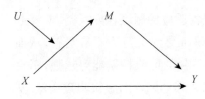

图4-3 调节了中介过程前半路径的模型

原中介调节模型图 4-3 中的 X 为自变量，Y 为因变量，M 为中介变量，U 为调节变量。在房地产网络平台中，假设 X 代表消费者对房地产网络平台服务商的信任信念，Y 代表消费者群体产生的信任意图，M 代表感知风险，U 表示第三方治理。也就是说房地产网络平台上的需求方对服务商产生信任信念，然后作用于信任意图，感知风险在其中起到中介作用，房地产网络平台实施第三方治理，通过制定一系列制度机制使消费者形成制度信任，从而降低了消费者的感知风险，促进了消费的信任意图。构建的基于 TPB 改进的含有调节的中介模型如图 4-4 所示。

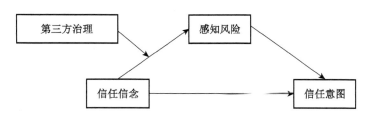

图 4-4 房地产网络平台信任形成的中介调节模型

4.2.2 房地产网络平台信任形成的假设模型构建

对应消费者在房地产网络平台上做出信任行为的各个行为阶段，以及前文房地产网络平台信任形成阶段的假设关系，构建的房地产网络平台信任的假设模型如图 4-5 所示。

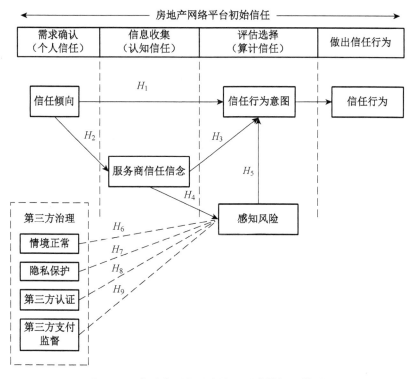

图 4-5 房地产网络平台信任形成的假设模型

该模型可以解释在房地产网络平台上发生的个体消费者与平台服务商之间的信任形成机理。消费者在房地产网络平台上所要完成的整个初始信任过程包括需求确认、信息收集、评估选择和做出信任行为四个阶段，只有最终完成了信任行为才算是房地产网络平台初始信任形成。

第一阶段：需求动机是交易信任产生的起点[313]。该阶段的信任主要来自消费者自身的特殊属性，信任倾向是该阶段的重要部分，与消费者的年龄、文化、背景有关，消费者在明确自身对房地产买卖、租赁、抵押贷款、装修等信息、商品或服务有所需求后，就会具有一个对受信方的信任倾向，该信任倾向包含了对人性的真诚和信任立场两个维度[326]，前者使消费者对服务商产生信任信念，后者直接作用于信任行为意图。

第二阶段：信息收集阶段。该阶段的信任主要来自消费者的认知，消费者在此阶段会通过搜索来获得与商品服务有关的信息，房地产与普通零售类商品不同，无论是房屋、与房屋相关的装修、服务等都具有非标准化的特性，因此，消费者很难仅通过搜索和简单阅读信息来获得对商品或服务的认知[356]。一般房地产网络平台上会留有电话以供消费者进一步咨询，该过程中服务商的能力、善意、正直会影响消费者对其可信度的认知判断，例如房地产营销人员本身具备的专业性是否能解答购房者的问题都会影响到其可信度[310]。

第三阶段：评估选择阶段。该阶段的信任将消费作为理性人，评估选择的结果取决于消费者对成本收益的计算，因此该过程含有消费者对风险的感知。消费者通过对第二阶段积累的信任水平和感知风险的计算来进行决策，根据信任阈限理论，阈限是指人能够察觉到的刺激最小变化量[359]，做出信任行为也需要一个最小信任度，那么信任阈限就可以解释为消费者在风险环境中把自己托付给另一个人，只有当确定产生的预期收入为正时，才会做出信任行为，否则便不会信任[360]。预期收入为消费者在信息收集阶段掌握的信任水平与在评估选择阶段考虑感知风险后的计算结果，因此，在这一阶段引入第三方治理，房地产网络平台通过制定情境正常、隐私保护、第三方认证、第三方监督机制来降低感知风险，如果房地产网络平台制定的制度能够降低感知风险，减少消费者所能感受到的风险概率和损失大小[361]，就能促进消费者达到信任阈限，进而消费者更愿意做出信任行为。

第四阶段：该阶段为消费者实际做出的行为，若表现为信任，那么消费者就愿意在该平台注册，向房地产网络平台提供自己的信息，或者实现在线购买；若消费者对服务商的信任度没有达到信任阈限，那么消费者就会放弃合作。

4.3 基于 SEM 的简化分析

4.3.1 测量模型

本书运用 SEM 结构方程模型对房地产网络平台信任形成机理进行定量化的分析，通过提取模型中主要因素之间的因果关系，构建房地产网络平台信任形成机理的测量模型，并对模型中相关变量进行参数设置，具体如图 4-6 所示。图中"信任倾向""情境正常""隐私保护""第三方认证""第三方支付"为外因变量，外因变量在模型中不会受其他变量影响，但是会影响其他变量，相当于是自变量。"信任信念""感知风险""信任意图"为内因变量,即在模型中受到其他变量影响的变量,相当于因变量。5个外因变量间彼此有相关关系,用双箭头绘制,内因变量与其他变量之间的因果关系用单箭头绘制。8个观察变量都是单一指标变量,能够由相应的指标测得。依据 SEM 的绘制规则,对3个内因变量设置残差变量,即图4-6中的 $e_1 \sim e_3$,并约束其回归系数为1。误差变量与观察变量之间不相关。$W_1 \sim W_9$ 表示变量之间的回归系数,$V_1 \sim V_5$ 表示5个外因变量的方差,$V_6 \sim V_8$ 表示3个残差变量的方差,$C_1 \sim C_{10}$ 表示10个外因变量的协方差。因此,该测量模型中,待估计的协方差有10个,回归系数有9个,方差有8个。

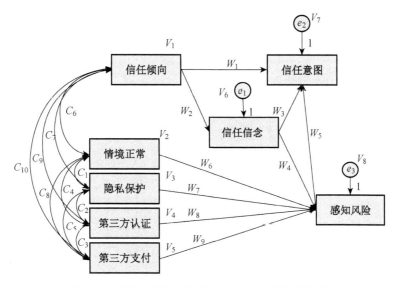

图 4-6 房地产网络平台信任形成机理的测量模型

图中的测量模型也称为观察变量的路径分析(path analysis with observed variables),不包含任何潜在变量,简称 PA-OV 模型。图4-6中变量之间的回归系数 $W_1 \sim W_9$ 为路径系数,它体现了变量间的因果关系,是分析房地产网络平台信任形成机理的关键。

4.3.2 确定路径系数

本书利用 AMOS21.0 获得了模型中所有路径系数及参数估计值。路径计算过程及原理如下。

图4-7为本次测量模型中的一部分,其中 Z_1 为外因观察变量,Z_2、Z_3、Z_4 为内因观察变量,变量间的路径系数用 β 表示;e_1、e_2、e_3 分别为 Z_2、Z_3、Z_4 的误差变量,即观察变量无法被潜在变量解释的部分。该模型中,e_1 与 Z_1 不相关,e_2 与 Z_1、Z_2、Z_4 不相关,e_3 与 Z_2 不相关。

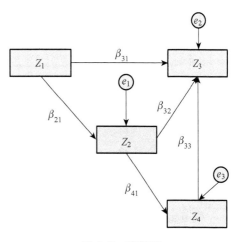

图 4-7 路径图

根据模型中的因果关系，变量 Z_3 的结构方程为：

$$Z_3 = \beta_{31}Z_1 + \beta_{32}Z_2 + \beta_{33}Z_4 + e_2 \tag{4-1}$$

由于协方差有线性性质，即：

$$\mathrm{Cov}\left(\sum_{i=1}^{k} a_i x_i, y\right) = \sum_{i=1}^{k} a_i \mathrm{Cov}(x_i, y) \tag{4-2}$$

由式(4-2)，Z_3 与 Z_1 的协方差表示为：

$$\begin{aligned}\mathrm{Cov}(Z_3, Z_1) &= \mathrm{Cov}(\beta_{31}Z_1 + \beta_{32}Z_2 + \beta_{33}Z_4 + e_2, Z_1) \\ &= \beta_{31}\mathrm{Cov}(Z_1, Z_1) + \beta_{32}\mathrm{Cov}(Z_2, Z_1) + \beta_{33}\mathrm{Cov}(Z_4, Z_1) + \mathrm{Cov}(e_2, Z_1)\end{aligned} \tag{4-3}$$

标准化模型中，协方差等于相关系数。由于假设变量 e_2 与 Z_1 不相关，即 $\mathrm{Cov}(e_2, Z_1) = 0$，那么式(4-3)可表示为：

$$\gamma_{31} = \beta_{31} + \beta_{32}\gamma_{21} + \beta_{33}\gamma_{41} \tag{4-4}$$

同理，Z_3 与 Z_2，Z_3 和 Z_4 间的相关系数可以表示为：

$$\gamma_{32} = \beta_{31}\gamma_{12} + \beta_{32} + \beta_{33}\gamma_{42} \tag{4-5}$$

$$\gamma_{34} = \beta_{31}\gamma_{14} + \beta_{32}\gamma_{24} + \beta_{33} \tag{4-6}$$

获得样本数据后，相关系数皆为已知量，因此，可以计算路径系数 β_{31}、β_{32}、β_{33} 的估计值。

4.3.3 路径效果及中介调节效应

1. 路径效果分析

不考虑调节变量的情况下，信任的形成机理包括了从"信任倾向"到完成"信任意图"的全过程。在本书建立的模型中，共有3条形成路径。

第一条："信任倾向"→"信任意图"，直接效果为 W_1。

第二条："信任倾向"→"信任信念"→"信任意图"，其中"信任倾向"→"信任信念"的直接效果为 W_2。"信任信念"→"信任意图"的直接效果为 W_3。因此，"信任倾向"→"信任意图"的作用效果为 W_2W_3。

第三条："信任倾向"→"信任信念"→"感知风险"→"信任意图"，在新增路径"信任信念"→"感知风险"的直接效果为 W_4，"感知风险"→"信任意图"的直接效果为 W_5。因此，"信任倾向"→"信任意图"的作用效果为 $W_2W_4W_5$。

综上，"信任倾向"对"信任意图"的总效果为三条路径效果之和，即 $W_1 + W_2W_3 + W_2W_4W_5$。

2. 中介调节效应检验

首先进行中介效果检验，各变量之间存在因果关系，模型中已假设 Z_4（感知风险）为 Z_2（信任信念）作用于 Z_3（信任意图）的中介变量。直接效应为外因变量作用于内因变量产生的影响,即 Z_2(信任信念)对 Z_3(信任意图)的影响,用路径系数 β_{32} 来衡量,间接效果为外因变量通过中介变量对内因变量产生的影响,即 Z_2(信任信念)通过 Z_4(感知风险)对 Z_3(信任意图)产生的影响,用乘积项 $\beta_{41}\beta_{33}$ 来衡量。信任信念对信任意图的总效应为 $\beta_{32}+\beta_{41}\beta_{33}$。

检验中介变量 Z_4 是否存在有如图 4-8 所示的步骤。

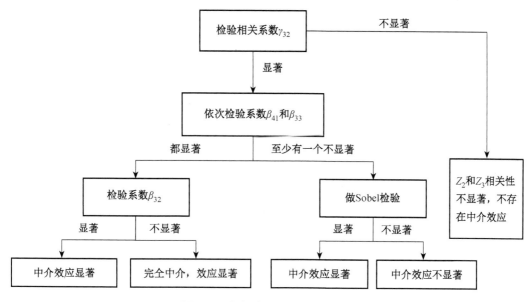

图 4-8 中介效应检验分析步骤图

如果感知风险与信任信念或者信任意图之间的系数不显著,也就是如果 β_{41} 和 β_{33} 有一个不显著,那么还需要继续进行 Sobel 检验,可以用 SPSS 的 Sobel 脚本进行检验。Sobel 检验的统计量为 Z,在 0.05 显著性水平下,临界值为 0.97,即 Z 的绝对值大于 0.97,那么说明 Sobel 检验显著[362]。

其次进行调节效应的检验。在结构方程模型中验证调节变量一直是一个棘手的问题,调节变量是指存在一个 U(如图 4-9),使得 X 与 Y 的关系随着 U 的变化而变化。方程式表示为 $Y=b_0+b_1X+b_2U+b_3(X\cdot U)+e$,其中 X 与 U 的乘积项即为调节效应,若 b_3 显著,那么就说明存在调节效应。

图 4-9 调节作用

由于 X 和 U 都为潜变量,在结构方程的计算中,Ping[363]建议先对所有的 X 和 U 的测量项做验证性因子分析,从而得到 X 和 U 的测量项的权数和随机误差方差。然后将 X 和 U 的测量项加上 $(X\cdot U)$ 的潜变量做结构方程建模。$(X\cdot U)$ 的测量项目是"所有 X 的测量项目的和"与"所有 U 的测量项目的和"的乘积。$(X\cdot U)$ 这个潜变量只有一个单一指标。这个单一指标的权数是将 X 所有测量项目的权数加起来,与 U 所有的测量项目的权数相加而成。这个单一指标的误差方差是 X 与 U 的项目权数、X 与 M 的潜变量方差,以及 X 和 M 的项目的随机误差方差三者的一个函数,如图 4-10 所示,U 为结构方程模型中的调节变量，检验调节效应时建立一个乘数项 $X \cdot U$，其权数的计算为：$\lambda_{XU} = (\lambda_1 + \lambda_2)(\lambda_3 + \lambda_4)$，误差方差的计算式为：$\text{Var}(\delta) = (\lambda_1 + \lambda_2)^2 \text{Var}(X)(\delta_3^2 + \delta_4^2) + (\lambda_3 + \lambda_4)^2 \text{Var}(U)(\delta_1^2 + \delta_2^2) + (\delta_1^2 + \delta_2^2)(\delta_3^2 + \delta_4^2)$。

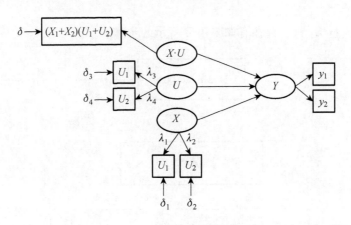

图 4-10　调节效应的结构方程

因此，本书在检验制度机制的调节效应时，直接用 X 与 U 的乘积项作为调节效应用来代表制度机制的原始值 U 放入结构方程模型中，若该调节效应对 Y 的路径系数显著，那么就说明调节作用存在。

第五章
房地产网络平台信任假设模型的实证研究

5.1 调查问卷设计及发放

5.1.1 研究变量的测量

本部分将通过调查问卷对构建的房地产网络平台信任形成机理的假设模型进行影响因素的测量,然后通过描述性统计和结构方程模型来刻画房地产网络平台信任形成机理的特征和路径。

本书开发了房地产网络平台信任形成的测量量表,测量变量有 8 个,分别是信任倾向、对平台服务商的信任信念、信任意图、感知风险、情境正常、感知隐私保护、感知第三方认证机制有效性、感知第三方支付监管有效性。测量量表的指标选取主要参考了较为权威的研究学者的文献,由于对房地产网络平台的相关文献较少,借鉴了电子商务的相关测量项,并结合房地产网络平台用户使用的实际情况,经过与专家学者的访谈讨论,以期提高对问卷题项设计的精准度,对各变量设计了科学合理的测量项。

1. 测量者的类型

本部分的研究对象是房地产网络平台的 C 端消费者,包括对房地产买卖、租赁、抵押贷款、家装等有信息、商品和服务需求的网络用户。在基本资料中通过调查消费者最关注的版块来获知测量者的类型。通过被调查者选择关注的板块直接进行测量。

2. 信任倾向

根据信任倾向的定义,问卷中设置对人性的信念、信任立场的题项进行测量。该变量反映消费者的自身属性特征。

3. 对平台服务商的信任信念

在信任形成机理的假设模型中,信任信念表示为消费者通过浏览平台服务商发布的信息、与服务商进一步咨询商定契约时对平台服务商的一个综合信任度的感受,即消费者通过对服务商所表现出的服务特征进行认知判断,从而对服务商会按照自己预期行事的一种信念。参考众多学者对信任信念维度的理解如表 5-1。

表 5-1　信任信念的测量维度

参考文献	信任信念的测量维度			
	能力	善意	正直	可预测
Deutsch	✓	✓		
Ganesan S	✓	✓	✓	
Maver et al.	✓	✓	✓	
Doney & Cannon		✓	✓	
Rousseau et al.		✓		
Jarvenpaa et al.	✓	✓	✓	
Lee & Urban	✓	✓	✓	
Gefen	✓	✓	✓	
McKnight et al.	✓	✓		✓
Pavlou				
Gefen et al.	✓	✓	✓	✓

从表中可以看出大多数研究学者分能力、正直、善意三个维度对信任信念进行测量。基于此,问卷中对房地产网络平台服务商信任信念的测量也分能力、正直和善意三个维度进行测量。服务商能力方面,主要测量消费者认为服务商具备提供交易所需要的知识和技能的程度;正直维度主要通过测量消费者认为服务商提供信息真实度的感受,以及服务商按义务履行协议的可能性;善意维度主要通过测量消费者与服务商在交流过程中认为服务商态度的友善程度和消费者认为服务商能够站在消费者的立场上为消费者考虑的表现情况。利用李克特五级量表,消费者通过对测量项进行"1～5"的打分来测量其对服务商产生的信任信念的程度。

4. 感知风险

根据感知风险的定义,按照 Cunningham(1967)[361] 提出的测量方式,对被调查者直接询问关于风险的不确定感受和结果损失的感受,用"可能发生的风险概率"和"可能发生的损失"的乘积来表示感知风险值。

5. 情境正常

情境正常的测量维度包括习惯和适应环境,通过测量对消费者使用网站导航设置感到习惯的程度和对网络技术、安全保障感到网络环境适应的程度来获知。

6. 感知隐私保护机制有效性

调查问卷中通过测试消费者对隐私保护机制的感知有效性来反映该制度对感知风险的影响,包括"安全性"和"有效性"两个测量维度,具体是对隐私保护机制能够保护消费者个人信息免受盗取和破坏的安全性的测量,以及消费者对房地产网络平台实施隐私保护机制下服务商不会出售消费者个人信息的信任测量。

7. 感知第三方认证有效性

调查问卷中通过测试消费者对第三方认证机制的感知有效性来反映该制度对感知风险的影响,测量维度是"有用性"和"可靠性",即消费者本身对制度的信任,以及认为第三方认证机制能够保障房地产网站上所呈现出的信息和服务商的身份是真实可靠的程度。

8. 感知第三方支付监管有效性

调查问卷中通过测试消费者对第三方支付监管机制的感知有效性来反映该制度对感知风险的影响,通过"有用性"和"可靠性"维度来测量消费者认为该制度机制能够保障交易安全,并约束服务商的机会主义行为的信任程度。

9. 信任意图

由于在调查问卷中无法对消费者是否真的做出信任行为进行考证测量,因而用"信任意图"来代替,测量消费者愿意做出信任行为的意向,包括注册房地产网络平台,提供个人信息、支付购买商品和服务的行为意图。

本书并没有对特定的某一类的房地产网络平台进行调查测量,也没有具体局限于某一网站,而是设计了普遍适用于所有针对个人消费者的房地产网络平台的测量题项,为的是能够收集到更为广泛而具有普适性的数据来说明目前我国消费者对房地产网络平台的信任情况和第三方治理机制的有效性。

考虑到问卷调查对象的广泛性与文字理解能力的差异性,为不引起调查对象选择理解上的困惑,本研究问卷测度采用李克特五级量表,5 表示"非常同意",4 表示"较同意",3 表示"不确定",2 表示"较不同意",1 表示"非常不同意"。设计完成后的问卷首先邀请专家学者进行审核,并通过小样本预调查逐步修改完善。

5.1.2 问卷的基本内容

问卷调查法是当今最常用的社会调查法之一,是一种以问卷为工具来收集资料的探索性实证分析方法[364]。这种方法的应用需要建立在系统的理论框架基础之上,通过科学的理论分析设计符合调查内容的量表,从而确保获得数据的可靠性、有效性和准确性。本研究为了验证房地产网络平台信任的形成机理,需要采用问卷调查的方法来获得"信任"这一抽象心理活动的统计数据,将整理后的调查结果视为科学性的数据。

调查问卷又称为调查表或询问表,以问题的形式设计调查内容。一般而言分为前言部分、主体部分和结语三大部分。前言主要是致被调查对象的陈述,简要介绍本次调查问卷的目的、意义、调查内容、填写调查的大体内容、规范填写的要求和注意事项、调查单位以及对被调查者身份和调查结果的保密措施等。主体部分的内容是针对研究问题的测量题项,包括开放式问题和封闭式问题两种形式,开放式问题不提供具体答案,不限制回答范围,不允许简单使用"是"或"不是"来作答。而封闭式的问题是预先设计好了答案,被调查者根据自身的实际情况进行选择。本研究主要采用封闭式提问方式,并在设计量表时针对同一个问题设置多个关联题项,以提升数据的信度和合理程度。第三部分是结语部分,主要是表达对被调查对象真诚配合的感谢。总之,问卷的设计需要遵循科学的方法论并按照一定的原则和程序进行设计。

本研究的问卷设计围绕房地产网络平台上影响用户信任的影响因素展开，通过问卷调查的方式能够为实证研究提供真实的有效数据。本研究的问卷是设计基于社会调查客观真实描述的法则，结合对房地产网络平台特征的深入剖析，经过专家组审核、小范围预测试的调整后，最终拟定出正式的调查问卷。这份调查问卷包括以下内容：①问卷第一部分是以房地产网络平台用户信任心理为题的调查问卷，说明了研究者的身份及本次调查的目的，并对问题的作答要求做出了详细的解释。②问卷的主体部分问题主要包括两部分，第一部分是人员结构统计，包括调查者的性别、年龄、教育水平、职业、使用房地产网络平台的经历状况，第二部分是根据研究的概念模型和研究假设，以及经过多次反复修改后的量表设计的封闭式问题，本研究的变量包括信任倾向、房地产网络平台服务商信任信念、信任意图、感知风险、情境正常、隐私保护机制、第三方认证机制、第三方支付监督机制。③最后对被调查者的积极配合表示感谢。

本研究将从以下两方面减少调查对象的主观偏差。第一方面，由于本研究主要通过网络发放，因此可以尽量保证调查对象在不受干扰的情况下独立作答，其所填写的态度不会受到其他成员的评价和阻碍。第二方面，此次调查问卷时采用匿名的形式，向被调查者承诺调查内容仅代表个人观点，数据搜集仅作为学术研究使用，绝不涉及商业用途，不需要被调查者承担法律责任。

5.1.3 问卷设计及发放

1. 问卷设计

问卷调查研究法的题项设计要求简洁明了、清晰准确、能够使多数调查者认真阅读并容易理解，以便做出真实的回答。为了保证调查问卷得到最优的结果和最优的量表质量水平，本研究严格遵循风笑天[364]、李灿[365]、马庆国[366]等提出的问卷设计的注意要点，参考了大量前人对网络平台信任创建的研究量表，根据特殊的研究情境，修改完成符合本研究需要的量表。详细步骤如下：

第一步，明确把握调研目的，尽可能多地为调研内容搜集相关资料，进行文献综述，准确科学地将问题具体化、条理化，以及形成可以操作和测量的变量和指标。通过文献综述和整理网络用户信任模型、制度信任、信任行为等方面的资料，理清变量间的相互关系，借鉴较为权威的由专业学者反复论证的文献，为各个概念进行了界定，并制定出了符合研究背景和基础的量表。

第二步，与专家学者进行反复修正和研讨，对问卷进行预调研。采用面访、电访和网络问卷的形式，对初步设计好的问卷进行修改，保证问卷的各题项内容没有用词歧义或词不达意的内容。完成问卷修改后再次由专家学者进行审核，检查变量间的逻辑关系是否合理，再随机进行预调研，检查题项用词是否过于专业化、是否具有语义歧义等问题，将研究内容调整修改为大众能够理解的一般化语言，便于被调查者作答。

2. 进行预调研

降低虚假普遍性导致的主观偏差。问卷设计时注明鼓励被调查者真实作答，为了使其不需要过分思考和犹豫选项，尽可能在设计测量题项时避免晦涩专业的词汇，使调查对象易于理解。因此,本研究在问卷设计阶段采取小样本预调查的方式,通过了解被调查者的反馈,对问卷中每一道题的易读性和合理性进行了排查。

进行预调研,形成正式的调查问卷,进行问卷的信度效度分析。查阅大量文献资料及统计报告,显示在激增的网民数量中,应届毕业的学生群体成了房地产网络平台尤其是租房的主力军。因此本研究将前述多次修改后的调查问卷于2017年4月通过问卷星制作,并通过微信、QQ等发布渠道进行小范围的预调查。本次预调查共发放调查问卷50份,并对回收的问卷进行信度效度分析,根据分析结果再次筛选和修改测量题项,调整问卷架构,优化问卷的整体信度和效度。最终形成可用于本研究的大规模群体的调查问卷。

3. 问卷发放

准确、及时的样本数据收集是统计分析的基础和前提,科学规范的数据收集方法是提高统计质量和工作效率的重要保障。本研究是针对目前我国消费者对房地产网络平台信任情况和第三方治理机制的有效性做的调研,此次问卷的发放地区主要针对江苏省的网络用户,由于本研究的调查对象是目前所有房地产网络平台的潜在使用用户或已经使用用户,为了能最大范围地回收有效问卷,本研究的问卷发放形式也主要通过网络发布,利用网络传播的效率和朋友之间扩散问卷的方式,一方面选择网民调查更可能获取潜在使用用户的意见,另一方面能保证调查对象在填写时免受他人的干扰,增强问卷的有效性。

通过历时两周的网络问卷调查,共回收电子问卷268份,按照样本甄别,其中185人已经使用过房地产网络平台,39人未使用但计划使用,44人未使用也无计划使用。将44份未使用也无计划使用的人的问卷视为无效问卷,最终确定224份问卷对已使用及潜在的使用用户态度进行数据分析,问卷有效回收率达到83.6%。

5.1.4 描述性统计

1. 样本基本信息

描述性统计分析是对问卷调查中问卷内容的第一部分样本数据进行整理和统计,用于描述样本的人口统计数据,包括性别、年龄、学历、职业、房地产网络平台的使用状况等。通过对样本的描述性统计来发现样本的分布类型和规律,为调查问卷主体内容的第二部分统计提供基础。本研究采用PASW18.0进行统计分析,分析样本数为224份有效问卷。

图5-1所示为被调查者的年龄分布,73%的被调查者在20~29周岁,另有25%的被调查者为30~49岁,50~59岁的占2%。

如图5-2所示,被调查者的总体教育程度很高,98%的被调查学历在大学本科/专科以上,学历为高中及以下的仅占2%。

图5-3为被调查者的职业分布情况,总体来看,被调查者的职业分布较为平均,其中32%为学生,22%来自政府机关/事业单位,34%来自民营企业,

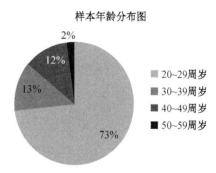

图5-1 被调查者年龄分布

还有12%为个体私营户。

图 5-2 被调查者教育程度分布　　　图 5-3 被调查者的职业分布

如图 5-4 所示，被调查者的人均收入较好，8 000 元以上月收入的占比 50%；5 000~8 000元的收入人数占比为 15%；3 000 元以下的占 32%，与调查者职业中学生占比相同。

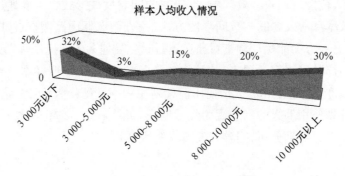

图 5-4　被调查者人均收入情况

图 5-5 所反映的是被调查样本中网民对房地产网络平台各板块的关注情况，其中房产资讯、新房、二手房、租房的关注度均较高，平均占比都在 24% 左右，商业写字楼、商铺、家装家居、金融产品的受众都还较少。

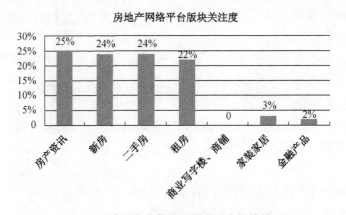

图 5-5　被调查者最关注的房地产板块情况

2. 描述性统计分析

(1) 房地产网络平台信任维度指标描述性统计

从表5-2中可以得到：19个指标的极小值在1到3之间，极大值都是5，说明调查指标之间是具有一定差异性的。从整体来看，19项指标中均值最小的是房地产网络平台服务商善意维度中的一项指标"维护用户利益"，为3.35，而此项的标准差为1.186，说明网民普遍对这一项内容的评价存在分歧，其次是"适应环境"，该项指标的均值为3.38，也较低，标准差同样大于1，说明网民对"环境的适应会影响信任"持不同看法。19项指标中，均值最大的是"第三方支付监督的有用性"，为4.49，其次是"第三方支付监督的可靠性"，均值为4.48，这说明消费者对第三方认证机制和第三方支付监督机制的信任度较高。

表5-2 房地产网络平台信任维度指标描述性统计分析

测量变量	维度指标	极小值	极大值	均值	标准差
信任倾向	TD1 对人性的信念	1	5	3.89	0.892
	TD2 信任立场	2	5	3.73	0.765
情境正常	SN1 习惯	1	5	3.62	0.994
	SN2 适应环境	1	5	3.38	1.114
感知隐私保护有效性	PR1 隐私保护有用性	1	5	3.87	0.831
	PR2 隐私保护可靠性	2	5	3.75	0.724
感知第三方认证有效性	TPC1 第三方认证的有用性	3	5	4.36	0.703
	TPC2 第三方认证的可靠性	2	5	4.32	0.732
对服务商的信任信念	NSTB1 知识技能	2	5	3.86	0.701
	NSTB2 信息真实性	1	5	3.41	0.740
	NSTB3 履行协议	1	5	3.54	0.740
	NSTB4 态度友善	2	5	3.92	0.826
	NSTB5 维护用户利益	1	5	3.35	1.186
感知风险	RK1 存在风险	2	5	3.92	0.669
	RK2 可能有损失	2	5	3.90	0.676
感知第三方支付监督机制有效性	ES1 第三方支付监督的有用性	3	5	4.49	0.720
	ES2 第三方支付监督的可靠性	3	5	4.48	0.649
信任意图	TRBI1 注册、提供个人信息	3	5	4.40	0.726
	TRBI2 购买支付	1	5	3.67	0.860

(2) 不同性别对房地产网络平台信任的影响

表5-3按男女性别对信任测量变量进行了统计和均值处理，感知风险用感知风险的

概率和可能的损失的乘积来表示。整体而言,性别对消费者的房地产网络平台信任影响并不大,尤其是信任倾向、情境正常、感知第三方认证有效性方面基本没有差别,但是在感知隐私保护有效性方面,女性的均值比男性高,说明女性比男性更认可隐私保护机制的有效性。同样的,女性消费者对第三方支付监督机制有效性的感知比男性更为敏感,更愿意相信第三方支付监督对财务风险的保障。在对服务商的信任信念方面,女性消费者要比男性消费者更愿意相信服务商的行为。在感知风险方面,女性消费者对风险的感知比男性消费者高,在实际的信任意图上女性消费者愿意做出信任行为的比男性消费者少,因此对于女性消费者而言她们更愿意采取线下行为,例如在租房买房时与服务商进行线下的联系、实地看房等。

表 5-3 消费者对房地产网络平台信任在性别上的差异

信任测量变量	男($N=138$)		女($N=86$)	
	均值	标准差	均值	标准差
信任倾向	3.81	0.890	3.82	0.823
情境正常	3.56	1.102	3.42	1.022
感知隐私保护有效性	3.63	0.823	3.94	0.816
感知第三方认证有效性	4.15	0.720	4.17	0.731
对服务商的信任信念	3.23	0.862	3.56	0.794
感知风险	14.01	0.675	15.28	0.682
第三方支付监督	3.98	0.743	4.34	0.719
信任意图	4.33	0.762	3.72	0.752

(3) 不同类房地产网络平台消费者的描述性统计

按照调查问卷第一部分中消费者对最常使用的房地产网络平台的选择进行筛选和统计,得到表 5-4,从表中最后一栏方差可以看出不同类的房地产网络平台用户对测量变量的信任程度有较大差别。在对服务商的信任信念感知方面,新房和家装平台的使用用户对服务商所表现出的 NSTB1 知识技能维度最为信任,新房和家装类平台对 NSTB2(服务商提供的信息真实性)最为信任,而二手房、租房和金融平台则遭遇消费者信任危机,这也说明这三类房地产网络平台最易出现信息虚假的情况。通过对 NSTB3 的均值比较显示,新房、二手房、租房的服务商在履行协议方面比家装类平台和金融类平台的要积极,更能赢得消费者信任。通过对 NSTB4 的均值比较发现新房、家装和租房平台上的服务商的服务态度要比二手房和金融平台的要好,其态度的友善程度更容易使消费者产生信任。在 NSTB5 服务商维护用户利益的维度方面,均值普遍较低,说明各房地产网络平台都存在服务商不能站在用户角度为用户着想的问题,但其中新房平台的服务商得分最高,可能是房地产开发商的营销人员具有专业培训的销售技巧,从而更能使消费者产生信任。

表 5-4 不同类房地产网络平台消费者的比较分析

变量	测量维度	房产资讯 (N=56)		新房 (N=54)		二手房 (N=54)		租房 (N=50)		家装 (N=6)		金融 (N=4)		方差
		均值	标准差	均值	标准差	均值	标准差	均值	标准差	均值	标准差	均值	标准差	
信任信念	NSTB1	3.26	0.45	4.32	0.38	3.85	0.78	3.71	0.76	4.31	0.82	3.81	0.73	0.80
	NSTB2	3.46	0.89	3.85	0.45	3.2	0.82	3.12	0.75	3.63	0.79	3.14	0.68	0.44
	NSTB3	3.11	0.32	3.76	0.67	3.74	0.75	3.76	0.86	3.55	0.83	3.32	0.74	0.41
	NSTB4	3.23	0.28	4.22	0.35	3.89	0.45	4.03	0.83	4.23	0.76	3.86	0.82	1.62
	NSTB5	3.33	0.31	3.57	0.85	3.21	0.67	3.42	0.89	3.36	0.35	3.24	0.76	0.22
感知风险	RK1	2.67	0.23	3.72	0.68	3.84	0.91	3.93	0.78	4.56	0.85	4.82	0.89	2.82
	RK2	2.45	0.34	4.53	0.86	4.32	0.87	3.87	0.79	3.92	0.83	4.25	0.86	2.80
隐私保护	PR1	3.92	0.68	3.34	0.88	4.21	0.56	3.21	0.87	4.32	0.79	4.22	0.79	1.14
	PR2	2.54	0.33	3.86	0.84	3.92	0.53	3.67	0.85	4.21	0.86	4.32	0.82	1.98
第三方认证	TPC1	4.74	0.76	4.56	0.79	4.38	0.43	4.42	0.74	4.17	0.68	3.92	0.74	0.44
	TPC2	4.65	0.69	4.67	0.74	4.26	0.82	4.25	0.82	4.26	0.79	3.85	0.81	1.1
第三方支付监管	ES1	4.67	0.34	4.66	0.68	4.43	0.64	4.35	0.82	4.23	0.71	4.65	0.73	0.27
	ES2	4.62	0.38	4.56	0.72	4.32	0.68	4.53	0.74	4.42	0.75	4.47	0.76	0.34
信任意图	TRBI1	4.76	0.56	4.32	0.45	4.35	0.73	4.55	0.62	4.34	0.82	4.1	0.68	1.13
	TRBI2	3.59	0.45	3.67	0.32	3.52	0.76	3.73	0.82	3.56	0.78	3.97	0.83	0.29

通过方差分析可以发现,六类房地产网络平台在感知风险方面的差异最大,房产资讯网站的消费者对RK1(可能发生风险)的感知最低,其次是新房、二手房、租房、家装和金融类房地产网络平台,在RK2(可能发生的损失)的测量上,对损失最为敏感的网络平台用户为新房买卖用户,其次是二手房、房地产金融类用户、家装、租房,感知风险损失最小的房地产网络平台类别是房产资讯,消费者对损失程度的担心可能与房地产网络平台经营的业务价值有关,显然购买新房的消费者对损失程度的担心大于租房类消费者。对房产资讯类平台来说主要进行的是信息浏览,不涉及商品和服务交易,因此带给消费者的感知风险是最低的。另外,从表中也可以看出三种制度机制对不同房地产网络平台的影响。

就隐私保护机制的有效性感知来看,家装类平台的消费者比租房平台和新房平台的消费者对隐私保护机制的有效性感知要强。新房平台的消费者对第三方认证机制的有效性感知最强,金融平台的消费者对该制度的信任度相对较弱。各房地产网络平台的消费者都较愿意在房地产网络平台上进行注册和提交信息,而涉及交易购买在线支付的意愿度还不是很高,这也与目前大部分的房地产网络平台仍然以提供信息为主有关。

根据房地产网络平台的均值描述性统计,有如图5-6所示的关系。

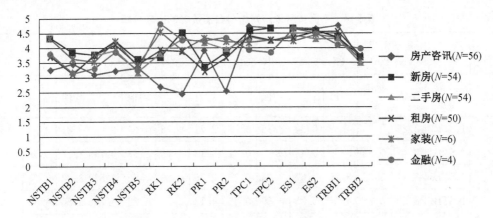

图 5-6　不同类房地产网络平台消费者的信任水平

5.1.5　问卷设计的信度效度分析

1. 信度检验

信度和效度是判断调查问卷科学性的关键。信度（reliability）是指对同一个对象用相同的测验方式，反复进行检验，观察其结果的接近程度。信度是用来衡量问卷各题项一致性和稳定性的指标，信度系数越高，表示检验结果越接近一致、越稳定可靠。本书采用经学术界广泛验证和使用的 Cronbach's α 系数作为判定信度的基本标准。

Cronbach's α 系数越高，表示信度越好。当 Cronbach's α 信度系数在 0.9 以上表示最佳，0.8 左右是非常好，0.7 左右是适中，0.7 至 0.5 是最小可以接受的范围，当信度系数低于 0.5 时，表示测量指标的信度不合格[367]。另外，Churchill 提出项目总体的相关系数不得低于 0.5[368]。本研究利用 PASW18.0 对测量量表的信度进行分析，检验结果如表 5-5 所示。所有指标总体的信度为 0.862，表示信度非常好。

表 5-5　房地产网络平台信任的指标的可靠性统计量

Cronbach's α 系数	项　数
0.862	19

另外，对各项指标进行项已删除的 Cronbach's α 值分析，发现大于 0.862 的值有 NSTB1（0.863）、NSTB5（0.879），表示如果删除该项指标，则信度会提高。由于 NSTB1 较为接近总体信度，因此予以保留，将 NSTB5 删除。删除之后，再进行一次对测量量表的信度分析，所有指标总体的 Cronbach's α 值为 0.872，信度比原来有所上升，统计结果如表 5-6 所示。

表 5-6　信任指标的项总计统计量

	项已删除的刻度均值	项已删除的刻度方差	校正的项总计相关性	项已删除的 Cronbach's α 值
TD1	64.75	52.343	0.554	0.851
TD2	64.91	54.485	0.463	0.855

(续表)

	项已删除的刻度均值	项已删除的刻度方差	校正的项总计相关性	项已删除的Cronbach's α值
SN1	65.01	49.708	0.684	0.844
SN2	65.26	49.152	0.634	0.847
PR1	64.79	53.030	0.543	0.851
PR2	65.02	54.071	0.536	0.852
TPC1	64.30	55.305	0.430	0.856
TPC2	64.58	53.706	0.565	0.851
NSTB1	64.78	57.239	0.242	0.863
NSTB2	65.23	55.040	0.429	0.856
NSTB3	65.15	53.758	0.552	0.851
NSTB4	65.13	55.674	0.320	0.861
NSTB5	65.18	58.163	0.231	0.879
RK1	64.71	56.331	0.350	0.859
RK2	64.74	56.661	0.312	0.860
ES1	64.31	55.613	0.388	0.858
ES2	64.39	54.920	0.515	0.853
TRBI1	64.59	54.924	0.450	0.855
TRBI2	65.21	53.985	0.441	0.856

2. 效度检验

效度(validity)是指测量的有效程度,即通过一个测验能够测量出所要测量变量的程度。效度越高那么测量结果越能反映检验内容。度量效度的方法有表面效度(face validity)(即从表述上观察测量的各项指标的合适程度)、内容效度(content validity)(即各个测量项与研究目的的符合程度)、效标效度(criterion validity)(即测量结果与外在标准的符合程度)[168],以上三种效度都属于主观的指标,本研究通过参考国内外研究学者制定的成熟量表,并与专家学者反复讨论修改问卷,对问卷进行预调查检验,基本能够保证最终问卷符合以上三种效度。

首先需通过研究变量的 KMO(Kaiser-Meyer-Olkin)样本测度和巴特莱特球体检验(Barlett test of sphericity)。KMO 的值越接近1,说明效度越理想,0.9 以上表示效度非常合适,0.8 左右表示合适,0.7 左右表示效度一般,低于 0.7 则不太合适。Bartlett 球形检验用来验证各变量之间是否独立,只有统计值显著性概率小于 0.05 时才能进行下一步验证性因子分析[169]。

用 PASW18.0 对信任测量指标进行效度检验,结果如表 5-7 所示。

表 5-7　效度检验结果

KMO 和 Bartlett 的检验		
取样足够度的 Kaiser-Meyer-Olkin	度量	0.809
Bartlett 的球形度检验	近似卡方	1 387.986
	df	153
	Sig.	0.000

从表 5-7 中可以看出，KMO 值为 0.809，说明效度合适，同时 Bartlett 球形检验的 Chi-square 统计值的显著性概率是 0.000，小于 0.05，说明指标具有较高的相关性，能够进行下一步的验证性因子分析。

5.2　结构方程模型概述

结构方程模型整合了因素分析(factor analysis)和路径分析(path analysis)两种统计方法，是一种能够验证观察指标和潜在变量之间是否存在假设关系的统计工具。通过构建基于方法指导形成的假设模型，并能实现同时处理多个因变量，在同一个模型中同时估计因子结构和因子关系，对各种因果模型进行参数的估计、显著性检验和整体假设模型的验证[367]。本研究将用结构方程模型对基于理论构建的假设模型进行分析验证，然后进行整体适配度的评估，最后进一步探究信任倾向、信任信念、信任意图之间的路径关系，并将感知风险作为中介变量、第三方治理作为调节变量，验证各变量之间的假设关系，及第三方治理在信任形成中的有效性。

1. 结构方程模型的构成

结构方程模型(SEM)又被称为协方差结构模型，一个完整的协方差结构模型包含测量模型(measurement model)和结构模型(structure model)两个次模型。其中，测量模型反映的是潜变量与显性指标的作用关系，用矩阵方程式表示为：$X = \Lambda_X \xi + \delta$，$Y = \Lambda_Y \eta + \varepsilon$，其中 ε 与 η、ξ 及 δ 无关，而 δ 与 ξ、η 及 ε 也无关。Λ_X 与 Λ_Y 为指标变量(X、Y)的因素负荷量(loading)，而 δ 与 ε 为外显变量的测量误差，ξ 与 η 分别为外衍潜在变量与内衍潜在变量。结构模型反映的是潜在变量间的因果关系，用矩阵方程形式表示为 $\eta = \Gamma \xi + \zeta$ 或 $\eta = B\eta + \Gamma \xi + \zeta$，其中 ξ 与 ζ 无相关存在。显变量也称为观察变量或指标，可以直接测量得到；潜变量称为因子，难以直接测量，需要通过显变量来反映，显变量和潜变量又可以根据因果关系划分为外生变量(自变量)和内生变量(因变量)。协方差结构分析本质上是一种验证性的模型分析，用实证数据来确认假设的潜变量之间的关系，以及潜变量与显性指标之间的一致性程度。

2. 结构方程模型的分析步骤

结构方程模型的分析步骤包含：①建立模型架构；②建立因素变量间因果关系路径图；③转换因果路径图为结构方程式与测量方程；④选择分析模型；⑤鉴定评估模型；⑥检

验评估模型的适配度；⑦解释并修改模型[184]。

3. 结构方程模型的特性

① 能够同时处理多个因变量。结构方程模型可同时分析一组具有相互关系尤其是有因果关系的方程式。

② 允许自变量和因变量含有测量误差。常规回归模型中自变量测量误差的发生会导致参数估计产生偏差，而潜变量的观测标识又可能包含了大量的测量误差，而结构方程模型能够允许自变量和因变量均含有测量误差。

③ 能同时估计因子结构和因子关系。结构方程模型在考察观测变量与潜变量之间关系的同时，还可以分析潜变量之间的结构关系。

5.3 结构方程模型构建与分析

5.3.1 结构方程模型的构建

本章将根据预设的指标体系构建信任倾向、服务商信任信念、信任意图、感知风险、情境正常、隐私担保、第三方认证、第三方支付监管各影响因素间的因果关系模型，用 AMOS 21.0 对问卷数据进行路径处理分析，进而对房地产网络平台信任形成机理进行解释，将数据导入软件。本章采用两步法对理论模型进行检验，首先用验证性因子分析（confirmatory factor analysis，CFA）对测度项进行信度和效度检验，结果如表 5-8 所示。Cronbach's α 系数表示测度模型中各因子的信度，组合信度（composite reliability，CR）用于衡量各测度项的内部一致性。

表 5-8 信度和收敛效度分析

变量	指标	标准因子载荷 STD.	组合信度 CR	平均方差萃取量 AVE	Cronbach's α 系数
信任倾向	TD1	0.91	0.95	0.84	0.95
	TD2	0.95			
信任信念	NSTB1	0.90	0.86	0.62	0.85
	NSTB2	0.81			
	NSTB3	0.72			
信任意图	TRBI1	0.88	0.87	0.83	0.87
	TRBI2	0.93			
感知风险	RK1	0.77	0.86	0.65	0.84
	RK2	0.83			
情境正常	SN1	0.87	0.89	0.69	0.89
	SN2	0.82			

(续表)

变量	指标	标准因子载荷 STD.	组合信度 CR	平均方差萃取量 AVE	Cronbach's α 系数
隐私保护	PR1	0.74	0.85	0.72	0.83
	PR2	0.80			
第三方认证	TPC1	0.93	0.95	0.76	0.95
	TPC2	0.91			
第三方支付	ES1	0.88	0.89	0.80	0.88
	ES2	0.86			

从表 5-8 中可以得到所有测度项的因子标准载荷都高于 0.7，且都在 0.001 水平上显著。Cronbach's α 值和 CR 都高于 0.8，测度项具有很好的信度。此外，各因子的平均方差萃取量（average variance extracted，AVE）都高于 0.5，说明测度项收敛度良好。

进一步进行区别效度检验，比较各因子 AVE 值的平方根和因子相关系数的大小，如表 5-9 所示。所有的 AVE 值平方根都大于各因子间的相关系数，各因子具有很好的区别效度。

表 5-9 相关系数矩阵与 AVE 平方根

	Mean	STD.	TD	NSTB	TRBI	RK	SN	PR	TPC	ES
TD	5.43	0.90	**0.79**							
NSTB	5.68	0.87	0.23	**0.76**						
TRBI	4.76	0.89	0.22	0.51	**0.83**					
RK	3.74	0.82	−0.32	−0.39	−0.24	**0.85**				
SN	4.43	1.42	0.17	0.32	0.26	−0.22	**0.78**			
PR	4.65	1.09	0.15	0.29	0.35	−0.35	0.25	**0.79**		
TPC	4.60	0.88	0.24	0.28	0.25	−0.36	0.34	0.22	**0.84**	
ES	3.82	1.21	0.24	0.62	0.26	−0.24	0.24	0.13	0.15	**0.87**

注：斜角加黑数字为 AVE 平方根值。

5.3.2 结构方程模型整体适配度评价

本研究采用 AMOS21.0 软件，对模型的适配度进行检验，即讨论假设模型与样本数据是否拟合，如果拟合度不佳，则需要基于理论前提对假设模型进行修正。本研究综合了吴明隆[367]提出的整体拟合度、基本适配度、内在适配度三个方面对模型的拟合度进行评价，其中整体拟合度从绝对拟合度、增值拟合度和简约拟合度三个方面进行评价。用因素负荷量来进行基本适配度检验。内在结构适配度检验包括测量模型内在拟合度检验和路径系数检验。具体的适配度评价指标及检验标准如表 5-10 所示。

表 5-10　结构方程模型适配度评价指标及检验标准

检验项	适配度评价指标	检验标准
整体拟合度检验		
绝对拟合度指标	卡方检验值 χ^2	显著性概率值 $p>0.05$（未达显著水平）
	拟合度指数 GFI	>0.90
	调整拟合度指数 AGFI	>0.90
	近似残差均方根 RMSEA	<0.05（适配良好），<0.08（适配合理）
增值拟合度指标	相对性指标 NFI	>0.90
	相对拟合指数 CFI	>0.90
简约拟合度指标	简约拟合度指数 PGFI	>0.50
	临界样本数 CN	>200
	NC 值（χ^2/df）	<3（良好），<5（可接受）
基本适配度	因子载荷	介于 0.50 至 0.95 之间
内在结构适配度检验		
测量模型内在拟合度检验	潜变量组合信度 CR	>0.60
	潜变量平均方差萃取量 AVE	>0.50
路径系数检验	临界比值 C.R.	>1.96 估计参数达到显著水平
	标准化路径系数	介于 -1 至 1 之间
	p 值	显著

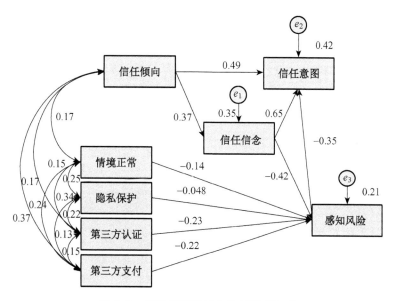

图 5-7　房地产网络平台信任形成机理

采用广义最小二乘法,对理论假设模型图进行初步估计,标准化的模型估计结果如图 5-7 所示。模型中有内生变量 3 个,分别是服务商信任信念、感知风险和信任意图,其他变量为外生变量。经检验,模型没有违反估计情况。

依照表 5-10 的评价标准,初步估计模型的 x^2/df、GFI、RMSEA、NFI、PGFI、CN、AGFI 和 CFI 的值均在可接受的范围内,见表 5-11,模型拟合度可以接受。

表 5-11 模型初步估计拟合度指标

指标	x^2/df	GFI	AGFI	RMSEA	NFI	CFI	PGFI	CN
初次估计模型	2.67	0.91	0.90	0.05	0.91	0.91	0.70	224

5.3.3 研究假设的检验结果

1. 假设检验结果

输出表单,得到潜变量之间结构关系的标准化路径系数的估计值、t 值和假设检验结果,如表 5-12 所示,可以看出,除了假设 7,其他均通过了 t 检验,路径系数在 $\alpha=0.05$ 的水平上显著,其他假设在 $\alpha=0.05$ 和 $\alpha=0.01$ 的水平上都不显著。信任信念、感知风险、信任意图可以被解释的方差分别为 35%、21%、42%。

表 5-12 假设检验结果

假设	结构模型路径	标准化路径系数	t 值	p 值	假设结论
1	信任倾向→信任意图	0.49	5.672	***	支持
2	信任倾向→信任信念	0.37	4.676	***	支持
3	信任信念→信任意图	0.65	6.754	***	支持
4	信任信念→感知风险	−0.42	−4.365	***	支持
5	感知风险→信任意图	−0.35	−4.233	***	支持
6	情境正常→感知风险	−0.14	−2.546**	0.004	支持
7	隐私保护→感知风险	−0.048	−0.754	0.213	拒绝
8	第三方认证→感知风险	−0.23	−2.785**	0.006	支持
9	第三方支付监督→感知风险	−0.22	−2.698**	0.006	支持

注:**、*** 分别表示显著性水平为 0.01、0.001。

2. 中介调节效果

检验感知风险的中介效应,由表 5-12 可知,信任信念对信任意图的直接效应为 0.65,效应显著。信任信念对感知风险的直接效应为 −0.42,效应显著。感知风险对信任意图的直接效应为 −0.35,效应显著。因此,信任信念经过感知风险对信任意图的间接效应为 $-0.42\times(-0.35)\approx 0.15$。汇总中介效应,见表 5-13。

表 5-13 中介效应汇总

路径	信任信念	感知风险
对信任意图的直接效应	0.65	−0.17
经过感知风险对信任意图的间接效应	0.15＝−0.42·(−0.35)	
对信任意图的总效应	0.80	

由此可知,信任信念→信任意图、感知风险→信任意图、信任信念→感知风险,三条路径都显著,得到感知风险在信任信念到信任意图之间起显著的中介作用,为部分中介,其中信任信念对信任意图的直接效应更大。另外,4 种制度机制情境正常、隐私保护、第三方认证、第三方支付中,除了隐私保护未能有显著的调节作用,其他结果都证实了网站风险控制能够在信任信念和感知风险间起调节作用,降低需求方对房地产网络平台的风险感知,促进房地产网络平台上需求方的信任意向。

5.4 房地产网络平台信任形成的分析与治理启示

实证研究结果表明消费者形成最终使用房地产网络平台的意向,受到信任倾向、对服务商信任信念、感知风险和第三方制度机制的影响。信任倾向对服务商信任信念和信任意图有显著的正向影响,感知风险在服务商信任信念和消费者最终形成信任意图间起部分中介作用。感知风险会显著负向影响房地产网络平台 C 端消费者的信任意图,从而使他们不愿意做出交易行为。

房地产具有低频交易的特点,房地产产品的交易比一般商品的交易更为复杂,因此更容易隐藏道德风险,相比于其他零售业的产品,消费者在房地产网络平台上无法通过与服务商建立长期的契约关系来对服务商实施约束,房地产网络平台该如何重塑人与人之间的信任关系?

1. 重视平台服务商服务水平的管理

感知风险在信任信念与信任意图中起部分中介作用,感知风险的中介效果 0.15 相比于信任信念的直接效果 0.65 要小。一定程度上说明,目前的房地产网络平台市场的风险是可控的。虽然房地产网络平台通过制定、执行公平的交易规则和程序,对治理消费者感知风险具有明显效果,这也为改善网络市场交易环境,构建诚信的房地产网络交易体系提供了现实可能。但是,从实证结果反映,影响消费者最终信任意图效果最为显著的还是服务商的能力、善意和正直,因此,第三方治理只能作为优化房地产网络平台诚信交易体系的辅助措施,而加强对平台服务商的服务水平管理,对促进信任形成有重要影响。

(1) 加强服务商专业素质水平的教育

由于房地产相关类的商品和服务本身具有非标准化和复杂性的特点,需要一定的专业知识,对于消费者来说仅凭个人的经验,或者网络平台上提供的文字信息和图片很难对房地产商品的性能、质量等做出准确判断,因此,服务商所具备的专业知识和水平对帮助消费者选择具有非常重要的作用。目前房地产网络平台的专业性仍然主要集中在内容报道上，对服务商的能力培训还没有引起足够的重视，高端人才普遍缺乏，从业人员的专业素质和能力不高，因此，对于房地产网络平台来说，一方面可以通过开展网络视频培训课程对平台上的服务商进行专业知识的培训，另一方面，对于房地产网络平台企业的内部从业人员，平台企业可通过引入高学历人才补充内部团队的专业素养。

（2）严打虚假信息，保障信息传播质量

实证研究发现广大消费者对网络信息的真实度不认可，通过对不同平台的服务商提供的信息真实性的 NSTB2 测量项进行比较发现，二手房、租房和装修平台则遭遇消费者信任危机，这也说明这三类房地产网络平台最易出现虚假信息，若不及时治理，消费者不再相信网络广告将严重影响房地产网络平台的未来发展。事实上，由于房地产类的商品具有高值的特点，财务风险很大，因此消费者在做购买决策时更愿意花大量的时间收集资料和信息来降低感知风险，因此消费者一旦发现虚假信息，很容易就放弃购买。对于房地产网络平台治理来说，由于其处于消费者与服务商的中间位置，具有信息资源整合、筛选的优势，通过规范信息发布格式，对服务商信息发布的真实性进行审核，保障网络信息发布的真实性。

（3）加强客户关系沟通

在服务商的善意维度方面，消费者普遍对 NSTB5 打分较低，即表明消费者不相信房地产网络平台服务商会站在消费者的角度维护其利益。房地产网络平台与传统的营销方式不同，消费者对商品的选购不再局限于被动地接收广告媒体信息，通过网络信息搜索，消费者能够不受时间空间限制地了解感兴趣的房地产的商品服务的价格、信息、品牌、地理位置等，通过在线的聊天工具咨询房地产经纪人，因此房地产网络平台开创了双向沟通和交流的方式，房地产网络平台应积极向消费者充分展示相关信息，重视消费者在房产商品和服务的购买决策过程中提供及时的交流和沟通，加强企业自身的品牌建设。

2. 完善平台信任体系的构建

第三方治理作为房地产网络平台在互联网法律法规尚未健全情况下的一种自治方式，通过控制市场流动性、提供安全交换保障、物流管理和风险担保等功能对双方市场参与者中可能出现的机会主义行为进行治理，并在双边市场交易者之间建立交易保障机制，通过外部调节降低需求方对房地产网络平台的感知风险，是促进房地产网络平台信任形成的重要因素。

实证研究发现，情境正常、第三方认证和第三方支付监督机制对感知风险的调节作用的路径系数分别为 -0.14、-0.23、-0.22，而隐私保护对感知风险的调节作用不显著，可能是因为大多数房地产网络平台作为信息类的发布和搜索平台，有相应购房或租房需求的消费者乐意提供自己的信息并发布出去，以求向平台市场获得更多的匹配信息，因此对于心理层面的隐私风险并不敏感。另外，房地产网络平台制定隐私保护机制，大部分只有在注册信息时作为保密条款向用户声明，其有效性并不明显，就算信息泄露，用户也无法追究责任，也就是说隐私保护机制本身就含有很大的不确定性。相反，第三方认证和第三方支付监督对感知风险的控制作用很大，这也说明需求方对房地产网络平台上的功能风险和财务风险更为敏感。第三方认证机制对消费者感知风险的影响最大,说明消费者对功能风险更为敏感,担心在房地产网络平台上交易会出现实物与图片信息不符的情况,因此房地产网络平台市场的虚假信息亟待治理,类似房型与宣传不符、房屋质量存在瑕疵、隐瞒产权年限、承诺不履约、优惠降价活动宣传存在误导等房产交易投诉正逐年上升,这些问题需要得到管理者的重视。另外,第三方支付监督机制能显著负向影响感知风险,这也说明消费者普遍对房地产作为高值商品的属性较为敏感。

房地产作为大宗类商品,交易金额大,销售流程复杂,作为体验类商品,消费者不容易在房地产网络平台上进行购买,房地产网络平台作为市场风险的管理者应该深入剖析消费者感知风险的来源,从而有针对性地制定出合适有效的制度保障机制,降低感知风险,促进消费者信任。例如,在环境风险方面,房地产网络平台应加强网络系统的安全保密性、数据传输完整性等,在信息传播方面,尤其像房地产买卖和家居装修中需要消费者感知体验才能获得更多信息的商务服务,房地产网络平台可利用 VR 虚拟技术使消费者身临其境地感知房屋的大小、光线的明暗和环境,全方位地利用文字、图像、声音等多种媒体方式进行展示。在支付方式方面还有待进一步规范,除了建立第三方支付监督机制,可以通过比特币、区块链等方式对传输加密,在交易时识别双方信用风险额度,开发身份自动识别等功能。

3. 政府部门加强监管,完善互联网法律体系

房地产行业的发展对国民经济具有十分重要的作用,房地产网络平台作为国家"互联网+"战略发展的重要领域之一,给人们的生活习惯带来了重大的改变。实证结果表明,消费者信任倾向对房地产网络平台初始信任具有显著的作用。房地产网络平台具有低频交易的特征,如何建立消费者的初始信任,提高消费者的信任倾向,离不开国家对互联网行业的支持、积极宣传,以及法律法规的完善。建立起全国统一的互联网法律体系,明晰各监管部门的责任和义务,对虚假信息、欺诈行为等服务商机会主义事件惩罚做到有法可依、有法必依。建立健康诚信的房地产网络交易环境,规范化市场交易秩序,保障市场的服务质量,创新网络服务方式,构建房地产网络平台第三方治理与政府法律法规治理的二元信任保障体系,提高消费者对房地产网络平台发展的信任,促进未来更多潜在消费者的初始信任交易。

中 篇

房地产网络平台价值分析

本篇引言: 出行平台"滴滴"仅用了 5 年时间,即创造了估值从 70 万元到 2 000 亿元的奇迹,互联网平台一家独大后,市场的追逐从这个角度展示了其巨大的资本魅力。毫无疑问,互联网平台的发展过程中,由于其突破临界容量的必然需求,强大资本的支持是任何一个平台发展过程中都不可避免的环节。随之而来的,就是影响互联网平台估值的影响因素。同时,由于房地产网络平台低频高值的特征,现金流似乎是房地产网络平台快速"刷"估值的重要"捷径"。从本质上说,房地产网络平台的初期,核心因素仍然是其模式带来的"用户数量";中期,才可以考察其现金流;长期,再检验其盈利能力。在房地产网络平台中,没有用户数量只有貌似"庞大"的现金流,但一直亏本经营的平台,是一种行业特有的"现金流陷阱"。简而言之,"低频"是风险,"高值"是机会,影响房地产网络平台估值的因素等问题值得深究。

第六章
房地产网络平台的定义与市场细分

6.1 房地产网络平台的定义与业务范围界定

6.1.1 房地产网络平台的定义

网络平台(network platform)是由平台与网络相结合的组织形态。本书的平台是指平台经济学中定义的平台,该平台是指一种交易空间或场所,可以存在于现实世界,如银行卡,也可以存在于虚拟网络空间,如淘宝网,在平台上存在着两方或多方用户群体,他们通过平台进行信息交互或者进行交易[369-371]。平台作为市场的核心,平台本身并不生产商品,平台为用户之间顺利进行相互作用或交易提供相应的配套服务,起到媒介的作用,并通过收取恰当的费用实现自身价值最大化[369-371]。随着互联网的普及与发展,网络技术被应用到各个领域,同时也衍生出一批基于网络技术,以提供信息服务、电子商务等服务为主要内容的新兴产业群体。

网络平台则是平台与网络相结合的一种新型产业组织形式,所谓网络平台,是指由专业的平台开发商或运营商以互联网为基础,以网络技术为依托构建的一个平台架构,为网络用户提供集信息、认证、支付、物流、客服于一体的一站式服务吸引买卖双方参与到平台上来进行交易或互动的一种平台化运营模式[372,373]。图6-1表示了网络平台与双边用户之间的关系架构。网络

图 6-1 网络平台结构示意图

平台企业作为第三方本身不生产商品,为交易双方提供信息展示和搜索、交易支付等平台服务,并通过收取费用实现自身收益最大化;双方用户通过网络平台进行互动和交易,不受时间和空间上的限制,能够降低信息搜索和沟通成本,提高双方交易与互动的效率;网络平台为买方提供了更多的选择机会,也为卖方带来了更多的商业机会[372,373]。

对于房地产的定义,目前比较流行的观点认为,房地产是地产和房产的合称,是指承载土地和以房屋为主的建筑物或构筑物及其衍生的各种权利的总和[374,375]。土地具有承载功能、生产功能、资源功能等,是房地产的载体,只有用来开发发挥承载功能的土地,才能与土地上的房屋等建筑物一起构成房地产[376]。以房屋为主的建筑物或构筑物构成了

房地产的核心内容,建筑物和构筑物必须依托于土地建设起来,房地相联,不可分割。从物质形态上,土地可以独立存在,但建筑物和构筑物不可离开土地而独立存在。基于土地和以房屋为主的建筑物或构筑物而衍生出来的权利,如所有权、收益权、使用权、处置权、抵押权等,是依附于房地产物质实体而又与之不可分割的[377]。房地产作为一项重要的资产,其权利是各方关注的重点。在市场经济条件下,房地产的各种市场经济活动的实质就是其权利运行过程的反映,如土地使用权出让、房屋买卖、房屋租赁等[378]。在经济形态上,从土地使用权获得、房屋的开发建设到房地产的买卖、租赁等各种经济活动,房屋财产和土地财产一直作为一个整体而出现,二者不可分割,所以房产和地产结合构成的整体称为房地产[379]。本书所指的房地产含义主要指承载土地和以房屋为主的建筑物及其衍生的各种权利的总和,而不包括构筑物在内。

借鉴网络平台和房地产的定义,考虑到网络平台是为双边用户提供信息和交易服务的特征,将房地产网络平台定义为:由房地产网络平台企业以互联网为基础,以网络技术为依托构建的一个平台架构,为房地产双边网络用户提供发布和搜索供求信息、资格认证、撮合交易、资金支付和信用管理等服务,吸引买卖双方参与到平台上来互动并获取收益的一种平台化运营模式。一般平台与平台企业不加以严格区分[369],因此本书的房地产网络平台与房地产网络平台企业亦不加以严格区分。

6.1.2 房地产网络平台的业务范围界定

根据房地产网络平台的定义,房地产网络平台是作为第三方为房地产用户提供平台服务,双边用户由于需求互补性加入平台,如开发商和购房者为了房屋买卖而加入平台。房地产网络平台则在房地产用户交易或互动过程中扮演着媒介的作用,提高双方交易或互动效率。由于房地产商品的整个生产、流通和消费的链条非常复杂,涉及的主体较多,包括政府、开发商、施工单位、设计单位、购房者、租房者、中介机构、物业服务单位等。这些与房地产商品的生产、经营和服务相关的企业或个人都可以称之为房地产用户,都是房地产网络平台的潜在服务对象。不同房地产用户间的交易或互动,有的需要第三方帮忙撮合,如房屋租赁市场,房东将房源委托给中介,然后中介将房源与租客进行匹配,撮合交易达成并收取佣金;有的交易是在交易双方之间直接进行的,如有些地方政府作为土地所有权垄断者,通过自建的政府网站与土地交易场所,直接将土地使用权出让给开发商,而不需要第三方参与。因此,为了更好地将房地产网络平台的业务范围界定清楚,首先需要将与房地产相关的生产、消费到流通所有环节的市场参与主体有哪些,主体之间存在哪些交易行为,交易过程是否有第三方参与撮合,以及第三方是否是基于网络为用户提供解决方案这几个问题弄清楚。

自从房改以来,土地和房屋这类具有自然属性的物品,变成了地产和房产这类具有经济属性的商品,同时,围绕房地产相关的开发、经营、管理与服务等经济活动作为一个产业而不断发展壮大起来,并成为我国支柱产业之一。围绕房地产商品的生产、流通和消费三个环节,包括的业务活动较多,如市场研究、产品定位、金融、土地开发、规划及设计、建筑施工、市场营销、房地产买卖、租赁、中介服务、物业管理、法律咨询等活动,并由此形成一系列房地产市场[380]。房地产市场指市场交易主体将房地产作为一种商品进行的买卖、租赁、交换、抵押等交易关系的总和,包括土地的出让、转让、抵押、开发,房屋的买卖、租赁、转让、抵押、信托,以及与房地产相关的开发、建设、维修、装饰等服务市场[379,381]。

按照房地产的定义,房地产市场可以分为地产市场和物业市场[382]。由于地产可以离开房产而单独存在,因此形成了一个独立的地产市场,并成为房地产市场的基础。由于房产不能脱离地产而单独存在,因此只能形成一个包含房产和地产在内的物业市场(在香港将一宗房地产称之为物业)[379]。地产市场包括土地所有权市场和土地使用权市场。由于我国城镇土地的所有权归国家所有,农村土地所有权归集体所有,而且国家规定不允许让渡土地所有权,因此只存在土地使用权市场。土地使用权市场又可以进一步分为一级市场和二级市场。土地一级市场指土地使用权出让市场,是指政府部门作为土地的所有者,向建设用地单位(主要是房地产开发公司)或土地经营单位,有偿、有限期地出让国有土地或征用的农村集体土地的使用权,并收取土地使用权出让金形成的市场。二级市场指土地使用权转让市场,即土地使用者有偿将土地使用权转让给其他土地需求者,包括出售、出租、交换、抵押等形成的市场。随着土地使用权交易市场服务的放开,除政府外的独立第三方如土地资源网、土易网、土流网等,开始为交易各方提供供求信息发布、土地资讯、土地交易数据统计、土地价格评估、交易服务、权证办理等服务。

随着房地产业的发展壮大以及房地产本身具有的复杂性,围绕房地产(物业)的开发、经营、管理、服务的全过程,涉及的市场主体较多,不同的主体间相互交易形成了不同的市场[383]。房地产开发商通过招标选择合适的设计单位、材料设备供应商、施工单位、造价咨询单位、销售代理商、物业公司等服务提供方,通过综合管理各服务提供方,共同完成房地产项目的开发、建设与流通。目前已有第三方房地产网络平台为招投标双方提供招标信息发布、招标信息提醒、投标推荐、行业资讯、项目或企业的宣传推广等服务,如中国招标与采购网、千里马招标网、中国建设工程招标网等。房地产开发商对土地进行开发、建设后,将新建成的房地产出售给购房者,市场参与主体包括房地产开发商、销售代理商和购房者,一般房地产开发商会雇佣代理商帮助销售房地产,也会通过房天下、安居客、乐居等第三方网络平台进行楼盘信息宣传与销售。房地产购买者将房地产再次推向市场进行交易,形成了存量房的流通交易市场,存量房市场主要包括二手房的买卖和房屋租赁市场[384,385],市场参与主体包括业主、购房者、租房者、中介机构,一般存量房的买卖和租赁需要中介机构帮忙进行撮合,一些传统的中介公司建立起网站如链家网、我爱我家等,以及一些独立的第三方网络平台如安居客、淘房365、房多多、房天下等,为房地产交易双方以及中介机构提供服务,为房地产相关用户提供更便捷、更高效的服务。房地产商品进入使用阶段,针对房地产的维修、保养、社区维护等物业服务则由物业公司负责,物业持有者(业主)向物业公司支付物业管理费。

随着房地产业向纵深发展,社区服务、装修等交易后服务市场不断发展壮大,并向房地产渗透,进而形成了越来越大的房地产市场体系[386,387],也进一步扩大了房地产网络平台的服务范围。目前已有物业公司如彩生活,在物业服务的基础上,将社区服务提供商整合起来,为社区业主提供更加多元化的服务。传统的装修服务是装修公司直接对接装修需求者,近年来出现了土巴兔、齐家网、美家帮等第三方网络平台,对装修过程的参与主体如装修公司、设计师、工长等进行整合与管理,为相关参与方提供更好的服务体验。

根据以上分析可知,目前房地产的多个市场交易环节都有房地产网络平台企业在提供服务,这些构成了目前房地产网络平台服务的市场范围。

6.2 房地产网络平台的特征

6.2.1 房地产网络平台的双边市场特征

房地产网络平台作为第三方服务于双边网络用户,一边是有房地产相关需求的网络用户,如购房者、租房者、装修需求者、社区居民、土地需求者、招标方等,他们更像是传统单边市场的买方用户,即产品和服务的需求方;而开发商、房东、装修公司、社区服务提供商、土地使用权转让者、投标方等一边用户,更像是传统单边市场的卖方用户,即产品和服务的供给方。由于有些房地产网络平台如淘宝房产网、中国招标网等仅提供信息服务,不涉及交易服务,因此,将房地产网络平台的双边用户界定为需求方用户和供给方用户更为合适。需求方用户与房地产网络平台构成一边市场,供给方用户与房地产网络平台构成一边市场,需求方用户、房地产网络平台以及供给方用户构成了双边市场结构,如图6-2所示。

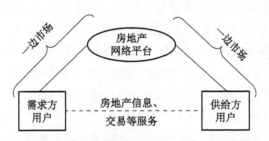

图 6-2 房地产网络平台双边市场结构示意图

首先,房地产网络平台的双边用户的需求截然不同并存在互补性,如房地产开发商加入平台是为了将楼盘信息被更多买房者看到,并最终达成交易,购房者通过房地产网络平台进行楼盘信息检索、保证金支付、预约线下看房等一系列操作,为了能够买到满意的房屋。其次,房地产网络平台上聚集的房地产开发商数量越多,则购房者达成交易的可能性越大,同理,购房者数量越多,开发商卖出楼盘的概率越大,即双边用户之间相互作用,产生了网络外部性。最后,房地产网络平台企业作为第三方平台运营商,依托互联网技术使双方用户之间的信息更加透明化,双边用户之间的沟通与互动可以突破时间和空间的限制,降低了用户的交易成本且进一步提高了交易或互动的效率,可以将双边用户之间的网络外部性内部化。根据以上分析,房地产网络平台满足 Evans 关于双边市场界定应具备的三个必要条件,因此房地产网络平台具有双边市场的一般性特征。

(1) 需求互补性。房地产网络平台的一边用户是开发商、代理商、装修公司等供给方用户,一边是购房者、租房者、装修需求者等需求方用户,这两类用户的需求截然不同,但是彼此需求互补而出现。如开发商加入平台是为了能将房源信息展示给更多的购房者,以促成销售;购房者来平台上进行房源信息的搜索,尽可能了解相关信息,寻找合适的楼盘。整个房地产网络平台市场的需求取决于双边用户对平台的联合需求,缺少任何一边用户的需求,平台的总需求则无法达成。

(2)交叉网络外部性。房地产网络平台上一边用户数量会影响另一边用户加入平台的意愿,平台上的购房者数量越多,开发商的楼盘信息的曝光度就越大,成交的可能性就越大;同时,平台上开发商的楼盘信息越多,消费者就越可能找到最适合自己的信息并达成购房意向,即双边用户之间存在交叉网络外部性。而且用户数量越多,其他用户加入平台可以获得的效用就越大。如果没有平台企业及其提供平台服务,双边用户可能无法发现彼此从而无法互动,或者虽然他们能够找到彼此但却代价高昂。

(3)价格结构非中性。平台通过对双边用户制定不对称的价格,如对于购房者收取较低的服务费,而对开发商收取较高的广告费和佣金等费用,目的是将双边用户同时召集到平台上来,并通过价格结构的合理制定,实现收益。由于房地产网络平台企业提供的媒介服务,双边用户更加容易相互接近对方并且低成本互动,平台企业正是从媒介作用中找到了存在的合理性并把它转化为生存之道[369]。

(4)多平台接入。房地产网络平台的需求方和供给方用户,可能会同时接入到多个平台。如中介将房源信息发布到房天下、链家网、安居客等多个平台上进行展示,每个平台上聚集了大量的购房者数量,多平台接入有利于更快将房屋卖出去;而不同的平台提供的服务不同,有的平台提供的房源信息真实且全面,有的平台价格较低,有的平台提供金融服务等,购房者可能会同时进入到几个平台上,通过多方面比较,以期以更低的价格买到满意的房子。

6.2.2 房地产网络平台的互联网企业特征

美国得克萨斯大学互联网研究中心对互联网企业的定义是目前得到广泛认可的[388-390],其认为互联网企业是通过提供互联网或与互联网相关的产品和服务中获取全部或部分收入的企业,并将互联网企业分为互联网基础设施制造或供应企业、互联网软件和服务企业、互联网媒介和内容服务企业以及在线商务企业四类[391]。其中,提供互联网基础设施及软件应用服务的企业与传统意义上的制造和服务企业非常相似,而互联网媒介、内容服务企业以及部分在线商务企业则是基于互联网基础设施与软件等网络技术的应用而衍生出的一种全新的企业组织形式[392]。不做特殊说明,本书所提到的互联网企业即指后者包括的互联网企业。

房地产网络平台企业作为独立第三方,基于网络技术为房地产双边用户提供供求信息发布、营销推广、撮合交易、资金支付、金融服务等,具有互联网媒介和在线商务企业的属性,因此房地产网络平台属于本书所指的互联网企业,具有互联网企业的一般性特征。

(1)注意力经济特征。互联网企业是典型的注意力经济,相对于信息泛滥,注意力成了最稀缺的资源,而只有受到关注的信息才是有价值的信息,这就是注意力经济的本质[393]。在互联网行业这种新的经济状态中,最重要和稀缺的资源是大众的眼球,大众的注意力就是互联网企业创造财富最重要的来源与基础[394]。房地产网络平台企业是基于网络技术提供房产相关信息与服务的企业属于典型的互联网公司,也具有注意力经济特征。当房地产网络平台为用户提供的房地产供求信息发布、信息搜索、团购秒杀、看房团、交易支付、金融服务等服务能够满足用户的需求时,大众就会将注意力集中到该房地产网络平台上,才有可能成为潜在消费者,为平台创造广告和佣金等收益。因此房地产网络平台企业都在不惜余力地进行各种服务的创新来吸引大众的注意力,如乐居推出了虚拟(VR)看房技术,购房者足不出户就能够看到更加立体生动的样板间,大大节省了购房者的时间成本,提升了用户体验。

(2)正反馈机制。规模经济最初是指由于制造业企业前期需要投入大量的固定成本,在一定范围内,随着产品产量的不断增加,使得固定成本可以在更多产品之间进行分摊,于是平均成本不断下降,由于生产规模的扩大而带来的经济成本的节约[395]。房地产网络平台企业是基于互联网提供信息与服务的企业,它可以更快的速度、更低的成本收集更大范围的信息,有效拓展了交易服务的半径,能够极大地提高交易效率,降低交易成本,从而创造更多的经济价值。房地产网络平台企业提供信息与服务,具有固定成本高、边际成本低的特点,随着用户数量的增加,会使得平台企业服务每一个用户的平均成本迅速下降,带来成本节约的规模经济效应。随着消费者用户数量的增多以及交叉网络外部性的影响,房地产网络平台又会吸引更多开发商、中介公司、装修公司等另一边用户的加入,反过来又会吸引更多的消费者加入平台,双边用户之间的网络效应会产生"滚雪球"的正反馈机制,不断吸引更多的用户到平台上来,一旦达到临界容量,用户数量会实现爆发性增长,甚至形成"赢家通吃"(winner take all)的局面[396]。

(3)特有的成长模式。与传统企业不同,房地产网络平台具有互联网企业特有的成长模式。互联网研究员殷逸健通过对网络股企业的研究,发现大多数互联网企业的成长模式主要分为三个阶段[397]。第一阶段,企业成立初期最重要的任务是吸引足够多的用户,因此会通过免费提供产品与信息服务,甚至补贴来尽快抢占市场,此时由于前期投入的固定成本和变动成本较大,用户数量较少,网络效应不明显,因此持续出现亏损;第二阶段,随着用户数量的不断增长,用户之间的网络效应被引爆并开始发挥作用,企业的收入开始迅速增加,并逐渐达到盈亏平衡点;第三阶段,网络效应带来用户数量的爆发性增长,企业的收入也快速增长,同时由于企业规模经济的存在使得总成本只有少量增加,因此企业开始高增速实现盈利。由于互联网企业创业初期需要持续投入以获取用户规模,导致亏损期持续时间较长,且新的技术、产品或商业模式在将来能否被用户广为接受和认可具有很大的不确定性,因此很多互联网企业无法支撑达到临界容量(即引发网络效应的转折点)即退出市场[398]。

(4)依靠风险资本融资。为了快速发展壮大,突破临界容量,房地产网络平台企业需要吸引庞大的用户群,因此,需要雄厚的资金予以支持。与传统企业有所不同,房地产网络平台属于典型的互联网企业,软件系统、数据库、专利等无形资产占比较大;而有形资产主要是计算机、办公设备、电子设备等,其价值远低于生产企业的有形资产。由于有形资产较少且前期需投入大量资金用于积累用户安装基础,因此,房地产网络平台企业尤其在发展初期,通过自有资金积累、银行贷款、发行债券等传统渠道筹资较为困难,多数依赖于通过资本市场上偏好高风险高收益的风险投资进行股权融资,来进一步开拓市场[399]。如成立较早的房天下前后共计融得超过22亿人民币资金;房多多成立6年来共计完成3轮融资超过1亿美金;安居客成立近10年以来,完成4轮融资共计融得7 200万美元风险资金;土巴兔装修网2008年成立以来,共计获得约3亿美金的风险融资。

6.3 房地产网络平台市场细分

6.3.1 房地产网络平台市场细分的原则

房地产网络平台企业的细分市场应符合以下四个标准[400]:

(1) 可衡量性,指房地产网络平台各个细分市场用户的实际或潜在的市场规模,是可以进行衡量或判断的,不同的细分市场应具有明显的区别,这也是衡量细分市场规模大小是否合适的必要步骤,同时也是下一步进行目标市场选择的必要前提。

(2) 可盈利性,指细分市场应该具有一定的规模,并且具有相当程度的盈利潜力,足以满足平台企业对于收益的要求。由于房地产网络平台市场涉及的主体多,平台业务复杂,同时需要考虑平台企业本身作为互联网企业,其业务范围涉及的用户规模需要足够大,才能充分发挥自身规模经济效应带来的成本节约,并激发双边用户之间的网络外部性引起的正反馈效应。因此,不宜将平台市场范围细分得过小,否则不能满足可盈利原则。

(3) 相对稳定性,指房地产网络平台的细分市场内的用户对平台的需求在一定时间内具有相对稳定性,如果需求是暂时性的,则很容易导致企业血本无归;同时也不应出现需求大幅缩减而影响平台企业无法正常经营的情况。尤其房地产网络平台属于房地产和互联网结合的新兴行业,传统线下也可以满足房地产用户的相关需求,因此,用户对于房地产网络平台提供的线上服务的需求是否具有相对稳定性,则变得非常重要。

(4) 可进入性,指细分出来的市场应是房地产网络平台企业能够进入的,即市场不是由国家或政府部门垄断的,不存在行政等难以跨越的市场进入壁垒,因为即便吸引力很大,但不能进入也是没有任何意义的,不能称为合格的细分市场。

6.3.2 房地产网络平台市场细分的特点

市场细分是根据消费者对于企业提供产品或服务的不同需求,将消费者划分成不同的用户群体的过程,这些不同的用户群体则称为不同的细分市场。传统企业只面对一边用户,企业自行生产产品满足不同细分用户的需求。与传统企业不同的是,网络平台企业面对的是双边用户群体,房地产网络平台企业面对的用户群一边是有房地产相关需求的需求方用户,另一边是提供相应服务的开发商、房东、装修公司等供给方用户,正是这种需求的互补性使得平台企业可以将双边用户集合到平台上来,平台本身并不生产产品,平台是为双边用户互动的成功达成提供信息或者交易等服务,进而实现平台自身价值。房地产网络平台每一边用户的需求都很明确,如有买新房需求的消费者进入网络平台是为了找到合适的楼盘信息并通过比价期望以低价成交,尽管有些房地产网络平台可能也提供了租房信息,但是对于消费者没有任何影响;同理,开发商加入网络平台是为了接触平台另一边有买房需求的消费者,以期达成更多交易,而想租房的消费者显然不是其看重的潜在交易对象,两边用户根据需求互补性而匹配出现。

因此，房地产网络平台市场细分是将房地产网络平台的双边用户按照加入平台的目的和需求不同，将双边用户划分为不同的用户群组（细分市场）的过程。用户群组包括了具有相同或类似需求的供给方用户和需求方用户，如租房用户和出租用户共同组成了一个用户群组，租房用户对于平台的需求具有相似性，出租用户对于平台的需求具有相似性，租房用户和出租用户对于平台的需求具有互补性而同时存在，他们共同构成了一个细分市场。

6.3.3 按业务类别进行市场细分

根据房地产网络平台的定义与服务范围的界定，目前房地产网络平台涉及地产市场、物业市场，以及交易后服务市场，提供的服务范围从土地、新房、二手房到交易后的房屋装修、物业社区等细分领域。房地产网络平台的业务类别不同，则平台连接的双边用户群体不同，如新房服务市场连接了开发商和购房者；装修服务平台连接了消费者和装修公司、设计师、家居建材厂商、工长等供给方用户。不同的用户对于房地产网络平台的需求不同，因此不同细分市场内的房地产网络平台具有不同的运营模式和盈利模式，导致每个细分市场的发展前景和盈利前景不同。而这正是房地产网络平台企业进行市场细分所要达到的目的，可以为目标市场选择决策提供方向。

按照房地产网络平台业务类型的不同与目前房地产网络平台涉及的市场业务范围，可以将房地产网络平台市场细分为土地交易服务市场、房地产招投标服务市场、新房交易服务市场、二手房交易服务市场、装修服务市场和物业社区服务市场。其中，土地交易服务平台连接了土地需求者和土地供给者，将土地的供求信息更大范围地整合起来，为交易双方提供供求信息发布、土地相关资讯、土地交易数据统计与价格评估、交易服务、权证办理等服务。由于土地使用权出让的供给由政府所垄断，目前土地使用权交易服务平台主要提供土地一级市场的信息，主要侧重于土地二级市场的交易，且近几年才发展起来。因此，本书不对土地使用权交易市场进一步细分，作为一个细分市场考虑。其次，二手房交易主要包括二手房买卖和房屋租赁。二手房买卖市场内房地产网络平台连接了房东、中介机构和买者，平台为中介机构或房东提供软件端口发布房屋信息，为房屋买卖双方提供交易撮合服务、金融贷款服务、佣金监管、交易手续办理等服务。房屋租赁市场内房地产网络平台连接的是租房者和出租者，租房市场与房屋买卖市场的用户需求特征明显不同，首先是租房相对二手房买卖频率要高很多，而且租房手续相对简单很多，其次一些租房平台会提供整体装修以及租后的保洁、维修、Wi-Fi等增值服务。二手房买卖和租赁市场存在明显区别，对于房地产网络平台的运营要求也不同，导致市场发展前景不同，因此，将二手房交易市场进一步细分为二手房买卖市场和房屋租赁市场。其他的细分市场如新房交易服务平台一边连接了开发商、代理商，一边连接了购房者；装修服务平台一边连接了需求方用户即消费者，一边连接了装修公司、设计师、工长、家居建材供应商等供给方用户；物业社区服务平台基于互联网提供网上缴纳电费、物业费、故障报修等物业服务的基础上，利用物业服务聚集的业主用户群，将线下的社区服务提供商进行整合，将物业服务进一步延伸至社区服务。不同细分市场的用户需求存在明显的差异，且每一类细分市场内房地产网络平台面对的用户群特征比较相似，因此，本书不对这些细分市场进一步细分。

目前各个细分市场均有一些房地产网络平台提供相关服务,如土地交易服务市场内典型的房地产网络平台包括土地资源网、房天下土地网、土易网、土流网等;新房市场内的典型房地产网络平台企业包括房天下、乐居、房多多等;招投标服务平台如中国建设工程招标网、中国招标网、中国采购网、千里马招标网等;二手房买卖平台如安居客、房多多、房天下、爱屋及乌、链家网等;房屋租赁的典型房地产网络平台包括58同城租房频道、赶集网租房频道、安居客租房、亿家网等;典型的网络家装平台包括土巴兔、齐家网、一起装修网、一号家居网、美乐乐、土拨鼠、窝牛装修、美家帮等;典型的物业社区服务网络平台如彩生活。说明以上这些房地产网络平台细分市场是可以进入的。需要说明的是,以上几个细分市场用户之间的需求与互动是非常实际且经常发生的,并不是用户出现了新的需求或者由于新兴的技术而衍生出来的市场需求,而是房地产网络平台基于互联网技术与平台架构将用户之间互动和交易效率提升,更好地满足了用户需求。因此细分市场需求不会出现大幅减少的情况,具有相对稳定性。由于每一类房地产网络平台连接的双边用户对于平台的需求不同,因此,不同细分市场之间具有明显的差异。此外,房地产行业是我国市场规模最大的传统行业之一,围绕房地产的生产、流通和消费的各个环节涉及的主体众多,市场规模很大,因此房地产网络平台细分市场的潜在市场规模足够大,满足房地产网络平台企业对于细分市场的原则要求。

综上所述,本书将房地产网络平台市场细分为土地交易服务市场、招投标服务市场、新房交易服务市场、二手房买卖市场、房屋租赁市场、装修服务市场和物业社区服务市场。整个房地产网络平台服务范围与市场细分的示意图如图6-3所示。

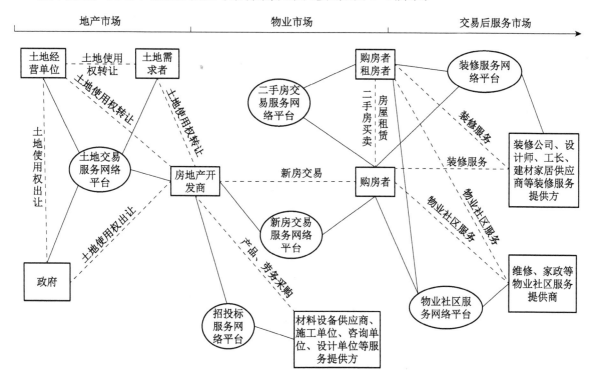

图6-3 房地产网络平台市场细分示意图

第七章
房地产网络平台市场价值分析

7.1 房地产网络平台企业追求的目标是企业价值最大化

7.1.1 利润最大化目标的局限性

传统的企业进行生产经营是为了创造利润,只有不断改进生产效率提高经营业绩,实现利润的不断积累,企业才能生存与发展,而且利润指标简单、易于理解,可以表征企业的经营业绩,一度受到广泛认可。企业追求利润最大化目标指企业从事生产经营活动是为了赚取利润,当总收入大于总成本时,就会产生利润,企业通过合理配置各项生产要素,以实现利润的不断增长。传统的企业在选择目标市场时,会先搜集市场内已有企业实现的利润水平数据,然后分析本企业如果进入市场可能获得的利润水平,并以利润最大化为目标,对几个细分市场的不同利润水平进行对比分析,利润越大的细分市场越具有吸引力,进而指导市场选择决策。

然而在19世纪50年代以后,公司制企业的出现,所有权和经营权相分离以及委托代理关系的普遍存在,利润最大化目标也暴露出自身固有的缺陷[401]。首先,利润是一个绝对指标,没有考虑企业的投入和产出的关系,尤其没有考虑股权资本成本,造成股权资本免费的幻觉;其次,利润最大化是一个静态指标,没有考虑企业可能面临的风险因素以及不同时期资金具有的时间价值,往往会使企业决策只顾追求短期利润增长,而较少考虑长远发展;再次,利润是基于权责发生制来确认的,而且容易被人为操纵,不能反映企业的实际经营业绩和经济价值;最后,随着资本市场的成熟与完善,企业经常进行股权交易如收购、重组等,通过这些交易股东不仅可以获得企业的利润,还可以得到新的收益即资本利得,而利润最大化未能体现[402,403]。

房地产网络平台企业是以盈利为目的的经济主体,其选择目标市场的目的也是为了盈利。但是,房地产网络平台企业具有不同于传统企业的成长模式,在平台创立初期需要投入大量资金用于网络设施建设、数据库和软件系统开发等。由于房地产网络平台企业具有高固定成本、低边际成本的特征,所以房地产网络平台企业服务的双边用户数量越多,则企业的规模经济效应越显著。同时由于交叉网络外部性的存在,已有的用户又可以吸引更多的用户加入平台,形成正反馈机制,因此,房地产网络平台企业在前期会投入很多时间和资源来积累双边用户规模,以便在未来形成竞争优势,追求的是长远的发展,而不是短期的盈利。如 2007 年成立的美国公司 Airbnb,其专为旅游人士和当地的房主提供度假房屋租赁平台服务,被时代周刊称为"住房中的 EBay"。国内的租房服务网络平台基本都是模仿 Airbnb 的平台运营模式,直到 2016 年首次实现盈利[404]。目前上市的房地产网络平台企业包括房天下、新浪乐居、亿房网、楼市通网、三六五网、房掌柜、美家帮装修网等,通过整理这些公司的公开财务数据(见表 7-1),可以看出上市的房地产网络平台企业大多在国内的新三板上市,有些净利润为正,有些净利润为负,多数未能实现稳定盈利。

表 7-1 上市的房地产网络平台企业数据

房地产网络平台企业	主营业务领域	成立时间	上市时间	上市地与股票代码	2016 年净利润(万元)	2015 年净利润(万元)	2014 年净利润(万元)	2013 年净利润(万元)
房天下	新房、二手房、家居等	1999	2010.9	纽交所 SFUN	−109 615(截止到 2016.9.30)	−10 416.35	174 295.01	205 575.03
亿房网	新房、二手房、租房、装修	2001	2012.12	新三板 430205	28.03(截止到 2016.6.30)	−232.09	271.95	489.49
楼市通网	新房、二手房、家居、社区服务等	2006	2014.12	新三板 831383	406.29(截止到 2016.6.30)	1 100.29	482.59	107.64
三六五网	新房、二手房、租房、家居	2006	2012.3	创业板 300295	10 835.48	12 634.37	15 050.37	11 438.4
房掌柜	新房、二手房、家居等	2008	2016.4	新三板 836918	−2 188.49(截止到 2016.6.30)	−1 413.63	69.09	−43.87
乐居	新房、二手房、租房、装修等	2008	2014.4	纽交所 LEJU	10 176.12(截止到 2016.9.30)	23 957.6	45 882.72	29 356.85
美家帮	家庭装修	2008	2016.2	新三板 836509	−1 681.1(截止到 2016.6.30)	−1 366.34	−64.15	−137.79
彩生活	物业服务、社区服务、资产运营	2002	2014.6	港股 01778	18 778.5	16 843.8	14 567.5	4 436.8

资料来源:根据同花顺官方网站披露的企业财务数据和公开数据整理。

分析可知,短期的利润最大化并不符合房地产网络平台的成长模式和经营目标,根据房地产网络平台企业的利润指标来分析房地产网络平台细分市场的价值与吸引力,不具有可行性和参考性,因此利润指标不能指导房地产网络平台的市场选择决策。

7.1.2 企业价值最大化目标的合理性

面对利润最大化目标存在的局限性,一些学者提出了企业价值最大化目标,并成为研究的热点。本书采用美国学者 Modigliani 和 Miller 对于企业价值的定义,从市场交换的角度,认为企业价值是指企业的市场价值,其大小由企业的获利潜力所决定,包括企业的股权和债权的市场价值之和[405]。Modigliani 和 Miller 认为企业的所有者为资本的供给者,包括股东和债权人,他们享有企业的剩余索取权,并明确了企业价值与投资决策、融资决策之间的相关性,确立了企业价值最大化的理念。而企业价值的大小则通过企业在市场上相关的收购、合资、兼并、上市等交易时的价格来体现。企业价值的概念涵盖了企业未来的收益、风险、成长性、时间价值等因素,更加关注企业的可持续发展,能够较为全面地反映企业的经营状况与经营业绩[402]。

企业价值最大化是在充分考虑资金的时间价值、风险与报酬的关系,从战略和长远的角度,通过合理的投资、融资和经营等活动,使企业价值达到最大[406]。从企业价值最大化角度理解的企业经营目标,不但包括最大化企业的利润,还包括最大化企业的市场价值,企业价值最大化目标极大地拓展了利润最大化目标的外延,同时兼顾了企业的所有者、债权人、职工相关者的利益,更有利于体现企业生存、盈利和发展的总目标[407, 408]。其次,随着互联网经济的快速发展和资本市场的日益活跃,互联网企业的融资、兼并和重组频繁上演,此时企业作为一个资产价值主体,需要对企业进行定价。尤其估值方法可以将企业价值进行量化,更有利于企业进行经营管理与决策,企业价值最大化的管理理念得到广泛认可,因此,企业追求的目标由利润最大化转向企业价值最大化[406, 403, 409]。

房地产网络平台企业为双边网络用户提供信息和交易服务以获取收益,具有获利潜力,能够为企业所有者创造价值,其价值体现为市场交易时的价格。房地产网络平台企业特殊的成长模式,导致其融资渠道较窄而依赖风险资本融资,虽然很多房地产网络平台微利甚至没有实现盈利,但是却能得到大量风险资本的热捧,那是因为房地产网络平台企业虽然没有实现利润,但是快速发展的高风险和高收益的特征,使得企业拥有很高的估值。这正说明投资者看重的不是房地产网络平台企业创造的短期利润,而是未来的发展前景带来的长期盈利潜力而具有的巨大市场价值。如 2011 年成立的房多多,提供二手房和新房的交易撮合服务,2015 年 9 月融资 2.23 亿美元,市场对其企业价值评估高达 10 亿美元[410]。2007 年成立的房屋短租网络平台 Airbnb,在从未实现净利润的情况下,2015 年 12 月第五轮融资成功融得 15 亿美元资金,而市场对其企业价值的评估更是高达 250 亿美元[411]。2014 年成立的爱屋吉屋到 2015 年 5 月共完成 4 轮融资,D 轮更是融到 1.2 亿美元,估值已超 10 亿美元,只用了 273 天[412]。可见,投资者作为企业的所有者,投资的目的是为了获得长期高额回报,更看重企业的长期盈利能力。

房地产网络平台企业的成长模式说明其追求的是长远的发展,其目前和未来的盈利潜力大小决定了企业价值的大小。实践中,房地产网络平台企业以企业价值最大化为目标,着眼于未来,通过科学的经营、投资和融资决策,积累大量的双边用户规模,增强自身未来的竞争优势,并不断为企业所有者创造价值。房地产网络平台企业的获利潜力越大,则越有利于吸引投资者,融得的资金可以用于研发、开拓市场,更好地满足双边用户需求,用户规模不断发展壮大,从而使得企业价值进一步增加。房地产网络平台企业作为一种特殊的商品,其价值的高低反映了市场对企业提供产品和服务的认可程度,以及对企业长期发展和增值潜力的预期[413]。房地产网络平台企业价值的大小可以很大程度上反映平台企业的实力与经营业绩,是衡量平台企业市场能力的最重要指标,是平台企业各项决策的最基本依据[406]。因此,企业价值最大化成为房地产网络平台企业追求的目标。

不同市场有着不同的发展前景和盈利前景,而企业所处的市场发展水平直接影响到企业未来的发展状况,影响到企业价值的实现[414]。由于房地产网络平台是房地产和互联网结合的产物,不同的几个细分市场发展时间和发展成熟度不同,平台涉及的新房交易、二手房交易、房屋租赁、招投标服务等发展时间相对较长,用户对于此类平台的了解和认可度较高,平台的盈利模式也相对比较成熟;而土地交易市场、装修市场、物业社区服务市场是近几年刚兴起的房地产网络平台市场业务领域,基于互联网的运作和盈利模式正处于摸索期,发展前景具有不确定性。房地产网络平台企业面对的细分市场发展前景不同,能够实现的企业价值不同。因此,不同细分市场对于房地产网络平台企业具有不同的吸引力。

7.2 房地产网络平台企业价值的驱动因素与含义界定

由于房地产网络平台企业价值的大小需要通过市场交易时的价格体现出来,因此选择一种合适的企业价值评估方法对于正确反映企业价值具有重要意义。房地产网络平台企业追求企业价值最大化的目标,通过合理的方法对企业价值进行评估,分析得到房地产网络平台企业价值的驱动因素,并根据房地产网络平台企业的特殊性,界定这些因素在房地产网络平台企业中的具体含义,以便于根据这些因素分析细分市场具有的价值,进而可以指导房地产网络平台企业的目标市场选择决策。

7.2.1 传统估值方法的局限性分析

房地产网络平台企业是轻资产类型的互联网企业,拥有大量的无形资产,如果以资产负债表中的企业持有的资产和负债来测算企业的价值,无法体现平台企业未来盈利能力和成长性,这会造成企业的估值结果偏低[415]。其次,成本法以企业拥有的单项资产作为评估主体进行价值评估,无法衡量房地产网络平台企业作为一个有机整体具有的获利能力[416]。因而,成本法不适合用来评估房地产网络平台企业价值,会造成企业价值被低估,且无法反映价值的驱动因素。

收益法估值是在已有的企业历史财务数据基础上预测未来几年的现金流,隐含着企业现金流为正的前提,在一些房地产网络平台企业未实现盈利的情况下,收益法就是失效的[417]。其次,收益法无法体现房地产网络平台企业的研发、用户等资源创造价值的能力,导致现金流的预测很难保证与实际相符,而且折现率的计算也具有很大的主观性[418]。因此,应用收益法评估房地产网络平台这种具有互联网企业特征的企业时,受到一定的限制。

应用市场法估值的前提是具有可以准确计算估值的可比企业,选取的变量必须能够反映价值且数值为正,并且能够计算得到。因此,市场法一般可以作为辅助性的估值手段,无法单独使用[419],也不能反映出企业价值的驱动因素。

根据对传统的企业价值评估方法的分析可知,传统的常用估值方法更多依赖企业的财务数据,对于房地产网络平台企业的成长模式和发展情况不能全面反映,更无法反映出企业价值的真正驱动因素,存在一定的局限性。因此,需要根据经典的互联网企业估值模型,分析得到房地产网络平台企业价值的驱动因素。

7.2.2 房地产网络平台企业价值的驱动因素

1. 用户数量

互联网行业著名的梅特卡夫(Metcalfe)定律为 $V = k \cdot N^2$,其中,k 为溢价系数,网络的价值(V)与网络用户数量(N)的平方成正比,即互联网企业的用户数量越多,用户之间的连接点就越多,网络的价值越高,而且是平方的增长关系,即对于一个互联网企业来说,用户数量是引发网络效应的最重要因素,是最重要的价值驱动因素[420]。同时,国泰君安证券关于互联网企业估值的公式为 $V = KP\dfrac{N^2}{R^2}$,其中,V 代表互联网企业的价值;K 代表变现因子;P 代表溢价率系数(取决于企业在行业中的地位);N 代表网络的用户数;R 代表网络节点之间的距离,用户之间就像万有引力一样相互吸引,反映了互联网的网络效应,也反映了用户数量是互联网企业价值的重要驱动因素[421]。

国内外学者通过大量互联网公司的实际数据,证明了企业价值与网站流量之间存在高度的相关性[422-425]。Trueman et al. 研究发现网站的用户流量、网页停留时间、访问页面数量等互联网站运营数据与企业价值存在显著相关性,说明网站流量对于企业价值具有重要影响[426]。Rajgopal et al. 认为发展初期互联网站的用户通过口碑相传可以带来更多用户,影响到企业价值的实现,并用数据证明了互联网企业收购价格(表征企业市场价值的大小)与网络流量指标存在很强的相关性[427]。李彤则通过数据回归证明了网站流量指标与成熟期的电子商务企业价值依然具有直接相关性。可见,无论互联网公司处于哪个发展阶段,用户数量都是企业价值的重要驱动因素[428]。

房地产网络平台提供的信息和服务专业化程度高,吸引的双边用户都是房地产相关需求的竞争用户,只有双边用户同时到平台上进行互动或交易,房地产网络平台才能实现自身价值。而且只有当房地产网络平台企业的用户数量突破临界容量(critical mass)以后,才能激发网络效应,享受到由网络外部性带来的规模经济效应,进而带来企业价值的快速增长。实践中,很多房地产网络平台公司通过铺天盖地的广告宣传,对消费者一边用户收取低价、免费甚至补贴,就是为了能吸引大量用户使用平台。如房多多和土巴兔成立初期曾豪掷重金进行广告宣传,相应的平台用户数量也实现了快速增加,平台的知名度进一步提升,进而吸引更多的用户加入平台。可见,用户数量是房地产网络平台企业实现价值最大化的重要驱动因素,可以衡量企业价值的大小。

2. 用户价值

互联网行业另一著名的估值公式是 DEVA 估值模型(股票价值折现分析模型,discounted equity valuation analysis,简称 DEVA),是由摩根士丹利前首席分析师 Mary Meeker 在 1996 年提出的[429]。Mary Meeker 认为互联网行业具有很强的开放性、动态性与高速发展性,而且互联网是注意力经济,用户价值是互联网企业最重要的价值驱动因素。通过平台企业的结构可知,用户是平台网络的基础,是网络效应引爆的源头,用户之间的互动价值是最重要的网络价值。因此,Mary Meeker 将用户价值引入到估值模型,将用户之间的互动价值用用户价值的平方来反映,再考虑到企业初期投入的固定成本,得到针对互联网公司的估值模型。DEVA 估值模型如下:$V = M \cdot C^2$,其中,V 为互联网企业价值;M 为单体投入的初始成本,即互联网企业为获得每一个用户投入的初始成本,一般以注册资本除以用户数量得到[419];C 为用户价值,即互联网企业的用户为企业创造的价值。可见,用户为企业创造的价值大小直接决定了企业价值的高低。

虽然用户是互联网企业创造价值的基础,但是不同的用户为企业创造价值的能力也不具备可比性,即注意力并不等同于收入,而企业价值最终来源于企业的盈利能力。客户的感觉及其对体验的认可程度将在极大程度上决定网络企业的庞大用户群能为企业创造多少价值[392]。用户价值是互联网企业价值的重要驱动因素已得到众多学者的认同[415, 430-432]。Walter et al. 认为电子商务企业的顾客为企业创造的价值体现在市场价值、规模价值、品牌价值、信息价值和网络化价值五个方面,顾客是企业最重要的市场资源[433]。Sunil et al. 认为客户价值能直接决定互联网企业价值,从而提出客户价值模型来评估互联网企业价值[434]。Bauer 基于客户生命周期理论,建立以客户为基础的企业价值评估模型(the customer-based corporate valuation),来综合分析互联网企业价值[435]。互联网企业服务目标是用户,其收入的最终落脚点也是源自用户,用户可以为企业带来的价值包括用户自身消费产品的价值、广告费转嫁价值和口碑价值,具有现金流、资产和利润三重属性,是互联网企业价值的重要驱动因素[436]。

因此,房地产网络平台企业不仅要关注用户的数量,也要关注用户的质量,用户价值是房地产网络平台企业价值的重要驱动因素。

7.2.3 房地产网络平台企业价值驱动因素的含义界定

1. 房地产网络平台企业的用户数量的界定

不同于传统企业,房地产网络平台连接了双边用户,在分析用户数量时应综合考虑双边用户对于平台企业创造的价值的影响[369],因此,用户数量参数应能反映双边用户的联合需求对于房地产网络平台创造价值的贡献作用。本书基于以下原因,以需求方用户数量来表征房地产网络平台的用户数量。

首先,由于房地产网络平台双边用户存在需求互补性,如果没有购房者、租房者、装修需求者、社区居民、土地需求者、招标方等需求方用户,平台另一边连接的开发商、房东、装修公司、社区服务提供商、土地使用权转让者、投标方等供给方用户,没有获得收益的机会,因此不会愿意进入到平台,那么平台不会产生任何收益,也就不具有任何价值。从这个角度来说,无论房地产网络平台对需求方用户是否收费以及收费多少,需求方用户都是为平台创造价值的资源,也正是这些用户资源使得房地产网络平台拥有更多收入来源,如广告收入、竞价排名收入、端口服务费收入、交易提成等。

其次,需求方用户数量可以反映房地产网络平台企业的市场经营状况,成为平台企业实力的象征,也是平台吸引风险投资的筹码[437, 438]。房天下作为房地产网络平台流量领先者,每年财报都会公布购房者数量指标也是出于显示自身实力并进一步吸引双边用户的原因。实践中,很多房地产网络平台公司通过铺天盖地的广告宣传,对消费者一边用户收取低价、免费甚至补贴,就是为了能吸引大量消费者用户使用平台。房地产网络平台作为互联网公司,广告费和营销推广费是其重要收入来源,而用户流量则是收益变现的基础。

最后,一个房地产网络平台的供给方用户可以同时满足多个需求方用户的需求,如一个开发商一年投放到房地产网络平台上的新房为几百甚至成千上万套;装修公司一年则可以为几百甚至几千名装修用户提供装修服务。而只要双边用户达成一次交易,平台即可以从中获得收益。因此,开发商、中介公司、装修公司等平台供给方一边用户数量不能实际反映出用户数量对于房地产网络平台价值创造的直接作用。因此,需求方用户数量能够实际反映出双边用户对于平台产品和服务的需求量,能够反映双边用户对于平台联合需求的大小。

2. 房地产网络平台企业的用户价值的界定

房地产网络平台连接了双边用户,用户价值应能反映双边用户对于房地产网络平台价值的影响,只要是用户为企业带来的,对于房地产网络平台企业价值增长有积极影响的,都可以界定为用户价值。DEVA估值模型中并没有明确用户价值的具体含义。一些学者认为用户价值就是指用户为企业创造的净现金流量,然后根据折现得到互联网企业价值[415, 218, 223, 224]。这和传统的现金流折现估值法一样都是基于对企业净现金流的预测,两者并无本质区别,因此不适用于房地产网络平台企业对于用户价值的衡量。邰明忠将DEVA估值模型的用户价值界定为用户为互联网企业带来的收入,包括广告收入、销售商品获得的收入、会员费收入等[419]。房地产网络平台的收入来源包括广告收入、电商收入、端口服务费收入、金融服务收入、增值服务收入等。这些收入有些与需求方用户数量直接相关,如电商收入、增值服务收入、金融服务收入等,有些收入来源与需求方用户数量间接相关,如广告收入、端口服务费等。这些收入都是基于双边用户的联合需求而存在的,对于房地产网络平台企业价值具有重要影响。

用户为互联网企业带来的收入确实可以反映企业的经营业绩,反映企业价值的大小,但是不够全面[439]。对于存在交易的互联网企业,总成交额(gross merchandise volume,简称GMV)指拍下商品的订单总金额,是反映企业经营业绩和快速增长的重要指标[440]。根据《企业会计准则》中对收入的定义,收入指企业在销售商品、提供劳务及他人使用本企业资产等日常活动中所形成的经济利益的总流入,不包括为第三方或客户代收的款项。平台上的成交额属于卖方用户实现的收入,而不属于平台企业实现的收入,因此,GMV 不能确切表示出这些成交金额能为企业带来多少收入和利润。但以 GMV 衡量互联网企业经营业绩,仍然具有重要的参考价值。首先,用户到网站浏览商品信息并下单,这一行为首先说明了相比于其他同类型网站,用户对该网站更加信任,愿意到该网站购买商品。因此,GMV 越大则说明企业的竞争力越强。其次,平台上实现的巨大交易金额滞留在平台上,属于平台代收代付的款项,可以计入现金流量表中,"经营活动产生的现金流"项目下的"收到其他与经营活动有关的现金"科目,增大了平台的现金流入,平台则可以运用这部分沉淀资金进行业务经营、业务扩展、金融运作获利等。即使平台企业处于亏损,但仍然可以保持公司的持续运营,就在于交易额等资金沉淀为平台的资金链顺畅运转带来的重要作用,所以互联网企业可以没有利润,但是必须要有充足的现金流[441, 442]。王青华研究了 2014 年末的国内上市的包括阿里巴巴、京东、唯品会、当当网、亚马逊等 8 个大型平台型互联网企业,发现基准日市值和 GMV 存在相关关系,得出可以使用 GMV 对平台型互联网企业估值的结论[443]。

由于房地产网络平台是为双边用户服务的独立第三方,本身不生产产品,因此需求方用户通过平台支付给供给方用户的定金、保证金、购房款、装修款等款项是供给方用户实现的收入,而不属于平台实现的收入。但是由于房地产网络平台收到这部分款项到向供给方支付款项存在时间差,因此这部分资金成为平台的沉淀资金,平台通过沉淀资金可以用于平台运营、获取利息、资金运作等,对平台的持续经营和发展具有重要作用。资金在平台上滞留时间的长短取决于实现交易过程需要的时间,且滞留时间越长,对于平台现金流的增加越有利。分析可知,不仅用户为企业带来的收入属于房地产网络平台企业的用户价值,用户通过平台支付且可以滞留的沉淀资金也可以为企业带来巨大价值。因此,本书将房地产网络平台的用户价值界定为用户为企业带来的价值,包括为企业带来的收入和用户通过平台支付形成的沉淀资金两个部分。

7.3 房地产网络平台细分市场价值的指标估计

根据上一节得到,需求方用户数量和用户价值对于房地产网络平台企业价值的影响最大,由于不同的房地产网络平台细分市场的用户群具有不同的需求和特征,导致需求方用户数量规模不同,意味着细分市场的市场规模不同。房地产网络平台面对的双边用户不同,经营的业务类型不同,导致了平台的用户价值的差异,影响到企业价值最大化的实现,最终导致具有不同的市场发展前景和盈利前景。赵立新通过研究发现互联网企业价值与企业所在产业的规模呈正比[417]。因此,需求方用户数量和用户价值越大的细分市场,则房地产网络平台企业可能实现的价值越大,对于房地产网络平台企业越具有吸引力,说明该细分市场具有的价值越大。下面分析不同的细分市场中需求方用户数量和用户价值两个指标的估计。

7.3.1 房地产网络平台细分市场的需求方用户数量估计

由于房地产网络平台是房地产和互联网结合的产物,房地产用户可以通过房地产网络平台获取相关服务,也可以通过传统线下的渠道获得,如购房者直接到房地产开发商售楼处去咨询、看房并购买,而不通过房地产网络平台获取信息、预约线下看房、支付保证金等。目前通过网络渠道获取房地产相关服务的需求方用户数量是现有房地产网络用户规模的大小,由于部分房地产网络平台用户具有多平台接入特征,即一个购房者可能通过不同的房地产网络平台查看信息、预约线下看房服务等,对于不同的房地产网络平台来说,他们都被看作活跃用户。因此,将目前细分市场内所有房地产网络平台的需求方用户数量相加,会造成对有实际房地产相关需求的网络用户数量的重复计算,导致高于实际用户数量,且现实数据很难计算得到。考虑到用户对于房地产网络平台的认可度会随着互联网的普及、消费习惯和网络安全性等变化而提高,这些用户都是房地产网络平台企业的潜在服务用户。为了更好地衡量房地产网络平台细分市场的需求方用户数量产生的吸引力,本书采用潜在最大的需求方用户数量来表征房地产网络平台细分市场的用户数量。

下面简要分析几个细分市场的需求方用户数量的估计。

(1) 土地交易服务市场。平台的需求方用户是土地需求者,包括房地产开发商、土地经营单位等,其中房地产开发商是主体。获取土地可以通过出让和转让两种方式,而获取的土地多数是用于开发建设的,开发商可以在一级市场和二级市场获得土地,也可以在二级市场将土地转让给其他土地需求者。土地需求者数量受到土地需求者自身资金情况、对房地产市场的预期、土地价格、土地供给量等多方面因素影响,很难准确估计。房地产开发商是土地需求的主体,且开发商数量可以通过国家统计局数据获得,因此本书根据开发商数量来粗略估计土地交易服务市场的需求方用户数量。

(2) 招投标服务市场。招投标网络平台一边连接的是发布招标信息的招标方用户,另一边是获取招标信息的投标方用户,招标方用户是通过平台招标购买商品、劳务或服务的买方,属于平台的需求方用户。由于土地的开发建设周期较长,而且一个项目涉及多项工作需要招标,不仅房地产开发商需要进行招标,建设总包单位、装饰总包单位、分包单位等建筑业企业都可能存在购买商品、劳务等招标需求,还可能包括个体经营者等,涉及主体范围较为广泛。房地产开发企业和建筑业企业作为招标需求的主体,数据可以通过国家统计局获得,本书认为可以房地产开发企业与建筑业企业数量之和来估计招投标服务市场的需求方用户数量。

(3) 新房交易市场。购房者是新房服务平台的需求方用户,购房者通过房地产网络平台浏览房源信息、在线预约看房、购买代金券等也是为了能够买到房屋,因此有购买新房需求的用户数量为潜在最大用户数量。而有购买新房需求的用户数量受到新房市场行情、投资热情、刚需和改善需求量、新房供给量等多方面因素的影响,很难直接衡量。目前多数开发商会将新房进行预售,即在房屋竣工交付前进入市场提前销售,而且新房买卖频率非常低,绝大多数购房者一年内只购买一套房子,当然会有一些人一年内购买不止一套新房,用于投资、学区等目的,但是这些人数所占比率毕竟很低,因此,新房年成交量指标可以反映出有购房实际需求的用户数量。本书以新房成交量来估计新房交易市场的潜在最大用户数量。

（4）二手房买卖市场。购房者为二手房买卖平台的需求方用户，与新房买卖类似，有购买二手房需求的用户数量受到多方面因素的影响，很难直接衡量。二手房买卖也属于非常低频的交易行为，因此可以用二手房成交量来估计潜在最大的需求方用户数量。

（5）房屋租赁市场。房屋租赁平台一边连接了供给方用户（房东、中介、公寓提供商等），需求方用户为租客。房屋租赁形式包括整租、合租、短租、长租等，流动人口和高校毕业生是租房需求的主力军，其中一定比率的人通过租房解决居住问题。根据投房研究院的估算方法，租房用户数量＝每年流动人口数量×租房比率＋高校毕业生数量×就业率×租房比率得到[444]。流动人口数量和租房比率可根据国家人口计生委发布的《中国流动人口发展报告》得到，每年毕业生数量和初次毕业就业率由社科院发布的《社会蓝皮书》得到。

（6）装修服务市场。装修平台一边连接了装修公司、设计师、工长等装修服务提供商，需求方用户为有装修需求的用户，其数量取决于每年有多少套房子需要装修。可以将增量房和存量房的装修需求分开进行估计，然后相加。只有当年交付的非精装修房才可能会有装修需求，由于一些新房是期房预售，所以新房成交量里面有一定比率是当年未能交付使用的，因此，以每年新房成交套数乘以交付率，然后扣除精装修的房屋数量，得到当年新房最大的装修需求量。由于二手房用于婚房、搬新家、装修风格过时、装修时间过久等原因，一般房屋隔一定时间会有装修的需求。二手房则设定一个平均装修时间间隔，用当前的存量房数量除以平均装修时间间隔得到当年二手房平均装修需求量。新房和二手房的最大装修需求量相加得到装修用户的潜在最大数量。

（7）物业社区服务市场。物业服务网络平台是将社区服务提供商整合起来，为社区居民提供物业社区服务。社区居民作为房地产网络平台的需求方用户，相对房屋买卖来说，家政、维修、外卖等社区服务的消费频率高很多，而且与居民数量相关，以成交量来表征用户数量存在很大偏差。对于社区服务来说，只要是已经入住的社区居民就可能会有社区服务的需求，是物业社区服务平台的潜在用户[233]，因此，物业服务细分市场的潜在最大需求方用户数量可以用每年社区内已经入住的业主数量来表征。如一个小区内共有300套房，出售了270套，入住率为80％，每户家庭平均有2人，则物业服务平台面对的潜在用户数量为270×80％×2＝432人。以此类推，计算所有小区的入住业主数量，得到物业服务平台面对的潜在最大的服务用户群体。

7.3.2　房地产网络平台细分市场的用户价值估计

用户价值取决于房地产网络平台企业面对的双边用户群体的特征，双边用户的需求不同，因此房地产网络平台企业为双边用户提供的服务不同，进而导致房地产网络平台企业的收入来源不同。而且不同的业务类型，平台可以产生的沉淀资金量的大小不同。因此，需要分析不同细分市场的房地产网络平台企业为双边用户提供哪些服务，如何在这些服务中实现收入，以及每一项收入的估计方法。沉淀资金量的大小则取决于通过平台支付金额的大小以及在平台上滞留的时间，而平台面对的双边用户不同，决定了用户通过平台支付的金额不同;不同的业务类型决定了资金可以在平台上滞留的时间不同。虽然土地出让金额巨大,但是土地出让金是不通过房地产网络平台进行支付的,土地使用权获得者直接向土地资源管理部门缴纳;由于装修平台提供资金监管服务,装修款是装修用户先支付给平台,然后平台按照进度节点再支付给装修公司的,由于装修的周期一般为2~3个月,因此资金在平台上滞留的时间较长。为了更好地分析细分市场具有的价值,本书以房地产网络平台不同细分市场可以实现的潜在最大的用户价值来估计。

1. 房地产网络平台细分市场的用户价值的来源构成

由于不同细分市场的用户需求不同,房地产网络平台提供的服务和获取的价值来源不同,经总结,几个房地产网络平台细分市场的用户价值来源构成如表7-2所示。

表7-2 房地产网络平台不同细分市场的用户价值来源构成

细分市场名称	用户价值来源与说明
土地交易服务	(1) 广告收入,为土地使用权供给者更好地向土地需求者展示土地信息,进行土地营销推广服务获得的广告费; (2) 交易服务费,提供土地交易流程解答、土地交易手续办理、土地交易委托处理等土地交易服务获得的服务费; (3) 增值服务费,平台提供的土地价格评估、土地交易统计数据等增值服务获得的收入; (4) 金融服务收入,平台提供土地金融机构展示、土地投融资服务获得的收入
招投标服务市场	(1) 会员费,平台为招投标双方提供信息发布与获取服务,对招标方和投标方收取会员费; (2) 增值服务费,平台提供招标信息提醒、行业研究报告、投标推荐等服务收取的增值服务费; (3) 广告收入,平台为项目和相关企业进行营销推广的广告费
新房交易市场	(1) 广告收入,平台为房地产开发商宣传、推广楼盘信息收取的广告费; (2) 电商收入,平台为房地产开发商楼盘进行营销宣传、组织团购、看房活动、售卖代金券等促成交易达成收取的服务费用; (3) 金融服务收入,平台为有贷款需求的购房者提供的首付贷、按揭贷、抵押贷等金融服务获得的收入; (4) 增值服务费,平台提供的消费者分析报告、行业研究报告等增值服务获得的收入; (5) 沉淀资金,购房者通过平台支付的代金券、定金、保证金、认筹金等形成的资金沉淀
二手房买卖市场	(1) 端口服务费,平台提供软件端口供中介公司发布房源信息等,收取的端口服务费; (2) 佣金收入,平台撮合交易达成,并办理相关手续收取一定数额的佣金服务费; (3) 金融服务收入,平台为购房者提供抵押贷款、过桥融资、赎楼贷等金融服务获取的收入; (4) 广告收入,平台为房源和中介公司进行宣传推广收取的广告费; (5) 沉淀资金量,购房者通过平台支付的佣金、购房款等形成资金沉淀
房屋租赁市场	(1) 佣金收入,平台撮合租客和房东达成租房协议获得的佣金; (2) 增值服务收入,平台企业将房屋进行装修,然后出租给租客,并提供Wi-Fi、搬家、保洁、维修、社交等服务收取的增值服务费; (3) 端口服务费,一些信息服务平台依靠收取中介公司端口服务费为主要收入来源; (4) 沉淀资金,租客通过平台支付给房东的租金、押金成为平台的沉淀资金

(续表)

细分市场名称	用户价值来源与说明
装修服务市场	（1）会员费，装修公司、设计师、工长等服务提供方用户入驻平台，支付给平台的会员费； （2）广告收入，平台为装修公司、家居建材厂商等进行营销宣传收取的广告费； （3）佣金收入，用户通过平台进行商品和劳务等交易时平台获得的交易提成； （4）金融服务收入，平台为有装修贷款需求的用户提供的贷款等金融服务实现的收入； （5）沉淀资金量，消费者通过平台支付的商品金额、装修款等资金沉淀
物业社区服务市场	（1）会员费，维修、家政、商超宅配等服务提供商用户入驻平台，支付给平台的会员费； （2）佣金收入，用户通过平台进行商品或劳务等交易时，平台获得的交易提成； （3）广告收入，平台为服务提供商进行营销宣传的广告收入； （4）沉淀资金量，住户通过平台支付的商品和劳务的金额形成资金沉淀

资料来源：根据公开资料自行整理。

2. 以新房交易市场的用户价值估计为例

国内最早的一批房地产网络平台企业如房天下、乐居、搜狐焦点房产等，最早都是为开发商和购房者服务的，由于房地产网络平台企业介入新房买卖细分市场的时间较早，发展模式较为成熟，涉及交易环节，而且盈利模式多元化，具有代表性。由于本研究的细分市场较多，但篇幅有限，拟以新房交易市场为例，通过估计细分市场的收入值和平台沉淀资金量提供一种通用的分析思路。

新房交易市场内的房地产网络平台连接了房地产开发商和购房者，新房网络交易流程为购房者进行信息搜索与筛选，确定购房意向后支付保证金、定金或者购买代金券，预约代理人到开发商售楼处看房，确定购买后，线下支付购房款并办理相关手续。新房交易市场内房地产网络平台用户价值包括广告费、电商收入、金融服务收入、增值服务收入和沉淀资金量五部分组成。

（1）广告收入。房地产开发商将楼盘信息提供给房地产网络平台企业，平台根据楼盘信息进行营销推广内容制作，并通过网站、APP、微信软文等形式进行广告宣传。现实中有少数开发商将楼盘销售任务外包给代理公司，代理公司利用平台的巨大流量优势进行营销推广。房地产网络平台依靠其积累的巨大的购房者流量，进行楼盘的销售宣传与开发商的品牌推广，无论是否成交，都可以获得广告收入[446]。购房者数量决定了平台能吸引到的开发商和代理商数量，进而影响广告费的高低。因此，平台不仅会提供买房者最为关注的楼盘信息，团购与促销活动，还会免费提供房地产行业政策资讯、专题报道、购房知识、房屋搜索、业主论坛等各种相关服务，尽可能吸引更多购房者的注意力并保持用户的使用黏性。

（2）电商收入。进行广告宣传只是开发商和代理商加入房地产网络平台的目的之一，最终目的是想实现楼盘的快速销售。只有房地产网络平台促成交易达成，才可以更好地衡量房地产网络平台的营销推广效果，另一方面也提高了与其他只提供信息服务的房地产网络平台的竞争优势。新房网络服务平台通过免费服务实现吸引购房者蓄客，通过组织团购、看房团、认筹、购房返现等电商服务,锁定精准购房群体,帮助实现交易转化。开发商通过房地产网络平台成功销售新房获得收益的同时,将部分收益以电商收入的形式反馈给房地产网络平台[447]。

(3) 金融服务收入。房地产网络平台企业还为有资金需求的购房者提供金融服务,如房天下提供购房者首付贷、按揭贷等金融服务;平安好房则依托其强大的品牌和资金优势,提供购房者按揭贷、好房宝等金融服务。这些金融服务不仅可以满足购房者资金不足的问题,提高用户对平台的关注度;还可以提高购房者的实际成交转化率,增加平台的电商收入。随着购房者金融服务需求的不断增长,金融贷款服务逐渐成为房地产网络平台一个重要收入来源,这也是不少房地产网络平台纷纷布局金融服务的原因。

(4) 增值服务收入。此外,新房网络服务平台还为开发商提供增值服务,通过平台大数据的优势,将购房者在平台上的搜索习惯、浏览数据类型等数据进行汇总,得到更加准确的消费者画像,向开发商出具相应的用户分析报告获得收益。房地产网络平台企业还可以将平台积累的房地产行业交易数据制作成行业研究报告,出售给开发商,获得开发商支付的增值服务收入[32]。因此,房地产网络平台可以有针对性地提高消费者的服务体验,更好地针对消费者进行更精准的营销推广,提高成交转化率,更高效地服务开发商和消费者用户。

(5) 沉淀资金量。购房者通过平台支付的金额主要包括保证金、代金券和部分购房款,实际中,很多购房者只通过平台支付保证金、代金券,购房款则是线下直接支付给开发商,其中保证金和代金券可以冲抵购房款,因此通过平台支付的金额最大值是新房成交额的一定比例,而不是全部。采用年新房成交额×线上支付比例×平均滞留时间,得到新房交易市场的最大沉淀资金量。

房地产网络平台提供不同服务获得的收入是基于不同的基础,如在线广告收入是基于平台庞大的用户流量。由于房地产网络平台上市公司较少,且没有行业研究数据,所以,不同服务收入的计算可以根据目前市场上比较典型的房地产网络平台企业提供服务的收入规模和对应的收费基础计算一个比率,再乘以细分市场内相应的总量,得到此类服务能够为平台创造的潜在最大收入估算值。以金融服务收入为例,平台的金融服务收入是基于新房成交用户的贷款资金需求,可以根据典型平台的金融服务收入除以平台贷款资金量得到每一单位贷款资金能为平台带来的金融服务收入,然后根据新房市场成交总金额和贷款比率计算得到新房贷款资金需求量,最后用典型平台单位贷款资金收益乘以新房市场的贷款资金需求量得到新房市场可以获得的最大金融服务收入值。

金融服务收入=典型平台的金融服务收入/典型平台的贷款资金需求量×年新房成交总金额×贷款比率。其他收入估算方法以此类推。

经总结,目前新房买卖双边用户为房地产网络平台创造的价值来源与估算方法如表7-3所示。

表 7-3 新房交易市场的平台收入来源与估算方法

用户价值	平台提供的服务	付费方	平台收费的基础	估算方法
在线广告	网络营销推广	开发商或代理商	购房者数量	广告收入＝典型平台的广告收入/典型平台的购房者数量×年新房购买者数量
电商收入	楼盘宣传、购房优惠、看房等服务撮合购房交易	开发商或代理商	购房成交金额	电商收入＝典型平台的电商收入/典型平台的年新房成交金额×年新房成交总金额
金融服务收入	贷款、理财等金融服务	资金需求方（购房者）	资金需求量	金融服务收入＝典型平台的金融服务收入/典型平台的用户资金需求量×年新房成交总金额×贷款比率
增值服务收入	用户数据分析、行业研究报告	开发商	购房者数量	增值服务收入＝典型平台的增值服务收入/典型平台的购房者数量×年新房购买者数量
沉淀资金量	交易服务	—	购房成交金额	沉淀资金量＝年新房成交额×线上支付比例×平均滞留时间

新房交易市场的用户价值则由上面估计的最大收入值和沉淀资金量相加得到。用户价值越大的细分市场，则房地产网络平台企业可以实现的价值越大，越具有吸引力。

第八章
房地产网络平台市场竞争分析

8.1 房地产网络平台市场竞争模型构建与求解

8.1.1 平台竞争基础模型的适用性分析

根据市场选择理论,细分市场具有很好的发展前景和盈利潜力时,只能作为企业的意向选择对象,企业还要确定细分市场内企业之间竞争的激烈程度[235]。企业选择某个细分市场,必然会与该细分市场内的在位企业形成竞争,如果在位企业竞争优势非常明显,会增加企业进入市场的失败风险。只有企业能够通过自身主观能动性的发挥,影响用户决策并可以成功进入的细分市场,才是企业最终选择的目标市场[450]。房地产网络平台企业在选择目标市场时,需要分析细分市场的竞争对手的竞争实力,这影响到企业能否成功进入。与单边市场不同,房地产网络平台连接了双边用户群体,需要结合双边市场的特性进行分析。

本书研究的房地产网络平台连接了双边网络用户,满足双边市场的界定条件,具有典型的双边市场特征,双边用户之间具有交叉网络外部性作用。房地产网络平台的双边网络用户加入平台不仅能获得平台提供的房地产信息、政策法规、交易服务、权证办理等服务为用户带来的基础服务效用,同时,由于交叉网络外部性的存在,还会带来与对边用户数量相关的网络效用。因此,房地产网络平台用户的效用满足平台竞争基础模型中对于网络用户效用函数的界定。此外,房地产网络平台的用户也是基于自身效用最大化来做出加入哪个平台的决策,房地产网络平台企业也是一个以盈利为目的的企业。最后,Armstrong的平台竞争基础模型中的效用、基础服务效用、交叉网络外部性、用户数量、价格等参数,是将具有实际意义的概念抽象化为模型参数,不是针对某个具体行业的具体数值指标,是平台竞争的经典模型,较为通用,后来研究具有双边市场特征的银行卡、黄页、媒体等平台型企业,大多是在此模型基础上进行扩展[451]。因此,此基础模型对于分析房地产网络平台的市场竞争是适用的。

由于此平台竞争模型属于开创性的研究,其假设较为严格,本书将在此模型基础上进行扩展,以期能够更加符合房地产网络平台竞争的实际情况。

8.1.2 房地产网络平台市场竞争模型的假设与模型构建

之前的房地产网络平台不同细分市场内都已经有一些平台企业在提供相关服务,它们可以称之为在位企业。在位企业(incumbent firm)是相对于潜在进入企业(potential entrants)而言的对于企业类型所做的区分,指已经进入市场一段时间,在现有市场上具有竞争优势、处于领先地位的企业[452,453]。如新房市场中已有新浪乐居、房天下、房多多等房地产网络平台提供新房信息和交易服务,这些房地产网络平台企业通过前期资金投入,已经在市场内摸索了一段时间,对于新房交易双方的需求有所了解,并向双方提供所需的服务,在房地产开发商和购房用户群中具有一定的品牌影响力和知名度。相对于潜在进入新房市场的平台企业来说,它们就是市场内的在位企业,具有竞争优势并处于领先地位。为了更好地分析潜在进入的房地产网络平台在选择某个细分市场时,市场内在位的房地产网络平台对其产生的竞争压力,本书将此现象抽象为市场内存在一个在位房地产网络平台企业和一个潜在进入市场的房地产网络平台企业,通过分析在位的房地产网络平台和潜在进入的房地产网络平台之间的竞争均衡结果,分析哪些因素会对潜在进入的房地产网络平台产生怎样的影响,进而指导潜在进入的房地产网络平台企业的市场选择决策。

房地产网络平台市场竞争的模型假设与参数设定如下:

1. 用户的净效用、基础服务效用、平台的服务质量参数

根据 Armstrong 平台竞争的模型,不失一般性,在位房地产网络平台记为平台 1,潜在进入的房地产网络平台记为平台 2。根据前文分析,房地产网络平台连接了双边用户,为方便分析,令房地产网络平台连接的购房者、租房者、装修需求者等需求方一边用户为 A 边,房地产网络平台连接的开发商、房东、装修公司等供给方用户为 B 边。U_{1A} 为 A 边用户加入平台 1 所得到的净效用;U_{1B} 为 B 边用户加入平台 1 所得到的净效用;U_{2A} 为 A 边用户加入平台 2 所得到的净效用;U_{2B} 为 B 边用户加入平台 2 所得到的净效用。U_0 为房地产网络平台提供的服务给双边用户带来的基础效用,如装修用户使用土巴兔装修平台提供的装修服务获得的效用。现实中,没有完全相同的两个平台,平台之间一定会存在某种差异。房地产网络平台作为第三方,本身不生产产品,为双边用户提供的房源信息发布与搜索、网站软件系统、组织看房服务、交易支付、权证办理、金融贷款等都属于房地产网络平台提供的服务,每一项服务的质量不好,都会影响到用户的满意程度[454-457]。用户效用反映了用户在消费企业提供的产品和服务过程中,自身的需求和欲望得到满足的程度[458],而企业提供的产品和服务的质量对于用户效用起着决定性作用[459,460]。由于房地产网络平台提供服务的质量不同,用户对于平台提供的各种服务的满意程度不同,得到的效用不同,因此对于不同的房地产网络平台形成了不同偏好。令 θ_1,θ_2 分别表示平台 1 和平台 2 提供服务的质量参数($0 < \theta_1, \theta_2 < 1$),为简化计算,假设平台 1 对两边用户提供服务的质量相同,平台 2 对两边用户提供服务的质量相同。θ 越大表示房地产网络平台服务的质量越好,满足用户需求的能力越强,用户加入平台的体验越好,因此得到的效用越高,对于平台偏好程度越高[461]。$\theta_1 U_0$ 表示双边用户对于平台 1 提供的基础服务的感知效用,$\theta_2 U_0$ 表示双边用户对于平台 2 提供的基础服务的感知效用。

2. 交叉网络外部性强度

房地产网络平台双边用户之间存在交叉网络外部性,α 表示双边用户之间的交叉网

络外部性强度($0<\alpha<1$),表示当对边用户数量增加1个单位时,本边用户加入平台可以获得的网络效用值。如对于租房平台来说,平台连接的房东数量越多,租房者租到合适房子的可能性越大,反之,平台上有租房需求的活跃用户数量越多,则房东加入平台上,待出租的房源信息可以被更多的租房者浏览到,也增大了达成交易的概率。因此,交叉网络外部性强度反映了租房者(出租者)的用户数量对于出租者(租房者)的网络效用增加值。房地产网络平台双边用户也可能存在组内网络外部性,即同边用户的数量增加对于同边用户的效用值的影响。如通过土巴兔进行装修的消费者越多,土巴兔在装修群体中的口碑越好,愿意通过该平台装修的消费者数量越多;再如,通过房天下查看楼盘信息并线下看房、最终成交的购房者数量越多,则房子卖得越快,由于好区位的房子非常紧俏,则对于其他想购买同一楼盘的购房者来说,则很可能买不到满意的房子,从而产生负的影响。房地产网络平台作为第三方是为双边用户之间的互动和交易提供便捷的平台服务,用户加入平台更看重的是另一边用户的数量是显而易见的,对于同边用户数量并不是非常看重,即交叉网络外部性要远大于组内网络外部性,而且同边用户对其他用户产生的影响还具有不确定性,因此,本书为简化分析,将组内网络外部性忽略不计。

3. 已有用户安装基础

在位房地产网络平台企业已经进入市场一段时间,积累了一定数量的用户安装基础(installed base),用户安装基础也称用户规模,指购买、使用某企业提供的产品和服务的用户规模[462]。在位的房地产网络平台企业的已有用户安装基础指购买、使用房地产网络平台企业提供的信息和服务的双边用户规模,设在位房地产网络平台 A 边已有用户安装基础为 N_{0A},B 边已有用户安装基础为 N_{0B}。本书认为房地产网络平台的双边用户具有成长性,随着房地产网络平台自身不断发展完善,以及使用房地产网络平台提供服务的用户数量增多,用户对房地产网络平台的认知度和认可度会不断提升,未来将有更多用户使用房地产网络平台提供的服务,那么房地产网络平台双边用户规模会越来越大,这非常符合目前房地产网络平台的发展趋势。为分析方便,将房地产网络平台两边新用户的规模均标准化为1,且新用户规模大于市场内已有用户规模,即 $0<N_{0A},N_{0B}<1$。在位平台与潜在进入平台为争夺新用户而展开竞争。

4. Hotelling 竞争模型相关假设与参数设定

为简化分析,假设房地产网络平台的双边用户都是单归属(single-homing),即每个用户的选择具有排他性,只能通过一个平台获得相关服务[463]。每一边的新用户面对两个房地产网络平台时,只能加入一个平台,新用户需要同时做出选择加入哪个房地产网络平台的决策,即 A 边用户必须决定是加入在位的房地产网络平台还是潜在进入的房地产网络平台,B 边用户同理。根据 Hotelling 空间选址模型,将房地产网络平台的双边用户数量均标准化为1,双边用户均匀分布在两个平台之间(即0~1之间),N_{1A} 为加入平台1的 A 边用户数量;N_{1B} 为加入平台1的 B 边用户数量;N_{2A} 为加入平台2的 A 边用户数量;N_{2B} 为加入平台2的 B 边用户数量。$0<N_{1A},N_{2A},N_{1B},N_{2B}<1$,根据用户单归属的假设,$A$ 边用户加入平台1和加入平台2的数量之和为1,即 $N_{1A}+N_{2A}=1$。同理,B 边用户加入平台1和加入平台2的数量之和为1,即 $N_{1B}+N_{2B}=1$。X 表示 A 边用户在线性空间中的位

置,由于用户均匀分布在0～1之间,因此,X表示A边用户到平台1的距离,$(1-X)$表示A边用户到平台2的距离,X^*为A边用户的效用无差异点,即处于X^*的A边用户到平台1和平台2进行交易所获得的效用相同。同理,Y表示B边用户在线性空间中的位置,Y表示B边用户到平台1的距离,$(1-Y)$表示B边用户到平台2的距离,Y^*为B边用户的效用无差异点,即处于Y^*的B边用户到平台1和平台2进行交易所获得的效用相同。双边用户到达平台进行交易需要支付一定的运输成本(或者称赶路成本),即用户为得到企业提供的产品和服务需要花费的赶路成本,运输成本为距离的线性函数,令T为用户到达平台的单位运输成本。由于房地产网络平台双边用户为获得平台提供的信息和服务,用户获取平台提供的信息和交易服务,需要花时间在网站或APP上进行搜索,或者预约线下看房等服务时存在一个等待时间,这些都成为用户付出的"运输成本"。根据以上参数的设定,得到在位房地产网络平台与潜在进入的房地产网络平台竞争结构示意图,如图8-1所示。

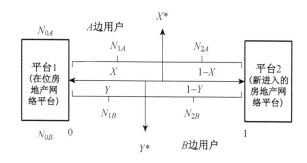

图8-1 房地产网络平台竞争结构示意图

5. 价格参数P

房地产网络平台的收费主要包括广告费、端口服务费、会员费、佣金、金融服务费、增值服务费等,这些收费虽然名称各不相同,但根据收费的本质,都可以归为注册费和交易费[464]。其中广告费、端口服务费、会员费、金融服务费以及增值服务费,是与平台实际交易量无直接关系的费用,可以统一归为注册费;而与双边用户达成的交易相关的佣金或交易提成属于交易费。由于平台竞争中涉及的变量参数较多,如果平台收取注册费和交易费,则会导致均衡结果异常复杂,以至于无法进行分析,这是一个通用性问题,所以Armstrong建立了对称均衡的假设[37],后来学者一般基于对称假设进行分析,且为了简化模型计算,假设平台只收取注册费的情况[37,465,451,461,466,467]。

房地产网络平台的注册费是很常见的收费模式,如千里马招标网按年收取双边用户会员费,会员费与用户之间达成多少交易无关,如普通会员4 999元/年、高级会员8 999元/年、VIP会员16 999元/年、白金VIP会员26 999元/年等,会员级别越高可以享受平台提供的服务越多。安居客聚集了众多有购买二手房需求的消费者,并提供了房源信息展示的平台,中介为了将手中的大量房源销售出去,会向安居客支付每月300～1 000元不等的端口服务费,同样,端口费与中介能够达成多少交易也是无关的,当然支付的费用越多,平台可以展示的房源信息越多,促成交易的可能性越大。本书为简化分析,只考虑房地产网络平台收取注册费的情况。令 P_{1A} 为平台 1 对于 A 边用户制定的价格；P_{1B} 为平台 1 对于 B 边用户制定的价格；P_{2A} 为平台 2 对于 A 边用户制定的价格；P_{2B} 为平台 2 对于 B 边用户制定的价格。

借鉴 Armstrong 的平台竞争模型对于用户效用函数的定义，得到房地产网络平台用户得到的净效用等于房地产网络平台提供的基础服务得到的效用，加上平台另一边用户规模带来的网络效用，减去平台收取的价格，减去运输成本。可以得到加入平台 1 和平台 2 的双边用户的净效用函数为：

$$\begin{cases} U_{1A} = \theta_1 U_0 + \alpha(N_{0B} + N_{1B}) - P_{1A} - TX \\ U_{1B} = \theta_1 U_0 + \alpha(N_{0A} + N_{1A}) - P_{1B} - TY \end{cases} \tag{8-1}$$

$$\begin{cases} U_{2A} = \theta_2 U_0 + \alpha N_{2B} - P_{2A} - T(1-X) \\ U_{2B} = \theta_2 U_0 + \alpha N_{2A} - P_{2B} - T(1-Y) \end{cases} \tag{8-2}$$

6. 利润函数

房地产网络平台前期需投入的大量的固定成本，在运营期间固定成本已为沉淀成本，不予考虑，假设为零[370,451]。其次，由于双边用户对于平台的信息和服务要求非常相似，平台可以无限低成本地复制，为简化分析，本书假设平台向双边用户提供服务的边际成本为零。因此，平台的利润函数（准确地说，是平台收益函数）取决于平台两边用户数量和收取的注册费大小，由于在位房地产网络平台的已有用户（N_{0A} 和 N_{0B}）已经交过注册费，所以不再次收费。得到两个平台的收益函数为 $\pi_i = P_{iA} N_{iA} + P_{iB} N_{iB}$，$(i=1,2)$。考虑房地产网络平台的收入而不是利润更加符合房地产网络平台追求企业价值最大化的目标。在位房地产网络平台将与潜在进入的房地产网络平台在 Hotelling 框架下进行两阶段竞争博弈，第一阶段两个平台为双边用户制定价格，第二阶段用户根据自身效用最大化来选择加入哪个平台。两个房地产网络平台则根据自身收益最大化进行竞争博弈，得到最终均衡结果。分析上述平台竞争模型的均衡结果，可以很好地分析这些因素如何影响潜在进入的房地产网络平台与在位平台竞争的结果，潜在进入的房地产网络平台企业则应充分考虑这些影响，做出更加科学的市场选择决策。

8.1.3 竞争模型的求解

Hotelling 模型假设双边用户的保留价格足够高，无论平台制定多高的价格，市场内的双边用户都可以全覆盖，即房地产网络平台双边的每个用户最终都加入其中一个平台上去，即 $N_{1A} + N_{2A} = 1$，$N_{1B} + N_{2B} = 1$。由于 T 不是本研究考察的重点，不妨令 $T=1$。因此，模型变形如下：

$$\begin{cases} U_{1A} = \theta_1 U_0 + \alpha(N_{0B} + N_{1B}) - P_{1A} - X \\ U_{1B} = \theta_1 U_0 + \alpha(N_{0A} + N_{1A}) - P_{1B} - Y \end{cases} \tag{8-3}$$

$$\begin{cases} U_{2A} = \theta_2 U_0 + \alpha(1 - N_{1B}) - P_{2A} - (1-X) \\ U_{2B} = \theta_2 U_0 + \alpha(1 - N_{1A}) - P_{2B} - (1-Y) \end{cases} \tag{8-4}$$

A 边用户根据效用函数,在预期参与平台的 B 边用户规模为 N_{iB}^E 的情况下,根据自身效用最大选择到哪个平台上,B 边用户同理。临界条件为 A 边用户加入平台 1 和平台 2 的效用相等,B 边用户加入平台 1 和平台 2 的效用相等。即 $U_{1A}=U_{2A}$,$U_{1B}=U_{2B}$。由此得到:

A 边用户的效用无差异点为

$$X^* = \frac{(\theta_1-\theta_2)U_0 + \alpha(N_{0B}+N_{1B}^E) - P_{1A} + P_{2A} - \alpha(1-N_{1B}^E) + 1}{2} \quad (8-5)$$

B 边用户的效用无差异点为

$$Y^* = \frac{(\theta_1-\theta_2)U_0 + \alpha(N_{0A}+N_{1A}^E) - P_{1B} + P_{2B} - \alpha(1-N_{1A}^E) + 1}{2} \quad (8-6)$$

根据 Katz 和 Shapiro 的可实现预期方法[31],即预期的用户规模和实际的用户规模相等,$N_{1B}^E=N_{1B}$,$N_{2B}^E=N_{2B}$,$N_{1A}^E=N_{1A}$,$N_{2A}^E=N_{2A}$。即位于 $[0,X^*]$ 的 A 边用户会加入平台 1,位于 $[X^*,1]$ 的 A 边用户加入平台 2。同理,位于 $[0,Y^*]$ 的 B 边用户会加入平台 1,位于 $[Y^*,1]$ 的 B 边用户加入平台 2。因此,$X^*=N_{1A}$,$Y^*=N_{1B}$。将模型变形如下:

$$N_{1A} = X^* = \frac{(\theta_1-\theta_2)U_0 + \alpha(N_{0B}+N_{1B}) - P_{1A} + P_{2A} - \alpha(1-N_{1B}) + 1}{2} \quad (8-7)$$

$$N_{1B} = Y^* = \frac{(\theta_1-\theta_2)U_0 + \alpha(N_{0A}+N_{1A}) - P_{1B} + P_{2B} - \alpha(1-N_{1A}) + 1}{2} \quad (8-8)$$

联立公式(8-7)与(8-8),得到用价格参数表示的平台双边用户规模为

$$\begin{cases} N_{1A} = \dfrac{1-\alpha^2+\alpha^2 N_{0A}+\alpha N_{0B}-(P_{1A}-P_{2A})-\alpha(P_{1B}-P_{2B})+(\theta_1-\theta_2)(U_0+\alpha U_0)}{2-2\alpha^2} \\ N_{1B} = \dfrac{1-\alpha^2+\alpha N_{0A}+\alpha^2 N_{0B}-\alpha(P_{1A}-P_{2A})-(P_{1B}-P_{2B})+(\theta_1-\theta_2)(U_0+\alpha U_0)}{2-2\alpha^2} \end{cases}$$

(8-9)

$$\begin{cases} N_{2A} = 1-N_{1A} \\ \quad = \dfrac{1-\alpha^2-\alpha^2 N_{0A}-\alpha N_{0B}+(P_{1A}-P_{2A})+\alpha(P_{1B}-P_{2B})-(\theta_1-\theta_2)(U_0+\alpha U_0)}{2-2\alpha^2} \\ N_{2B} = 1-N_{1B} \\ \quad = \dfrac{1-\alpha^2-\alpha N_{0A}-\alpha^2 N_{0B}+\alpha(P_{1A}-P_{2A})+(P_{1B}-P_{2B})-(\theta_1-\theta_2)(U_0+\alpha U_0)}{2-2\alpha^2} \end{cases}$$

(8-10)

平台 1 的收益函数为:$\pi_1 = P_{1A}N_{1A} + P_{1B}N_{1B}$,将上式(8-9)代入得到收益函数表达

式为：

$$\pi_1 = P_{1A}\left\{\frac{1-\alpha^2+\alpha^2 N_{0A}+\alpha N_{0B}-(P_{1A}-P_{2A})-\alpha(P_{1B}-P_{2B})+(\theta_1-\theta_2)(U_0+\alpha U_0)}{2-2\alpha^2}\right\}$$

$$+ P_{1B}\left\{\frac{1-\alpha^2+\alpha N_{0A}+\alpha^2 N_{0B}-\alpha(P_{1A}-P_{2A})-(P_{1B}-P_{2B})+(\theta_1-\theta_2)(U_0+\alpha U_0)}{2-2\alpha^2}\right\}$$

(8-11)

同理，平台 2 的收益函数为：$\pi_2 = P_{2A}N_{2A} + P_{2B}N_{2B}$，将上式(8-10)代入得到收益函数表达式为：

$$\pi_2 = P_{2A}\left\{\frac{1-\alpha^2-\alpha^2 N_{0A}-\alpha N_{0B}+(P_{1A}-P_{2A})+\alpha(P_{1B}-P_{2B})-(\theta_1-\theta_2)(U_0+\alpha U_0)}{2-2\alpha^2}\right\}$$

$$+ P_{2B}\left\{\frac{1-\alpha^2-\alpha N_{0A}-\alpha^2 N_{0B}+\alpha(P_{1A}-P_{2A})+(P_{1B}-P_{2B})-(\theta_1-\theta_2)(U_0+\alpha U_0)}{2-2\alpha^2}\right\}$$

(8-12)

由于平台竞争模型的价格参数较多，为了计算和分析的方便，平台竞争模型多是基于对称均衡去分析模型结果[37]。本书由于平台存在用户规模，而且用户对平台存在不同偏好，对称均衡下两个平台各占 1/2 的市场份额的结果与实际不符，因此，本书不基于对称均衡假设，而是根据模型方程组实际计算得到均衡结果，进而分析。

对于平台 1 的收益函数来说，在 (P_{2A}, P_{2B}) 给定的情况下，π_1 是关于 (P_{1A}, P_{1B}) 的二元函数，收益函数 π_1 取得极大值，实际上是收益函数 π_1 求极值的问题。收益函数关于 P_{1A} 和 P_{1B} 的一阶偏导数得到：

$$\begin{cases} \frac{\partial \pi_1}{\partial P_{1A}} = 1-\alpha^2+\alpha^2 N_{0A}+\alpha N_{0B}-2P_{1A}+P_{2A}-\alpha(P_{1B}-P_{2B}) \\ \qquad\qquad +(\theta_1-\theta_2)(U_0+\alpha U_0)-\alpha P_{1B} = 0 \\ \frac{\partial \pi_1}{\partial P_{1B}} = 1-\alpha^2+\alpha N_{0A}+\alpha^2 N_{0B}-2P_{1B}+P_{2B}-\alpha(P_{1A}-P_{2A}) \\ \qquad\qquad +(\theta_1-\theta_2)(U_0+\alpha U_0)-\alpha P_{1A} = 0 \end{cases}$$

(8-13)

根据式(8-13)可计算得到收益函数 π_1 关于 (P_{1A}, P_{1B}) 的二阶导数，

$$\frac{\partial^2 \pi_1}{\partial (P_{1A})^2} = -2 = A; \quad \frac{\partial^2 \pi_1}{\partial (P_{1B})^2} = -2 = C; \quad \frac{\partial^2 \pi_1}{\partial (P_{1A})\partial (P_{1B})} = -2\alpha = B$$

根据二元函数取极值的条件可知，收益函数 π_1 取得极大值的充分条件是：$B^2 - AC < 0$ 且 $A < 0$。$A = -2 < 0$，且 $B^2 - AC = 4\alpha^2 - 4 = 4(\alpha^2 - 1) < 0$。因此，平台 1 的收益函数可取得最大值。同理，可得平台 2 的收益函数关于 (P_{1A}, P_{1B}) 的一阶导数和二阶导数

如下:

$$\begin{cases} \dfrac{\partial \pi_2}{\partial P_{2A}} = 1-\alpha^2-\alpha^2 N_{0A}-\alpha N_{0B}+P_{1A}-2P_{2A}+\alpha(P_{1B}-P_{2B}) \\ \qquad\qquad -(\theta_1-\theta_2)(U_0+\alpha U_0)-\alpha P_{2B}=0 \\ \dfrac{\partial \pi_2}{\partial P_{2B}} = 1-\alpha^2-\alpha N_{0A}-\alpha^2 N_{0B}+P_{1B}-2P_{2B}+\alpha(P_{1A}-P_{2A}) \\ \qquad\qquad -(\theta_1-\theta_2)(U_0+\alpha U_0)-\alpha P_{2A}=0 \end{cases} \quad (8\text{-}14)$$

$$\dfrac{\partial^2 \pi_2}{\partial (P_{2A})^2}=-2=A;\ \dfrac{\partial^2 \pi_2}{\partial (P_{2B})^2}=-2=C;\ \dfrac{\partial^2 \pi_2}{\partial (P_{2A})\partial (P_{2B})}=-2\alpha=B$$

得到: $A=-2<0$, 且 $B^2-AC=4\alpha^2-4=4(\alpha^2-1)<0$。因此,平台 2 的收益函数也可取得最大值。

令式(8-13)和式(8-14)为 0,并联立求解,可得到平台 1 和平台 2 对于双边用户的最优定价为

$$\begin{cases} P_{1A}^* = \dfrac{3-3\alpha^2+(\alpha^2+\alpha)N_{0B}+(\theta_1-\theta_2)(U_0+\alpha U_0)}{3\alpha+3} \\ P_{1B}^* = \dfrac{3-3\alpha^2+(\alpha^2+\alpha)N_{0A}+(\theta_1-\theta_2)(U_0+\alpha U_0)}{3\alpha+3} \end{cases} \quad (8\text{-}15)$$

$$\begin{cases} P_{2A}^* = \dfrac{3-3\alpha^2-(\alpha^2+\alpha)N_{0B}-(\theta_1-\theta_2)(U_0+\alpha U_0)}{3\alpha+3} \\ P_{2B}^* = \dfrac{3-3\alpha^2-(\alpha^2+\alpha)N_{0A}-(\theta_1-\theta_2)(U_0+\alpha U_0)}{3\alpha+3} \end{cases} \quad (8\text{-}16)$$

将式(8-15)和式(8-16)代入式(8-9)和式(8-10),得到用户规模非对称的两个平台均衡时的用户市场份额分别为

$$\begin{cases} N_{1A}^* = \dfrac{(1-\alpha^2)(3+3\alpha)+(\alpha^3+\alpha^2)N_{0A}+(\alpha^2+\alpha)N_{0B}+(1+\alpha)(\theta_1-\theta_2)(U_0+\alpha U_0)}{(2-2\alpha^2)(3+3\alpha)} \\ N_{1B}^* = \dfrac{(1-\alpha^2)(3+3\alpha)+(\alpha^2+\alpha)N_{0A}+(\alpha^3+\alpha^2)N_{0B}+(1+\alpha)(\theta_1-\theta_2)(U_0+\alpha U_0)}{(2-2\alpha^2)(3+3\alpha)} \end{cases}$$

$$(8\text{-}17)$$

$$\begin{cases} N_{2A}^* = \dfrac{(1-\alpha^2)(3+3\alpha)-(\alpha^3+\alpha^2)N_{0A}-(\alpha^2+\alpha)N_{0B}-(1+\alpha)(\theta_1-\theta_2)(U_0+\alpha U_0)}{(2-2\alpha^2)(3+3\alpha)} \\ N_{2B}^* = \dfrac{(1-\alpha^2)(3+3\alpha)-(\alpha^2+\alpha)N_{0A}-(\alpha^3+\alpha^2)N_{0B}-(1+\alpha)(\theta_1-\theta_2)(U_0+\alpha U_0)}{(2-2\alpha^2)(3+3\alpha)} \end{cases}$$

$$(8\text{-}18)$$

8.2 房地产网络平台市场竞争均衡结果对于市场选择的启示

8.2.1 竞争模型的均衡结果分析

由于均衡结果非常复杂,而且本研究并不是想得到一个均衡的具体数值,而是为了分析不同因素对于在位房地产网络平台和潜在进入房地产网络平台的均衡价格和市场份额的影响,因此,下面将依次分别分析不同因素对于平台竞争结果产生的影响。

(1) 首先,当平台 1 不存在用户规模($N_{0A} = N_{0B} = 0$),平台提供的服务质量相同时($\theta_1 = \theta_2$),且双边用户之间的交叉网络外部性相等时,即此时两个平台是完全相同的,那么竞争结果为:$P_{1A} = P_{2A} = 1-\alpha$,$P_{1B} = P_{2B} = 1-\alpha$,$N_{1A} = N_{2A} = \frac{1}{2}$,$N_{1B} = N_{2B} = \frac{1}{2}$。此时两个势均力敌的房地产网络平台竞争的均衡结果是各分得一半的用户市场份额,对于双边用户的定价均为 $1-\alpha$,均衡价格随着交叉网络外部性的增强而下降,与 Armstrong 的对称均衡结果类似[495]。

因此,得到结论 1:当两个平台完全无差异时,平台对于双边用户制定的价格相等,最终的竞争结果是两个平台各占一半的用户市场份额。

(2) 当两个平台同质($\theta_1 = \theta_2$),在位平台存在用户规模时,$0 < N_{0A}, N_{0B} < 1$ 时,先考察对于定价策略的影响。$P_{1A} = 1-\alpha + \frac{\alpha N_{0B}}{3}$,$P_{1B} = 1-\alpha + \frac{\alpha N_{0A}}{3}$,$P_{2A} = 1-\alpha - \frac{\alpha N_{0B}}{3}$,$P_{2B} = 1-\alpha - \frac{\alpha N_{0A}}{3}$。与平台完全同质的定价水平相比,在位平台已有的用户规模成为其竞争优势,在位平台因此可以制定高价$\left(P_{1A} = 1-\alpha + \frac{\alpha N_{0B}}{3} > 1-\alpha; P_{1B} = 1-\alpha + \frac{\alpha N_{0A}}{3} > 1-\alpha\right)$。可以看到,开发商、房东或者装修公司等供给方用户的存在,是在位房地产网络平台对需求方一边用户制定高价的基础,且用户数量越多,可能制定的价格越高$\left(\frac{\partial P_{1A}}{\partial N_{0B}} = \frac{\alpha}{3}\right)$;同时,房地产网络平台上需求方用户数量越多,平台可以对另一边供给方用户制定的价格也越高$\left(\frac{\partial P_{1B}}{\partial N_{0A}} = \frac{\alpha}{3}\right)$,且随着交叉网络外部性强度的增大而增大。在位房地产网络平台已有的双边用户数量使得潜在进入房地产网络平台面临竞争劣势,因此其定价水平低于两个平台同质的情况$\left(P_{2A} = 1-\alpha - \frac{\alpha N_{0B}}{3} < 1-\alpha; P_{2B} = 1-\alpha - \frac{\alpha N_{0A}}{3} < 1-\alpha\right)$,且在位房地产网络平台的用户数量越多,潜在进入房地产网络平台可能制定的价格越低$\left(\frac{\partial P_{2A}}{\partial N_{0B}} = -\frac{\alpha}{3} < 0; \frac{\partial P_{2B}}{\partial N_{0A}} = -\frac{\alpha}{3} < 0\right)$。显然,此时在位房地产网络平台对于双边

用户的定价均要高于潜在进入房地产网络平台（$P_{1A} > P_{2A}$；$P_{1B} > P_{2B}$），且两个平台对于用户定价的差距也随着网络效应和已有用户规模的增大而增大（$\Delta P_A = P_{1A} - P_{2A} = \dfrac{2\alpha N_{0B}}{3}$，$\Delta P_B = P_{1B} - P_{2B} = \dfrac{2\alpha N_{0A}}{3}$）。

其次，考察在位房地产网络平台已有的用户数量对于竞争均衡时平台的用户市场份额的影响。$N_{1A} = \dfrac{1}{2} + \dfrac{\alpha^2 N_{0A} + \alpha N_{0B}}{6(1-\alpha^2)}$，$N_{1B} = \dfrac{1}{2} + \dfrac{\alpha N_{0A} + \alpha^2 N_{0B}}{6(1-\alpha^2)}$，$N_{2A} = \dfrac{1}{2} - \dfrac{\alpha^2 N_{0A} + \alpha N_{0B}}{6(1-\alpha^2)}$，$N_{2B} = \dfrac{1}{2} - \dfrac{\alpha N_{0A} + \alpha^2 N_{0B}}{6(1-\alpha^2)}$。可以看到，由于在位房地产网络平台已经积累的双边用户，对于平台继续吸引新用户加入平台是非常有利的（$\dfrac{\partial N_{1A}}{\partial N_{0A}} = \dfrac{\alpha^2}{6(1-\alpha^2)} > 0$，$\dfrac{\partial N_{1A}}{\partial N_{0B}} = \dfrac{\alpha}{6(1-\alpha^2)} > 0$，$\dfrac{\partial N_{1B}}{\partial N_{0A}} = \dfrac{\alpha}{6(1-\alpha^2)} > 0$，$\dfrac{\partial N_{1B}}{\partial N_{0B}} = \dfrac{\alpha^2}{6(1-\alpha^2)} > 0$），且会高于平台完全同质时的市场份额（$N_{1A} = \dfrac{1}{2} + \dfrac{\alpha^2 N_{0A} + \alpha N_{0B}}{6(1-\alpha^2)} > \dfrac{1}{2}$；$N_{1B} = \dfrac{1}{2} + \dfrac{\alpha N_{0A} + \alpha^2 N_{0B}}{6(1-\alpha^2)} > \dfrac{1}{2}$）。但是，在位房地产网络平台积累的双边用户规模对于潜在进入的房地产网络平台吸引新用户产生消极影响（$\dfrac{\partial N_{2A}}{\partial N_{0A}} = \dfrac{-\alpha^2}{6(1-\alpha^2)} < 0$；$\dfrac{\partial N_{2A}}{\partial N_{0B}} = \dfrac{-\alpha}{6(1-\alpha^2)} < 0$；$\dfrac{\partial N_{2B}}{\partial N_{0A}} = \dfrac{-\alpha}{6(1-\alpha^2)} < 0$；$\dfrac{\partial N_{2B}}{\partial N_{0B}} = \dfrac{-\alpha^2}{6(1-\alpha^2)} < 0$）。显然，均衡时在位房地产网络平台在双边用户的市场份额均要高于潜在进入的房地产网络平台（$N_{1A} > N_{2A}$；$N_{1B} > N_{2B}$），且两个平台最终市场份额的差距也随着网络效应和已有用户规模的增大而增大（$\Delta N_A = N_{1A} - N_{2A} = \dfrac{\alpha^2 N_{0A} + \alpha N_{0B}}{3(1-\alpha^2)} > 0$；$\Delta N_B = N_{1B} - N_{2B} = \dfrac{\alpha N_{0A} + \alpha^2 N_{0B}}{3(1-\alpha^2)} > 0$）。同时，存在一组值使得 $N_{1A} = N_{1B} = 1$ 且 $N_{2A} = N_{2B} = 0$（证明过程：存在 $\dfrac{\alpha^2 N_{0A} + \alpha N_{0B}}{6(1-\alpha^2)} = \dfrac{1}{2}$ 的情况，即 $\alpha^2 N_{0A} + \alpha N_{0B} = 3 - 3\alpha^2$ 的情况。根据假设条件可知，$0 < N_{0A}, N_{0B}, \alpha < 1$，因此，令 $g = \alpha^2 N_{0A} + \alpha N_{0B}$，可知 g 随着 N_{0A}，N_{0B} 和 α 的增大而增大，且 $0 < g < 2$。令 $w = 3 - 3\alpha^2$，可知 w 随着 α 的增大而减小，且 $0 < w < 3$。分析可知，必存在一组值(N_{0A}, N_{0B}, α)，使得 $\alpha^2 N_{0A} + \alpha N_{0B} = 3 - 3\alpha^2$）。即在位的房地产网络平台利用其已有用户数量优势，在强大的交叉网络外部性的作用下，可能将吸引其余全部新用户加入平台，而潜在进入的房地产网络平台则不能获得任何用户认可。

根据以上分析，得到结论 2：在位房地产网络平台所拥有的双边用户规模将成为在位平台制定高价和吸引更多新用户加入平台的优势，当交叉网络外部性越大，这种优势会越显著。在位房地产网络平台的已有用户规模成为潜在进入的房地产网络平台在定价和吸引新用户时的劣势，且交叉网络外部性越大，这种劣势越严重，并且可能存在在位的房地产网络平台占领全部用户市场,而潜在进入的房地产网络平台进入失败的情况。

(3) 当在位平台不具有用户优势($N_{0A} = N_{0B} = 0$),且$\theta_1 \neq \theta_2$时,考察平台服务质量差异对于平台竞争结果的影响。不失一般性,先假设$\theta_1 > \theta_2$的情况。由于在位房地产网络平台经过一段时间的摸索,以及网络积累数据的分析,可以清楚地了解用户的需求,并进行了相应的改进,可以更好地满足用户需求。相比于潜在进入的房地产网络平台对于新兴市场用户并不是非常了解的情况下,新用户更加偏好在位房地产网络平台提供的服务。均衡时平台对于双边用户的定价分别为: $P_{1A} = P_{1B} = 1 - \alpha + \frac{(\theta_1 - \theta_2)(U_0 + \alpha U_0)}{3 + 3\alpha}$,$P_{2A} = P_{2B} = 1 - \alpha - \frac{(\theta_1 - \theta_2)(U_0 + \alpha U_0)}{3 + 3\alpha}$。由于新用户更加偏好平台1提供的服务,则在位房地产网络平台对于双边用户的定价会高于平台完全同质时的定价$\left(P_{1A} = P_{1B} = 1 - \alpha + \frac{(\theta_1 - \theta_2)(U_0 + \alpha U_0)}{3 + 3\alpha} > 1 - \alpha\right)$。同时在位房地产网络平台的定价会高于潜在进入的房地产网络平台的定价水平($P_{1A} = P_{1B} > P_{2A} = P_{2B}$),且用户对于在位房地产网络平台的相对偏好程度越强,则在位房地产网络平台与潜在进入的房地产网络平台的定价差越大$\left[\frac{\partial(P_{1A} - P_{2A})}{\partial(\theta_1 - \theta_2)} = \frac{\partial(P_{1B} - P_{2B})}{\partial(\theta_1 - \theta_2)} = \frac{2(U_0 + \alpha U_0)}{3 + 3\alpha} > 0\right]$。均衡时,两个平台的市场份额分别为: $N_{1A} = N_{1B} = \frac{1}{2} + \frac{(\theta_1 - \theta_2)(U_0 + \alpha U_0)}{6 - 6\alpha^2}$,$N_{2A} = N_{2B} = \frac{1}{2} - \frac{(\theta_1 - \theta_2)(U_0 + \alpha U_0)}{6 - 6\alpha^2}$。显然,由于用户更偏好在位房地产网络平台,在其他条件相同时,在位房地产网络平台的市场份额要高于潜在进入的房地产网络平台($N_{1A} = N_{1B} > N_{2A} = N_{2B}$),且用户对于在位平台的偏好程度越强,则在位平台与潜在进入平台的市场份额差距越大$\left[\frac{\partial(N_{1A} - N_{2A})}{\partial(\theta_1 - \theta_2)} = \frac{\partial(N_{1B} - N_{2B})}{\partial(\theta_1 - \theta_2)} = \frac{(U_0 + \alpha U_0)}{3 - 3\alpha^2} > 0\right]$。进一步,当$\frac{(\theta_1 - \theta_2)(U_0 + \alpha U_0)}{6 - 6\alpha^2} = \frac{1}{2}$时,即$\theta_1 - \theta_2 = \frac{3 - 3\alpha^2}{U_0 + \alpha U_0}$时,在位房地产网络平台将占领全部的用户市场($N_{1A} = N_{1B} = 1$),潜在进入的房地产网络平台将无法成功进入($N_{2A} = N_{2B} = 0$)$\Big($证明过程:令$f(\alpha) = \frac{3 - 3\alpha^2}{U_0 + \alpha U_0}$,其中$0 < \alpha < 1$,$U_0$为常数,$0 < U_0 < 1$。$\frac{\partial f}{\partial \alpha} = \frac{-3\alpha^2 U_0 - 6\alpha U_0 - 3U_0}{(U_0 + \alpha U_0)^2} < 0$,即$f(\alpha)$随着$\alpha$的增大而减小,因此$f(1) < f(\alpha) < f(0)$,得到$0 < f(\alpha) < \frac{3}{U_0}$。因为$\theta_1 > \theta_2$,必定存在某个$\alpha$值使得$\theta_1 - \theta_2 = \frac{3 - 3\alpha^2}{U_0 + \alpha U_0}\Big)$。因此,在其他条件相同时,用户更加偏好在位平台时,可能会出现潜在进入平台无法进入市场的情况。当然,这取决于用户对于在位平台和潜在进入平台的偏好程度以及交叉网络外部性的强度系数大小。

下面讨论$\theta_1 < \theta_2$的情况,即潜在进入的房地产网络平台为了能够进入目标市场,对于用户需求进行了深入的调查分析,非常了解目前房地产网络平台能够为双边用户带来

的便利,同时对于目前仍然存在的用户痛点有着清晰的认识,并且能够为解决这些痛点提供一套更好的解决方案,能够提供更好的平台服务。因此,相对在位房地产网络平台而言,新用户对于潜在进入房地产网络平台更加偏好。均衡时平台对于双边用户的定价分别为:
$P_{1A}=P_{1B}=1-\alpha-\dfrac{(\theta_2-\theta_1)(U_0+\alpha U_0)}{3+3\alpha}$, $P_{2A}=P_{2B}=1-\alpha+\dfrac{(\theta_2-\theta_1)(U_0+\alpha U_0)}{3+3\alpha}$。
与上面分析的情况刚好相反,在其他条件相同的情况下,由于新用户对于潜在进入房地产网络平台更加偏好,会成为潜在进入平台制定高价的优势($P_{2A}=P_{2B}>P_{1A}=P_{1B}$),且用户对于潜在进入的房地产网络平台的相对偏好程度越强,则在位平台与潜在进入平台的定价差越大$\left[\dfrac{\partial(P_{2A}-P_{1A})}{\partial(\theta_2-\theta_1)}=\dfrac{\partial(P_{2B}-P_{1B})}{\partial(\theta_2-\theta_1)}=\dfrac{2(U_0+\alpha U_0)}{3+3\alpha}>0\right]$。均衡时,平台的市场份额分别为:$N_{1A}=N_{1B}=\dfrac{1}{2}-\dfrac{(\theta_2-\theta_1)(U_0+\alpha U_0)}{6-6\alpha^2}$, $N_{2A}=N_{2B}=\dfrac{1}{2}+\dfrac{(\theta_2-\theta_1)(U_0+\alpha U_0)}{6-6\alpha^2}$。显然,由于用户更偏好潜在进入的房地产网络平台,在其他条件相同时,潜在进入的房地产网络平台的市场份额要高于在位房地产网络平台($N_{2A}=N_{2B}>N_{1A}=N_{1B}$),且用户对于潜在进入平台的相对偏好程度越强,则潜在进入平台与在位平台的市场份额差距越大$\left[\dfrac{\partial(N_{2A}-N_{1A})}{\partial(\theta_2-\theta_1)}=\dfrac{\partial(N_{2B}-N_{1B})}{\partial(\theta_2-\theta_1)}=\dfrac{(U_0+\alpha U_0)}{3-3\alpha^2}>0\right)$。进一步,当$\dfrac{(\theta_2-\theta_1)(U_0+\alpha U_0)}{6-6\alpha^2}=\dfrac{1}{2}$时,即$\theta_2-\theta_1=\dfrac{3-3\alpha^2}{U_0+\alpha U_0}$时,潜在进入的房地产网络平台将占领全部的用户市场,在位房地产网络平台则面临着竞争失败的局面(具体证明过程同上)。

由此得到结论3:在其他条件相同时,如果在位房地产网络平台提供的服务质量更好,新用户更加偏好在位房地产网络平台提供的服务,那么潜在进入的房地产网络平台在定价和用户市场份额获取上都存在极大的劣势,并且随着交叉网络外部性的增大而更加显著。甚至会出现在位房地产网络平台占领全部用户市场,而潜在进入的房地产网络平台无法成功进入市场的情况发生。反之,在其他条件相同时,如果潜在进入房地产网络平台提供的服务质量更好,新用户如果偏好潜在进入房地产网络平台提供的服务,那么在位房地产网络平台在定价和用户市场规模获取上存在劣势,并且随着交叉网络外部性的增大而更加显著。甚至会出现潜在进入房地产网络平台占领全部用户市场,而在位房地产网络平台竞争失败甚至退出市场的情况发生。

8.2.2　平台竞争模型的结论对于房地产网络平台市场选择的影响分析

模型中将现实市场内的房地产网络平台竞争抽象为两个平台竞争的情况,实际上是对潜在进入平台与所有在位平台竞争情况的一种抽象与概括。模型参数的设定可以基本反映潜在进入的房地产网络平台面对的市场内主要竞争对手的竞争,不同参数值的大小则反映了不同在位房地产网络平台的差异。如在位房地产网络平台已经积累了一定数量的双边用户,不同的在位平台的双边用户数量不同,反映了平台竞争实力的强弱。如土巴兔自2009年成立以来,专注于家装产业链的改造,将装修公司、工长、设计师、家居建材厂商等服务提供商进行整合,改善装修用户的诸多痛点,成为目前中国最大的家装需求入口平台,平台双边用户数量领先于一起装修网、齐家网等竞争对手[468]。又如平台服务质量参数不同,譬如房天下二手房网不仅提供房屋供求信息服务、交易服务,还提供贷款等金融服务,为房屋买卖双边用户带来更大便利。与安居客二手房只提供信息和交易服务相比,房天下二手房网的服务质量更高,用户对其偏好程度更高。对于二手房买卖市场的潜在进入的房地产网络平台来说,房天下二手房网相对于安居客更具有竞争优势。

根据模型得到的结论,得到以下对于房地产网络平台市场选择的策略启示:

1. 竞争对手数量以及占有的用户数量越多,竞争越激烈

在其他条件不变的前提下,由于在位房地产网络平台已经积累一定数量的双边用户数量,加上交叉网络外部性的存在,新用户加入在位房地产网络平台将得到更多网络效用,并且交叉网络性越强,用户获得的网络效用越强,这与房地产网络平台的先发优势一致(根据结论2)。如房天下最先开始将房地产信息放到网络上,买房者可以通过网络搜集更多的房产价格、区位、交通、学校等相关信息,很好地解决了买房者与开发商之间的信息不对称问题,大大提高了买房者获取信息的效率,同时也为开发商吸引来大量精准买房流量到线下售楼处,促进房屋销售达成。由于网络效应的作用,房天下聚集的双边用户规模越来越大,经纪人数量也越来越多。因此,房天下已经得到用户一定程度的认可,新用户加入房天下得到的网络效用相比刚成立的房地产网络平台的要大,而这显然会增加新平台进入市场的难度,并且用户规模越大,交叉网络外部性越强,新平台获取新用户的难度越大[90]。新平台为了能够和在位平台进行竞争,需要迅速获取足够多的用户数量,这也增加了新平台的资金需求,提高了进入壁垒。

因此,房地产网络平台在选择目标市场时,需要了解目前某个细分市场内在位的房地产网络平台有多少家,已经占据了多少用户数量。细分市场内的竞争对手数量越多,竞争对手已经占有的用户数量越多,在网络外部性的影响下,潜在进入平台获取用户失败的风险越高,因此,越不适合作为房地产网络平台的目标市场。尤其当潜在进入房地产网络平台没有比较大的竞争优势的情况下,应避免与强大的在位房地产网络平台进行正面竞争,可采取市场补缺策略,选择具有较大市场空缺的细分市场进入,无疑会增加成功进入的可能性,降低失败风险。房地产网络平台市场属于新兴市场,发展时间较短,这也是本研究假设新市场用户数量大于在位市场用户数量的原因,这为房地产网络平台实行补缺策略提供了可能性。

2. 竞争对手提供的服务质量越高,满足用户需求的能力越强,竞争越激烈

虽然在位房地产网络平台已经积累的用户规模成为其既定的优势,在交叉网络外部性的作用下,积累的用户规模可以对潜在进入房地产网络平台产生非常大的进入壁垒,但并非是不可跨越的(根据结论3)。由于用户需求具有可引导性和动态性:用户对替代品(潜在进入的房地产网络平台提供的服务相对于在位房地产网络平台的服务而言可看作替代品)价值的感知往往随时间变化,潜在进入的房地产网络平台对新平台服务的市场营销活动以及所采取的竞争策略行为都对双边用户的认知起到潜移默化的改变作用[469]。

只要后进入的房地产网络平台企业提供的服务体验确实能够更好地满足用户需求,就必定能获取这部分用户,积累一定数量的初始用户规模。而随着时间推移,用户对潜在进入的房地产网络平台服务的认知度越来越深,替代品本身的优越性会得到更多用户认可,用户偏好程度进一步提高,通过口碑相传吸引更多的用户加入潜在进入的房地产网络平台上来。潜在进入的房地产网络平台双边用户数量一旦达到临界规模,就能凭借正反馈机制的作用成功地改变市场竞争格局,夺取竞争的胜利。这也说明,平台的赢家通吃也不一定会发生[470],潜在进入的房地产网络平台可以通过提高服务质量的策略成功实现进入[471, 472]。

房地产网络平台的细分市场作为一个新兴市场,相对于传统的土地交易、房屋买卖、装修等交易过程,一定程度上提升了双边房地产用户交易互动的效率。但是在发展过程中,仍然存在各种各样的问题未能解决,房地产网络平台需要时刻保持对于用户的关注和市场变化的敏感度,及时解决用户痛点,才能保持客户的黏性,也才能保持和增强自身的市场地位。这不仅对于在位房地产网络平台企业提出了挑战,对于潜在进入房地产网络平台来说,也同样是挑战,但同时也提供了进入的机会。因此,潜在进入的房地产网络平台如果想获得更大的成功,必须不断提高服务质量,提升用户体验,以形成用户偏好。潜在进入的房地产网络平台企业需要对细分用户的需求,也就是用户加入平台的目的要非常了解,包括信息需求、交易需求、金融需求等。而且需要了解细分市场内的竞争对手已经为用户提供了哪些服务,解决了哪些用户关心的问题,还有哪些问题是还没有能够解决的,这些市场空白成为新平台可以发挥的空间。如房源信息重复甚至虚假、信息检索效率差、内容同质化严重、缺乏个性化服务等问题,是造成用户体验差的主要原因,也是目前房地产网络平台仍待解决的问题[473, 474]。因此,细分市场内的竞争对手的服务质量越强,满足用户需求的能力越强,则留给潜在进入房地产网络平台可以发挥的空间越少,越不利于作为目标市场。

综上,通过模拟潜在进入房地产网络平台和在位房地产网络平台的竞争,得到衡量房地产网络平台市场竞争强度的三个指标,即细分市场内的竞争对手数量、竞争对手的用户数量以及竞争对手的服务质量,且三个指标对于市场选择的影响均为负向,如表8-1所示。

表8-1 房地产网络平台竞争模型得到的影响目标市场选择的指标

序号	指标名称	对于市场选择的影响
1	竞争对手数量	细分市场内提供相同或相似服务的竞争对手的数量越多,则竞争越激烈,越不利于作为房地产网络平台的目标市场
2	竞争对手的用户数量	细分市场内的竞争对手已经占有的双边用户数量越多,网络外部性影响下使得竞争对手优势越显著,越不利于作为房地产网络平台的目标市场
3	竞争对手的服务质量	细分市场内竞争对手的服务质量越强,则满足用户需求的能力越强,用户对其偏好程度越强,则留给潜在进入平台的发挥空间越少,越不利于作为房地产网络平台的目标市场

第九章 案例分析

9.1 案例对象选择

9.1.1 以南京市住宅新房和二手房买卖市场为例

本书将目前房地产网络平台市场细分为土地交易服务市场、招投标服务市场、新房交易市场、二手房买卖市场、房屋租赁市场、装修服务市场和物业社区服务市场,涉及的细分市场较多,且每个细分市场包括的范围较大。由于房地产网络平台属于房地产和互联网结合的新兴行业,上市公司较少,且未有行业相关机构发布行业层面的统计数据,导致市场数据难以获得。同时尽管房天下、乐居、安居客等房地产网络平台成立时间较早,开通城市分站较多,但由于房地产具有很强的地域性,目前仍不存在一家平台独大的情况。因此,分析全国市场具有很大难度。为了研究的可行性,本书拟在保证代表性和实际意义的前提下,以南京市的住宅新房买卖市场和住宅二手房买卖市场为例,说明房地产网络平台市场选择的决策过程。

首先,商品房根据不同用途,可以分为住宅商品房(包括普通住宅、公寓、别墅)、办公楼商品房(写字楼)、商业营业用房(包括商场、购物中心、酒店等)和其他商品房(包括工业厂房、寺庙等)四大类[475]。根据国家统计局数据,2011—2015 年我国各用途类别商品房的销售面积和销售额情况如表 9-1 和表 9-2 所示。

表 9-1　2011—2015 年我国各用途类别商品房的销售面积(万 m²)

房地产不同用途类别	2015 年	2014 年	2013 年	2012 年	2011 年
住宅商品房	112 412.3	105 187.8	115 722.7	98 467.51	96 528.41
办公楼商品房	2 912.59	2 505.45	2 883.35	2 253.65	2 004.97
商业营业用房	9 254.79	9 076.93	8 469.22	7 759.28	7 868.65
其他商品房	3 915.29	3 878.37	3 475.33	2 823.21	2 964.71
所有商品房合计	128 495	120 648.5	130 550.6	111 303.7	109 366.8
住宅占所有商品房的比例	87%	87%	89%	88%	88%

数据来源:国家统计局。

表 9-2　2011—2015 年我国各用途类别商品房的销售额(亿元)

房地产不同用途类别	2015 年	2014 年	2013 年	2012 年	2011 年
住宅商品房	72 769.82	62 410.95	67 694.94	53 467.18	48 198.32
办公楼商品房	3 761.42	2 962.93	3 747.35	2 773.43	2 471.58
商业营业用房	8 852.78	8 910.62	8 280.48	6 999.57	6 679.08
其他商品房	1 896.81	2 007.91	1 705.52	1 215.6	1 239.88
所有商品房合计	87 280.84	76 292.41	81 428.28	64 455.79	58 588.86
住宅占所有商品房的比例	83%	82%	83%	83%	82%

数据来源:国家统计局。

根据表中数据,住宅商品房的销售面积占所有商品房销售面积的 88% 左右,住宅的销售额占所有商品房销售额的 82% 左右,可见无论是成交量还是成交金额方面,住宅都是商品房的主导产品,市场规模足够大。据链家研究院 2017 年 1 月 13 日发布的《存量时代,流通为王》市场展望报告测算数据,2016 年,全国新房住宅交易额大约 11 万亿,围绕新房交易的媒体广告、代理服务、金融服务等产生的收入大约 3 300 亿;2016 年,全国二手房交易额约为 6.5 万亿元,围绕二手房的交易佣金、评估、过户等可产生 818 亿收入[476]。可见,住宅新房和二手买卖的市场整体需求空间非常大。

其次,房地产网络平台最开始兴起是由于传统线下的交易渠道效率较低,网络平台提供了一种更加有效的营销推广渠道,大大促进了新房销售,因此逐渐受到房地产开发商的认可,并逐渐发展起来的,后来逐步扩展到二手房买卖市场。相对于其他几个细分市场,新房买卖市场和二手房买卖市场的房地产网络平台兴起时间较早,发展较为成熟。

最后,由于房地产网络平台具有开放性,可以面向全国的潜在用户群体,同时前期基础设施和软件系统开发的巨大成本,只有用户数量足够多才能带来更大范围的规模经济与网络效应,因此,房地产网络平台企业不会满足于某个城市的房地产市场。同时,由于房地产具有的位置固定性,使得房地产交易的地域性很强,房地产网络平台企业会按照不同城市设置分站,如房天下北京站、上海站、南京站等,不同的城市房地产市场发展程度直接影响到城市对于房地产网络平台企业的吸引力。南京市作为重点二线城市,其房地产市场发展程度较高,新房和二手买卖市场较为活跃,可以说是房地产网络平台企业的"兵家必争之地"。因此,以南京市的新房买卖市场和二手房买卖市场为例,分析房地产网络平台市场选择问题,具有代表性且非常具有实际指导意义。

9.1.2 以三六五网为房地产网络平台案例企业

三六五网(江苏三六五网络股份有限公司)成立于 2006 年 1 月,依托于"立足于居、成就于家"的战略定位,着力打造全国领先的幸福居家首选平台,旗下拥有 365 淘房、合肥热线、网尚研究机构三大主力品牌产品,致力于为客户打造新房、二手房、家居、生活、研究、金融等综合服务平台。三六五网于 2012 年 3 月在深交所上市,股票代码为 300295。随着房地产市场的发展变化,三六五公司不断进行业务创新与尝试,形成了"3+N"的业务框架,即365淘房、365金服、爱租哪三个业务主体与N个孵化项目,如图9-1所示。

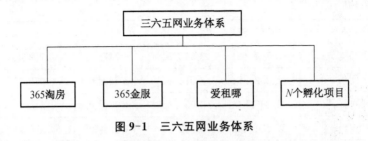

图9-1 三六五网业务体系

365淘房一直是三六五公司的核心业务,也是主要收入来源。365淘房基于公司自主研发的PC端和移动端平台,致力于为用户提供新房、二手房、租房与家居的信息查询、政策咨询、地图找房、业主论坛社区、看房团、买卖、租赁等全方位网络综合服务,其主要收入为网络广告、房产网络营销服务收入以及二手房端口服务费等。2016年,三六五公司重点增强自成交能力,加大研发投入,增强移动APP、众客拓客系统、房产大数据推荐系统、CRM数据精拓系统、快房通等系统应用功能的升级,完善数据挖掘、分析变现功能。还积极尝试房产分销与包销业务,不断增强自身线上线下的综合服务能力。

365金服是三六五公司从2014年底开始重点发展的业务,包括P2P互联网金融平台"安家贷"和线下互联网小额贷款公司。三六五网的互联网金融服务致力于利用互联网构建房地产家居消费者等资金需求者与资金提供者之间的信息、资金的沟通桥梁,为有偿还能力的消费者提供短期资金周转解决办法。目前,365金服的主要收入为利息收入和服务费。

爱租哪是三六五网在365淘房提供房屋租赁信息的基础上在房屋租赁市场的深挖布局。爱租哪以存量房租赁金融服务为切入口,为房屋租赁资产管理领域提供"系统+服务+平台"整合服务体系。其中,"系统"指公寓管理系统,帮助公寓公司提高管理效率。"服务"主要指金融服务,主要针对C端的租客和就业大学生提供月付金融服务,实现租客房租月付,解决占用资金的烦恼;针对B端公寓出租方和管理方提供的房源获取融资服务,优化公寓企业的资金运转效率。"平台"则是提供租赁房源线上展示,加速真实房源去化,同时也为租客提供更好的找房体验。目前爱租哪已在南京试点成功,下一步将进军上海市场,同时服务体系未来会在房屋租赁市场进一步延伸,如智能家居、智能设备等增值服务。

三六五网除了主营的房地产家居业务领域之外,还在积极拓展业务领域,走多元化发展路线。目前正在孵化并购的项目,如在装修领域提供"365抢工长",为装修需求者提供免费设计、免费验房、免费申请监理等服务,在泛娱乐产业的"硬腿子工作室",体育营销服务"一门一派"与新兴产业的智能家居等项目。

资料显示,2016年公司营收的73%来源于长三角地区(2015为77%,2014年为95%),公司已经成长为长三角区域房地产家居网络营销服务最具影响力的平台之一。截至目前,公司已经在长三角、珠三角、京津冀等房地产相关市场最活跃的地区有所布局,业务覆盖全国七十多个城市,并且正在高速发展中。

由于不同的房地产网络平台经营的主营业务和开通的城市站点不同,导致平台对于各个城市各个细分业务的实际运营情况了解的程度不同。三六五网深耕南京市住宅新房和二手房市场近10年,并提供房源信息展示、网络营销推广、房产政策法规、房产资讯、业主论坛社区、地图找房、360度全景看房、看房团、金融贷款等较为全面的服务,具有多元化的盈利来源,属于典型的房地产网络平台企业。以其为案例平台企业,能够很好地反映南京市新房和二手房买卖市场情况与发展趋势。

9.2 确定指标权重

层次分析法(the analytic hierarchy process,简称 AHP)是由美国运筹学家 Saaty T. L. 最早提出的,层次分析法将决策问题的影响因素进行层层分解,形成一个多层的分析结构,然后运用数学方法将定性与定量的因素相结合,通过对每一层次因素的重要性进行判断,最终计算得到每一层次因素对于决策问题的权重,以辅助决策过程[477]。层次分析法用于决策过程的步骤包括建立层次关系结构,建立判断矩阵,计算权重并进行一致性检验,综合指标评价值与权重得到每个方案的综合评价值[478]。由于 AHP 可以将决策过程中的定性和定量因素有机地结合起来,同时非常简洁、有效,适用于分析多种经济评价和决策问题[479]。

房地产网络平台市场选择决策是将决策问题分为市场价值和市场竞争两个维度进行分析,进而得到衡量市场价值和市场竞争的指标,根据指标辅助决策,因此可采用层次分析法进行决策分析。首先,根据房地产网络平台市场价值分析得到需求方用户数量和用户价值两个指标,由于新房和二手房市场的需求方用户均指购房者,因此为了使指标含义更加明确,案例部分采用购房者数量。根据市场竞争分析得到竞争对手数量、竞争对手的双边用户数量和竞争对手的服务质量三个指标,建立如图9-2所示的市场选择决策结构。

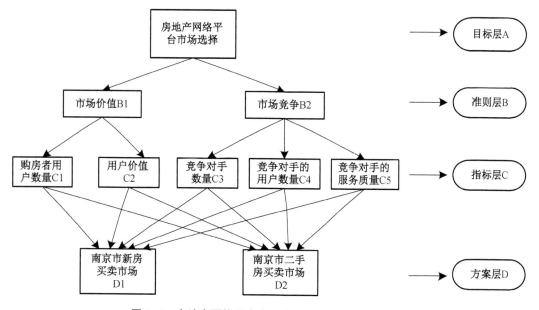

图 9-2 房地产网络平台企业市场选择决策层次结构图

根据层次结构设计问卷，邀请房地产网络平台企业从业人员采用 1~9 标度法对指标之间的相对重要性进行打分。本次问卷调查的对象是有房地产网络平台企业相关工作经验的人员，本次共发放问卷 46 份，收回有效问卷 31 份，其中管理人员 4 份，市场部人员 12 份，技术人员 6 份，运营部人员 6 份，财务人员 3 份，人员分布较为合理，能够较为全面地反映不同指标的相对重要性。

根据回收的专家评分表，以市场竞争 B2 为例，说明权重计算的过程。建立判断矩阵 $\boldsymbol{A} = \begin{bmatrix} 1 & 1/3 & 1/4 \\ 3 & 1 & 1/2 \\ 4 & 2 & 1 \end{bmatrix}$，首先计算各行元素的乘积得到：$K_1 = 0.08333$，$K_2 = 1.5$，$K_3 = 8$。然后计算 K_i 的 3 次方根得到 K_i^*，将列矩阵 $\boldsymbol{K}^* = \{K_1^*, K_2^*, K_3^*\} = \{0.43679, 1.14471, 2\}$ 进行归一化处理，得到特征向量 $\boldsymbol{W} = \{W_1, W_2, W_3\} = \{0.12196, 0.31962, 0.55842\}$。然后根据 $\boldsymbol{AW} = \begin{bmatrix} 1 & 1/3 & 1/4 \\ 3 & 1 & 1/2 \\ 4 & 2 & 1 \end{bmatrix} \begin{bmatrix} W_1 \\ W_2 \\ W_3 \end{bmatrix} = \begin{bmatrix} (AW)_1 \\ (AW)_2 \\ (AW)_3 \end{bmatrix} = \lambda_{\max} \boldsymbol{W}$，最大特征值 $\lambda_{\max} = \sum_{i=1}^{n} \frac{(AW)_i}{nW_i} = \frac{1}{n} \sum_{i=1}^{n} \frac{(AW)_i}{W_i} = 3.01829$。然后进行一致性检验，$CI$ 为判断矩阵的一般一致性的指标，$CI = \frac{\lambda_{\max} - n}{n - 1} = 0.00915$。随机一致性比率 $CR = \frac{CI}{RI} = \frac{0.00915}{0.52} = 0.01759 < 0.1$，说明满足一致性检验[426, 480]。根据以上计算过程，将有效的 31 份问卷的数据进行计算，得到权重系数如表 9-3 所示。

表 9-3 房地产网络平台市场选择的指标权重

目标(A)	准则(B)	权重(b_i)	指标(C)	权重(c_i)	综合权重 ($d_i = b_i \times c_i$)
市场选择	市场价值	0.58	购房者数量	0.48	0.28
			用户价值	0.52	0.30
	市场竞争	0.42	竞争对手数量	0.15	0.06
			竞争对手的用户数量	0.36	0.15
			竞争对手的服务质量	0.49	0.21

以上权重系数的分布说明，房地产网络平台企业选择目标市场时，细分市场的价值相比市场竞争所占的权重更大。细分市场的用户价值与购房者数量决定了细分市场的规模和盈利空间，决定了企业发展的上限。其次，市场竞争最为关注竞争对手的服务质量，其次是竞争对手的用户数量，而对竞争对手的数量则关注较少。这也说明，不管市场内已有房地产网络平台企业数量有多少家以及已经占有多少用户数量，对于企业而言，并不能产生较大的进入障碍。如果竞争对手的服务质量较高，则会使竞争愈加白热化，因此该细分

市场对于企业的吸引力降低。

9.3 案例背景与市场选择结果分析

9.3.1 案例背景分析

1. 南京市住宅新房和二手房成交量

根据南京网上房地产数据,2011—2016 年新房和二手房成交量数据如图 9-3 所示。南京市近 6 年住宅新房从 2011 年的 3.8 万套到 2016 年的 12.6 万套,增长较快;相比之下,二手房在 2016 年创下历史新高,达到 15 万套,超过新房成交量,且相当于 2014 年和 2015 年成交量之和。同时也可以看出,新房和二手房的成交量存在一定的波动性。

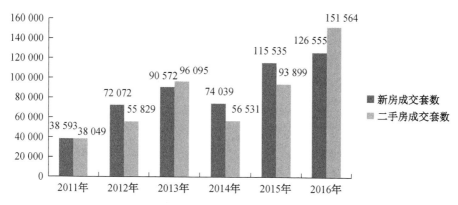

图 9-3 2011—2016 年南京市住宅新房和二手房成交套数

数据来源:南京网上房地产

2. 南京市新房市场主要的房地产网络平台

根据对新房市场主要的房地产网络平台(表 9-4)分析可知,大型的房地产网络平台如房天下、乐居、安居客等,提供的楼盘资讯、政策法规、购房须知、业主论坛等购房相关信息更多,更利于吸引更多潜在购房用户,形成用户黏性,同时这些平台的广告投放量也相对较多;只有少数平台如乐居、腾讯房产网、365 淘房等,在视频、360 度全景、VR 看房等技术上进行创新投入;大型平台的新房服务不仅包括最基础的楼盘信息展示、广告宣传推广、房产政策、购房知识等信息,还提供看房团、购房优惠、认筹等活动,这也是平台切入新房交易环节的重要体现;一些平台如房天下、好屋中国与网易房产,提供新房成交量与成交价格统计数据,可供购房者参考;多数平台开始提供金融贷款服务,包括首付贷、抵押贷、按揭贷等,可以进一步促成交易的顺利进行,增加平台对购房者的吸引力,同时也增加了平台的收入来源。同时也发现,提供新房的签约、权证办理等线下交易服务的平台较少,大多数交易等服务由开发商的销售团队或者代理商线下跟进完成。

表 9-4 南京市新房市场主要的房地产网络平台

序号	平台名称	成立时间	提供和新房相关的服务
1	房天下	1999	楼盘信息展示、网络营销推广、地图找房、手机 APP 应用、购房知识、业主社区、看房团、售卖代金券、交易数据统计、市场研究报告、购房贷款服务、线下交易服务
2	乐居	1999	楼盘信息展示、网络营销推广、地图找房、手机 APP 应用、看房团、会员优惠、视频看房、VR 看房、乐居贷款
3	房多多	2011	楼盘信息展示、网络营销推广、地图找房、房屋买卖相关知识、业主社区、线下交易服务
4	365 淘房	2006	楼盘信息展示、网络营销推广、地图找房、手机 APP 应用、360 度全景看房、购房知识、业主社区、看房团、团立方、金融贷款服务
5	安居客	2007	楼盘信息展示、网络营销推广、地图找房、手机 APP 应用、购房知识、看房团、优惠团、金融贷款服务
6	Q 房网	2014	楼盘信息展示、网络营销推广(Q 客云投)、地图找房、手机 APP 应用、楼盘导购
7	链家网	2000	楼盘信息展示、网络营销推广、地图找房、组团看房、线下交易服务
8	好屋中国	2012	楼盘信息展示、网络营销推广、地图找房、购房攻略、新房成交量和成交均价走势图、看房团、金融贷款服务
9	21 世纪不动产	—	楼盘信息展示、网络营销推广、地图找房、购房攻略、金融贷款服务
10	好居网	2013	楼盘信息展示、网络营销推广、购房攻略、购房优惠"好居补贴"、看房团、金融贷款服务
11	房掌柜	2008	楼盘信息展示、网络营销推广、地图找房、360 度体感看房、楼盘导购、房产资讯、购房知识、手机 APP 应用
12	吉屋网	2011	楼盘信息展示、网络营销推广、购房"知识库"、问答、置业管家
13	搜狐焦点房产	1999	楼盘信息展示、网络营销推广、地图找房、购房知识、看房团、购房优惠
14	腾讯房产	—	楼盘信息展示、网络营销推广、地图找房、手机 APP 应用、360 度全景看房、购房知识、业主论坛、看房团、金融贷款服务
15	网易房产	2001	楼盘信息展示、网络营销推广、看房团、购房知识、业主论坛、楼盘测评、楼盘专题、交易数据统计
16	凤凰房产	—	楼盘信息展示、网络营销推广、手机 APP 应用、楼盘导购、购房知识、看房团、会员优惠服务、楼盘价格走势
17	淘宝房产	—	楼盘信息展示、网络营销推广、看房团
18	赶集房产	—	楼盘信息展示、网络营销推广、金融贷款服务

(续表)

序号	平台名称	成立时间	提供和新房相关的服务
19	百姓网房产	—	楼盘信息展示、网络营销推广、金融贷款服务
20	易登网房产	—	楼盘信息展示、网络营销推广

资料来源:根据公开资料整理。

3. 南京市二手房市场主要的房地产网络平台

根据对二手房市场主要的房地产网络平台(表9-5)分析可知,二手房平台房源主要是中介发布,相比于开发商,中介的广告投放量非常少,同时一些平台如房天下、365淘房、Q房网、链家网、安居客等,会提供业主免费发布房源的通道,增加了平台的真实房源展示量,同时也为中介找到更多待售房源提供便利;一些二手房信息平台如365淘房、乐居、焦点房产等,只提供房源供求信息展示与搜索,服务于中介、购房者与房东,但是一些以中介为运营主体的平台如链家网、我爱我家、爱屋吉屋等,还会提供权证办理、过户等线下交易服务;房天下、房多多、链家网、我爱我家、爱屋吉屋、吉屋网等平台会提供二手房成交量和成交均价走势分析,使得市场成交价信息更加透明,更有利于购房者进行置业决策,相对新房平台,二手房平台在成交数据方面公布较多,究其原因是二手房平台切入交易环节较多;同时多数平台涉及金融贷款服务,包括赎楼贷、抵押贷、按揭贷等,可以进一步促进交易的顺利达成,增加用户黏性,同时增加了平台的盈利来源。

表9-5 南京市二手房市场主要的房地产网络平台

序号	平台名称	成立时间	二手房提供哪些交易服务
1	房天下	1999	房源信息展示、地图找房、APP找房、免费发布房源、中介服务评价、小区实勘测评分析、交易数据统计、线下交易服务、金融贷款服务
2	乐居	1999	房源信息展示、地图找房、APP找房、直播看房、购房知识
3	安居客	2007	房源信息发布、地图找房、购房知识、房屋内部视频、业主免费发布房源信息、线下交易服务、金融贷款服务
4	房多多	2011	房屋供求信息发布、地图找房、APP找房、二手房成交量和房价走势统计数据、二手房估价、佣金监管、线下交易服务
5	365淘房	2006	房源信息展示、地图找房、全景看房、购房知识、业主免费发布房源、二手房估价、金融贷款服务
6	Q房网	2014	房源信息展示、业主免费发布房源、地图找房、成交均价走势、线下交易服务
7	链家网	2000	房源信息展示、地图找房、APP找房、购房知识、房屋估价、房源信息对比分析功能、"安心保单"降低购房风险、业主免费发布房源、成交量与成交价格汇总、线下交易服务、金融贷款服务

(续表)

序号	平台名称	成立时间	二手房提供哪些交易服务
8	我爱我家	2000	房源信息展示、地图找房、房产资讯、成交价走势、线下交易服务
9	爱屋吉屋	2014	房源信息展示、地图找房、历史成交价格走势、线下交易服务、金融贷款服务
10	21世纪不动产	2000	房源信息展示、地图找房、线下交易服务、金融贷款服务
11	南京房产网	2008	房源信息展示、地图找房、购房知识、历史成交价格走势、业主免费发布房源信息、帮助经纪公司进行房源推广和其他网站注册
12	吉屋网	2011	房源信息展示、地图找房、购房"知识库"、问答、二手房价走势
13	赶集网房产	—	房源信息展示、业主免费发布房源信息、金融贷款服务
14	淘宝房产	—	房源信息展示、购房知识
15	百姓网	—	房源信息展示、金融贷款服务
16	易登网	—	房源信息展示、业主免费发布房源信息
17	第一时间房源网	—	房源供求信息发布、房产资讯、免费发布房源
18	搜狐焦点	2000	房源信息展示、地图找房、购房指南
19	房网通	2012	房屋供求信息展示

资料来源：根据公开资料整理。

9.3.2 市场选择结果分析

根据对南京市新房和二手房市场以及竞争平台的分析，可以了解购房者数量（以成交量来表征）、竞争对手的数量、竞争对手的服务质量三个指标的大致情况，但是不能得到较为准确的数据。尤其新房和二手房年成交量会存在一定的波动，不能只根据历史情况进行判断，还应考虑住宅用地供应、开发商供应情况、政府限购、限贷政策等因素影响。此外，用户价值需要根据三六五公司的新房业务和二手房业务的实际经营收入与平台上成交额进行测算。但是通过访谈人员介绍，这些数据属于公司内部商业秘密，不方便对外公布，因此，本研究并没有搜集到三六五实际运营数据。还有竞争平台的双边用户数量更是每个公司的内部运营数据，难以获得。

通过访谈发现，这些从业人员对于新房和二手房业务的实际运营有很深的了解，因此根据资深从业人员的打分来对新房和二手房市场的现状与发展前景进行评价，能够很好地反映实际情况与发展趋势。因此，本研究组织了10位三六五公司的新房事业部和二手房事业部的中高层管理人员，包括运营部经理、市场部经理、技术部经理、财务部经理等，对南京市新房市场和二手房市场的情况进行打分，并将得到的10份问卷的相应指标得分

进行平均得到最终单项评分。综合专家打分和权重结果,新房和二手房的综合得分如表 9-6 所示:

表 9-6 南京市新房和二手房市场的综合得分

编号	指标名称	权重 (d_i)	新房买卖市场 D_1		二手房买卖市场 D_2	
			单项得分 (A_{1i})	加权得分 ($D_{1i}=A_{1i}\times d_i$)	单项得分 (A_{2i})	加权得分 ($D_{2i}=A_{2i}\times d_i$)
C1	购房者数量	0.28	4.8	1.344	5	1.4
C2	用户价值	0.30	5	1.5	4.5	1.35
C3	竞争对手数量	0.06	2.2	0.132	1.9	0.114
C4	竞争对手的用户数量	0.15	2.6	0.39	2.5	0.375
C5	竞争对手的服务质量	0.21	3.1	0.651	2.8	0.588
综合得分				4.017		3.827

市场选择结果分析:

(1) 南京市新房和二手房市场的综合得分均超过 3 分合格分(5 分的 60%计算),说明这两个细分市场的发展前景均受到业内专家的认可,对于房地产网络平台来说都是不错的目标市场选择。新房和二手房也是三六五网从 2006 年成立以来,一直加大投资力度不断发展的细分市场业务,同时也是三六五公司的主要收入来源。三六五网在南京市发展起来后,又不断向其他城市如苏州、常州、合肥、武汉、天津、石家庄等城市的新房和二手房市场扩展,说明其非常看好住宅新房和二手房市场巨大的发展潜力。

(2) 相比之下,目前新房市场比二手房市场更具有吸引力(4.017>3.827),但差异较小。通过访谈得到,三六五公司的新房业务主要收入为在线广告、电商收入、市场咨询收入、金融服务费、沉淀资金等价值,二手房收入主要是端口费、金融服务费,以及少量的广告费,新房市场的用户价值要高于二手房市场(5>4.5)。南京市 2016 年二手房市场成交量超过新房成交量,与问卷评分基本一致(新房的购房者数量指标是 4.8 分,二手房则是 5 分)。据链家研究院报告数据,2016 年我国约有 10 个城市住宅二手房交易额超过新房,其中北京、上海和深圳最为明显,二手房交易额分别是新房交易额的 1.5 倍、2.4 倍、2.5 倍,二手房已经占主导地位,随着城市化水平的提高,未来更多的城市将进入存量房时代[476]。借鉴一线城市的发展历程,随着存量房时代的来临,三六五网也应进一步规划业务重点,做好战略布局。同时,三六五公司二手房总经理也非常看好存量房市场的发展,三六五公司针对房屋租赁领域的"爱租哪"就是对房屋存量市场的服务延伸与布局。

(3) 目前涉足新房和二手房市场的房地产网络平台企业数量以及这些平台的已有用户数量也较多,说明开发商、经纪公司、房东、购房者等平台用户对于房地产网络平台的信任与认可,当然这对于潜在进入的房地产网络平台会造成一定的竞争压力。同时也发现,市场内新房平台和二手房平台可以满足用户基本的信息展示与搜索、营销推广、组团看房、金融贷款等需求,但是整体的服务质量仍不容乐观,未能很好满足用户需求。相比之下,新房竞争平台的服务质量相比二手房竞争平台更差一点(3.1>2.8)。根据对新房和二手房平台的分析可知,目前平台提供的服务同质化严重,这也进一步增加了平台之间的竞争。

在一次新房交易过程中,最核心的两个环节是营销推广和销售执行(签约),营销推广锁定精准的购房人群,完成蓄客;而签约则是将这批潜在购房人群变为实际的业主,完成销售转化,因此,推广和签约,两者缺一不可。目前很多购房者已经习惯通过房地产网络平台搜集相关楼盘信息、线上预约看房、寻找购房优惠等,尽管有些平台提供专车看房服务,但是实际的购房咨询、认购、交易、手续办理等,仍需要代理公司或者房地产开发商的销售人员跟进完成。因此,目前房地产网络平台在营销推广方面起到很重要的作用,而在交易环节的服务能力有待进一步提升。三六五公司已开始尝试房产包销和代销业务,培养专业营销人员,增强自成交能力。相比于新房,二手房在房屋价格、房屋质量、产权、小区环境、设施等方面的信息更加不对称[481],一些平台上存在虚假房源信息,导致购房者体验较差。通过访谈得知,三六五公司也开始采取措施治理虚假信息,如接受消费者举报、客服人员主动核查、惩罚发布虚假信息者等,但二手房属于非标准化商品,涉及的房屋描述参数较多,且平台上发布的数量较多,治理起来确实存在很大难度。

这些对于潜在进入的房地产网络平台来说则是一个进入市场的机会,可以通过充分调研用户需求和痛点,有针对性地提供解决方案,建立起竞争优势。随着房地产进入"白银"时代,房地产开发商对于房地产网络平台的营销宣传推广的需求会更加迫切,这对房地产网络平台既是挑战也是机遇,房地产网络平台必须练就更强的"内功",才能在新一轮市场竞争中立于不败之地。

下 篇

房地产网络平台价格结构

本篇引言:为了突破临界容量,大量的补贴是网络平台留给社会的红利!网络平台一家独大后,平台的收入来源基本不会超出以下几个种类:①注册费;②成交或信息佣金;③大规模采购带来的规模效益;④互联网金融(沉淀资金);⑤互联网广告。为了突破临界容量,房地产网络平台往往要对平台的"两边"实行差别定价策略,以在特定时期吸引更多的用户,以谋求快速突破临界容量。无疑,房地产网络平台的价格结构是突破临界容量的利器。

第十章
房地产网络平台的特征和分类

10.1 房地产网络平台的特征

10.1.1 房地产网络平台的定义

平台作为一种新的企业组织形态,通过吸引用户、协调并满足不同用户的各自需求,促成用户之间的交易达成。现实生活中的平台,如互联网站、媒体、银行卡等经济组织都具有双边市场特征,基本涵盖了经济中最重要的产业,并成为引领新经济时代的重要经济体[371]。平台经济是以双边市场为载体,在单边市场中,产品直接在买卖双方之间交易,而在双边市场中,"平台"是核心,通过实现两种或多种类型顾客之间的交易获取利润,平台为两种或多种用户间的交易提供配套的辅助服务,起到媒介的作用,而不参与商品的交易过程[14]。

网络经济是信息技术革命和因特网的产物,网络产业是指以网络技术为物质基础,以网络为依托,以提供信息服务、电子商务等中介服务为主要内容,由网络催生的相关产业组成的新兴产业群体[482,483]。所谓网络平台,是指由专业的平台开发商或运营商以互联网为基础,以网络技术为依托构建的一个平台架构,为网络用户提供集信息、认证、支付、物流、客服于一体的一站式服务,吸引买卖双方参与到平台上来进行交易或互动的一种平台化运营模式。网络平台企业本身不参与交易业务,只为买家和卖家同时提供发布和搜索供求信息、撮合交易和信用管理等服务。

对于房地产的定义,目前比较流行的观点认为,房地产是地产和房产的合称,是指承载土地和以房屋为主的建筑物或构筑物及其衍生的各种权利的总和[484]。借鉴网络平台的定义,本研究将房地产网络平台定义为,由房地产网络平台企业以互联网为基础,以网络技术为依托构建的一个平台架构,为房地产双边网络用户提供发布和搜索供求信息、资格认证、撮合交易、资金支付和信用管理等服务,吸引买卖双方参与到平台上来互动并获取收益的一种平台化运营模式。平台运营商称之为平台企业,一般平台与平台企业不加以严格区分[485]。因此本研究的房地产网络平台与房地产网络平台企业亦不加以区分。

10.1.2 房地产网络平台的构成要素

从定义可见,房地产网络平台由三个要素构成:

1. 市场中存在专业的平台开发商或运营商

房地产网络平台本身即是专业的平台开发商,它以双边市场为载体,平台作为第三方存在,联结了买方与卖方,为保证各类用户群体之间交易的顺利进行而提供房地产业的相关服务,包括信息查询、看房、装修、按揭金融等,其本身不参与交易。通过平台,各类用户群体可以方便快速地查询信息并提高交易概率和效率。相对于传统的房地产中介,房地产网络平台具有更强的独立性、公平性和公开性。房地产网络平台作为专业平台开发商的主要功能为:

(1) 信息服务。房地产网络平台打破了房屋作为不动产的地区限制,让全国各地甚至境外的购房者可以 24 h 了解到房屋的各类信息,房地产开发商、房地产中介和家装公司等可以借助房地产网络平台,详细地介绍房屋的区位、周边设施、装修风格、交通情况、价格、购买方式、付款等信息。同时,房地产网络平台开通了房地产论坛和社区,各类用户可以通过留言与开发商进行互动沟通,也可以与其他的用户进行交流分享。

(2) 价格评估。房地产的价格形成比较复杂,每宗房产的价格都各不相同。其次,房地产本身又具有投资属性,需要专业的评估专家进行评估。房地产网络平台往往会提供房地产价格评估工具或专家评估的服务,为用户决策提供依据和帮助。

(3) 交易中介服务。房地产交易方式包括房地产的买卖、租赁、抵押等。它不仅涉及房地产本身的业务,而且涉及房地产的关联业务,如信贷融资、估价、产权转移、公证办理、税费征收等业务,流程复杂,而且专业性非常强。交易类房地产网络平台会提供交易中介服务,帮助用户完成房地产的各类交易。

2. 房地产网络平台依托互联网和网络技术搭建一个平台架构

在美国,应用最广泛的房地产信息管理系统是 MLS,即多重上市服务系统。房地产经纪人依托 MLS 网络系统大大提高了工作效率,系统会员按规定将自己的独家销售的委托在网络中心输入,所有的成员可共享房源交易信息[486]。国内应用比较多的是 B/S 结构房产销售管理信息系统,网络平台上存在三种角色:管理员、普通用户和付费用户。在该平台架构上,管理员可以通过该系统维护系统内部日常信息,审核用户发布的房源信息,对相关会员和普通用户进行管理;普通用户可以浏览、搜索相关房源信息;付费用户可以在系统内管理自己发布的房源信息,同时获取网站其他付费用户发布的真实房源信息[487]。房地产网络平台的系统架构如图 10-1 所示。

房地产网络平台运营商通过搭建网络平台,实现管理的 IT 系统化和信息透明化,缩短双边用户最终达成交易或查询信息的时间,同时也能方便中介人员对房源、客源相关信息的获取,从而降低用户的交易成本,提高交易效率。一般房地产网络平台的网络系统模块包括房源模块、客源管理模块、合同模块、账户管理模块、跟进记录模块、实用工具模块等[488]。另外本书研究的房地产网络平台属于网络产业,其服务的是网络用户。房地产网络平台将政府、房地产开发商、建材供应商、购房者、金融机构等带入了一个网络经济、数字化生存的新空间,用户间的交易也不再受时间和空间的限制。

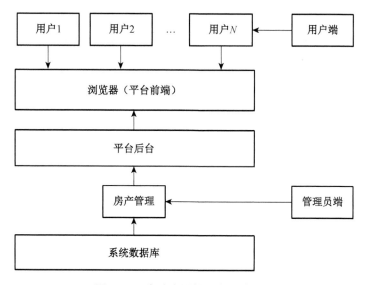

图 10-1　房地产网络平台系统架构

3. 房地产网络平台是基于互联网形成的平台化组织

房地产网络平台的运营模式是房地产网络平台通过网站、APP、微信公众号、搜索引擎等将流量导入并对房地产开发商、房地产中介、装修公司等资源进行整合,将各类用户聚集到平台上并在交易过程中为他们提供各类服务进而撮合交易的一种运营模式。以房屋交易类为例,房地产网络平台的平台化运营模式如图 10-2 所示。

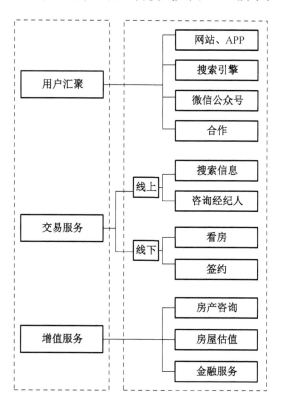

图 10-2　房地产网络平台(房屋交易类)的平台化运营模式

房地产网络平台和其他房地产网络产业相比,最大的区别在于,房地产网络平台具备典型的双边市场特征,其分析的视角不再是传统的产业组织理论。本书将在下一节内容详细阐述房地产网络平台的双边市场特征。

总结来看,房地产网络平台的特征如图10-3所示。

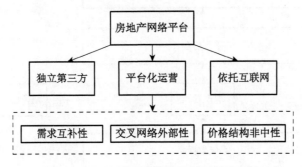

图10-3 房地产网络平台特征示意图

10.2 房地产网络平台的双边市场特征

10.2.1 房地产网络平台的相关概念界定

在辨析房地产网络平台的双边市场特征前需要首先确定其面对的用户群体、相关的成本、对两边或多边用户的定价,因为这牵涉到房地产网络平台是面对着怎样的用户市场以及成本与价格的关系,进而判断该房地产网络企业是否是具备双边市场特征的网络平台。

1. 房地产网络平台的用户群体

根据房地产的定义以及房地产商品的生产、流通和消费环节,房地产市场可以分为三级市场。房地产一级市场指土地使用权出让市场,房地产二级市场指土地使用者经过开发建设,将新建成的房地产进行出售或出租的市场,房地产三级市场指房地产购买者再次将房地产转卖或转租形成的市场,即存量房的流通交易市场。随着房地产业向纵深发展,社区服务、装饰装修等交易后服务市场不断发展壮大,并向房地产渗透,进而形成了越来越强大的房地产业体系[379, 384-387]。各级市场的用户群体包括政府、房地产开发商、房地产中介、设计公司、咨询公司、材料设备供应商、购房者和租房者等。这些与房地产商品的生产、经营和服务相关的企业或个人都可以称之为房地产用户,都是房地产网络平台的潜在服务对象。

2. 房地产网络平台的成本

和一般网站的成本类似,房地产网络平台的成本包括开发成本和运行维护成本。开发成本包括软硬件购置成本、人员培训费、数据收集费等。运行维护成本包括人员费用、业务管理费用、系统服务费用等[489]。这里占比最大的就是平台的软硬件购置成本,为了建立主从式架构的计算机环境,企业往往需要花费几百万元,每年维护和更新设备的费用也是一笔巨大投入。房地产网络平台运营商往往参考其他产业企业的软硬件购置成本,将成本保证在该成本以下。除此之外,由于房地产网络平台的用户规模大,一些品牌企业可以通过与硬、软件供货商广告交换的合作方式来获取平台所需的相关设备,从而降低成本。虽然房地产网络平台的成本可以明确和计算,但服务于两边用户的成本分配却难以清晰界定[490]。

3. 房地产网络平台的价格

平台企业的价格分析中通常涉及注册费和交易费两种费用[491]。注册费是指用户参与到平台即收取的费用。一般而言,会按年度或季度等时间限制收取固定费用。而交易费的收取主要依靠实际交易量来产生[492]。房地产网络平台企业的注册费主要包括其向两边或多边用户收取的广告费、端口费、其他增值服务费。交易费指佣金[493]。

(1) 广告费

网络广告是各类网站最基本的盈利模式,对于房地产开发商以及房产产业链各个环节相关企业房地产网络平台的网络广告营销效应更精准。广告费主要来自新房市场房地产开发商的广告投放。截至2015年12月末,我国网民规模达6.88亿人,互联网普及率为50.3%,手机网民规模6.2亿人,同比增加了6 303万人。消费者行为习惯的演变,导致向网络平台投放广告的开发商数量大幅增加,投放力度也在加大。截至2015年12月底,我国网络广告市场规模达到2 093.70亿元,较2014年底增长35.98%。其中,房地产类网络广告投放费用在总体网络广告投放费用中占比为15.70%,占比环比提升1.2个百分点,同比则上升了0.5个百分点。开发商的营销费用一般是该楼盘销售额的5%,在网络广告投放的比例大概是10%,随着互联网的普及和房地产网络平台服务质量的提升,我国房地产网络广告市场仍有较大的提升空间[①]。

(2) 端口费

端口费主要是房地产网络平台向房地产中介、房地产经纪人等收取的费用,平台为其提供房产类综合信息发布服务。中介或者经纪人通过房地产网络平台提供的端口展示自己的房源信息,吸引客户查询和点击,从而获得交易佣金或租房佣金。

(3) 佣金

佣金是指当房地产网络平台作为房地产交易的中间商时,即房地产中介,平台可以收取一定比例的交易佣金。根据链家发布的数据,2015年我国二手房交易额为2.9万亿元,市场上通过经纪人交易比例为80%,佣金率一般是2%,则对应佣金规模460亿元。越来越多的房地产网络平台从单纯的媒体电商转型为交易中介,佣金收入成为平台的主要收入之一。

(4) 其他增值服务费

服务费包括会员服务费和增值服务费等。房地产开发商等企业或者个人可以申请成为房产网络平台的会员,进而享受平台提供的各类基础服务,最主要的就是通过网络平台提供的端口展示自己的房源或产品信息。而除此之外,平台针对要求更高的用户可以提供定制化或更高质量的服务,平台收取增值服务费。

主要房地产网络平台的盈利模式见表10-1。

---

① 数据来源:20160509-广发证券-房地产行业搜房控股借壳万里股份深度报告。

表 10-1　主要房地产网络平台的盈利模式

名称	价值主张	盈利模式
乐居	搭乘大型网络平台,开发O2O产品	在线广告、向购房人收取电商费(佣金)
Q房网	主要介入二手房交易市场	向购房人收取电商费(佣金),向经纪公司收取加盟费和ERP系统使用费
家装E站	标准化设计—施工,标准化主材包F2C	商家入驻服务费、销售佣金
土巴兔	设计—监理—资金托管,提供流量导入施工及建材	装修公司流量费(佣金)
彩生活	提供基础物业服务获取用户	业主服务费、增值服务费、广告费

10.2.2　房地产网络平台的双边市场特征辨析

Rochet 和 Tirole 给出了双边市场的定义,定义中指出在平台通过撮合两边用户的交易而收取费用,价格结构会影响平台的交易量,因此价格结构的非中性以及交叉网络外部性是判断双边市场的重要标准,并进一步指出需求互补性是交叉网络外部性产生的原因,而平台需要将市场中的外部性内化,于是平台的价格结构显示出非中性的特征[494]。从上述研究可以看出,需求互补性、交叉网络外部性和价格结构非中性是判断是否为双边市场的重要特征。

1. 房地产网络平台的需求互补性

双边市场中的平台企业的运营模式是通过为需求不同的两边用户提供某些产品或者服务,将平台两边的用户同时吸引到平台上去并撮合双方交易,这里的需求互补性是指平台的市场需求来自两边用户的联合需求,二者缺一不可,无论缺少哪一边的需求,平台的需求难以形成,即表现出两边用户的相互依存与互补。

房地产网络平台上至少存在两个异质的用户群体,每类用户群体的需求不同。例如在新房交易服务网络平台,房地产开发商的需求是将房屋售出或让更多的消费者了解楼盘信息等,购房者的需求是买到满意的房屋或了解到更多的房源信息等,这两类用户群体需求之间存在着很强的相互依存性。如果该市场中,只有消费者,缺少房地产开发商,平台对于双边用户会变得毫无价值可言。平台在新房交易的每个流程为两边用户提供相应的服务,比如为购房者提供房源搜索等服务,为开发商提供了展示房源、发布广告等服务,若没有平台所提供的这些服务,消费者难以迅速搜寻到自己所需要的信息,导致搜索成本增加,开发商也难以将自身的信息及时推送给目标客户,可见消费者和房地产开发商共同选择某一平台存在强烈的需求。以新房交易服务为例,房地产网络平台的用户需求匹配流程如图 10-4 所示。

传统市场的需求互补性是功能性互补,功能性互补通常是两类产品同时使用才能发挥效用,且这两类产品通常是被同一个消费者消费。例如,一个消费者必须同时购买电动牙刷和牙刷头才能使用,电动牙刷市场的变动会带来牙刷头的同向变动,这对互补产品所产生的溢出效应是被同一个消费者所获得的。但是,在双边市场中,房地产网络平台的需

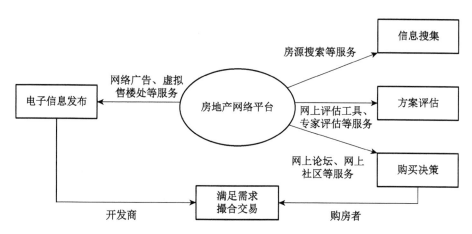

图 10-4 新房交易服务房地产网络平台的需求匹配流程

求互补性不是功能性的需求互补,并且提供的服务或产品是被不同类型的用户群体所消费。平台分别通过为房地产开发商提供广告展示、信息发布推广等服务,为消费者提供信息检索、房产论坛等服务,来满足两类不同用户群体的需求,进而促成交易。

相反,在克而瑞网站中,尽管也存在政府、开发商或消费者等不同的用户群体,但每类群体的需求是获得不同类型的专业的咨询服务,克而瑞作为交易过程的主体,为各类用户提供服务,在该网站上用户与用户之间不存在互补性,网站与其中任何一方都可以单独形成交易,该市场环境属于典型的单边市场。

2. 房地产网络平台交叉网络外部性

在双边市场中,平台将两边用户连接在一起,形成网络,一边用户的效用受到另一边用户的规模的影响,双边市场的网络结构如图 10-5 所示。Armstrong 和 Wright 将这种特征定义为交叉网络外部性。交叉网络外部性是指,在双边市场中,当一边用户的数量增加时,另一边用户所获得的效用增量[495]。

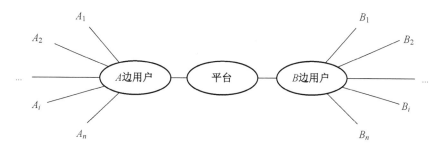

图 10-5 双边市场的网络结构

从这个定义来分析房地产网络平台,可以看出房地产网络平台具备典型的交叉网络外部性特征。当平台中只有一个消费者时,由于需求方规模太小,平台另一边的开发商或者中介等不会选择在平台上发布房源,这个阶段的用户效用基本为零。但是随着加入平台的消费者数量的逐渐增多,部分开发商或中介等逐渐加入平台并发布房源,房地产网络平台的网络规模带来的价值也逐渐体现出来。

用户效用的大小,往往取决于平台能够在多大程度上满足人们的欲望或需要[496]。房地产网络平台用户的效用大小,一方面取决于其选择的服务或产品,另一方面也和这个网络中用户规模带来的价值有关。在技术、服务、收费金额等其他条件相似的情况下,用户在选择房地产网络平台时,往往取决于另一边用户规模的大小。以二手房交易网络平台为例,租房者在选择平台时,会选择拥有房源更多的平台,这样租房者也能尽快找到合适的房源,其获得的效用也越高;同样地,想要把房屋出租出去的出租方会选择客源更多的平台,客源越多,房子就能越快出租,房屋空置的时间越短,出租方的效用也就越高。随着新客源(房源)规模的不断增加,也会带来另一边出租方(客源)的效用的增加。在该平台上的用户,不仅能够获得平台本身提供的服务,例如房源信息搜索、广告投放等,同时还能享受这个网络中用户规模带来的价值,而价值的增加是来源于不同边的用户,其网络外部性是"交叉"的。这就是房地产网络平台中存在的交叉网络外部性。

传统的多产品市场的网络外部性,各类产品面对的是同一类用户,因此不同产品的网络外部性最终会被终端用户内部化,而房地产网络平台的网络外部性是交叉的,这种外部性无法被终端用户内部化。比如,租房者因为房源市场的规模的增加而获得了价值,但其无法向房源市场的每个用户支付费用,而平台可以采取倾斜定价的方式,将市场中交叉网络外部性内部化。

3. 房地产网络平台价格结构非中性

价格结构指的是平台收取的总价在两边或多边用户之间的分配[497],房地产网络平台价格结构的示意图如图10-6所示。在双边市场中,平台收取价格总水平不变,变动价格结构也会影响平台交易量,同时也影响终端用户对平台的需求,即平台具备价格结构非中性特征。房地产网络平台收取的价格就是指广告费、端口费、佣金、其他增值服务费,其价格结构就是指平台向两边用户收费的比例。

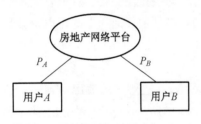

图 10-6 房地产网络平台的价格结构

在理论上,平台价格结构的非中性是由于双边用户之间的价格转移不完美造成的[498]。我们知道,在传统的单边市场中,价格总水平不变,调整价格结构,参与交易的双方总能找到一些完美价格转移的途径,因此价格结构呈中性。譬如,在万科美好家网站中,如果家装供应商提高其销售价格,万科美好家同样可以采取提价的方式将部分甚至全部的损失转嫁给消费者,而消费者可以通过减少购买量来迫使平台企业降价,从而将其损失转嫁给平台企业,因此在这个市场,价格转嫁是完美的[499]。

以链家网的租房业务为例,若链家网向出租方收取的费用增加α,同时向租房者收取的费用降低α,出租方将会选择其他的免费平台,平台上的房源减少。房源的减少会引起租房者期望效用下降,于是,客源也可能减少。这样,平台便因为价格结构的调整损失了交易量,从而利润降低。在链家这样的平台中,出租者和租房者的用户需求(或者效用)不仅受价格影响,还受另一边市场用户规模的影响,即交叉网络外部性的影响,用户无法计算价格转嫁的多少,因此,在这个双边市场上,价格转嫁是不完美的。即在双边市场中,调整价格结构会对交易量产生影响,双边市场价格呈非中性。

基于该特征,房地产网络平台往往对一边收取的价格明显高于另一边的价格,甚至收取低于边际成本的价格。比如Q房网主要向购房人收取电商费(佣金),而对卖房者提供免费服务;而乐居网一方面向开发商收取广告费,另一方面也向购房人收取电商费(佣金)。平台通过调整向两边用户收费的比例,进而增加交易的成交量,提高平台利润。

10.3 房地产网络平台的分类

上一节指出,房地产市场包括三类市场。房地产一级市场由政府完全垄断,并不存在由第三方建立的房地产网络平台。房地产二级市场是将新建成的房地产进行出售或出租的市场,其业务主要是新房交易。房地产三级市场指存量房的流通交易市场,涉及业务主要包括二手房买卖或出租。交易后服务市场主要涉及社区服务和装饰装修[488,379,384,385]。由于互联网的快速发展,基于互联网的网络平台在降低信息不对称,提升交易效率方面的巨大优势,房地产网络平台不断渗透到房地产市场的各个环节。房地产交易流程复杂,从信息搜索到撮合交易再到交易后服务,每个环节都催生了不同功能的房地产网络平台,平台提供不同服务或产品。比如,同样是针对二手房市场,链家提供的是交易中介服务,买方和卖方可以通过链家网直接进行交易;而网易房产提供的是信息服务,消费者可以在网络平台上搜寻信息,但不能直接交易。

Evans从平台功能的角度,梳理和归纳了现有的平台类型。市场制造者使得属于不同市场方的成员能够进行交易,观众制造者匹配广告商和观众,需求协调者提供的产品或服务能引起两个或多个市场用户的网络外部性[59]。本书采取Evans的分类,将房地产网络平台区分为市场制造者、受众创造者和需求协调者。另一方面,不同类别的平台会采用不同的定价模式,从而会有不同的价格结构模型,本书将详细介绍每类平台的定价模式以及价格结构模型的差异。房地产网络平台的分类如表10-2所示。

表10-2 房地产网络平台的分类

	新房业务	二手房业务	家装业务	社区服务
市场制造者	新房交易服务网络平台	二手房交易服务网络平台	家装服务网络平台	无
受众创造者	新房信息服务网络平台	二手房信息服务网络平台	无	无
社区服务	无	无	无	社区服务网络平台

10.3.1 市场制造者房地产网络平台

市场制造者平台主要是促进不同市场方的成员相互交易的一类平台。各边用户会看重另一边用户的数量,因为另一边用户数量越多,就会增加互相匹配的机会,缩短交易成功的时间,降低交易成本。这里的交易成本包括了解信息成本、讨价还价和决策成本以及执行和控制成本[500]。提供交易服务的房地产网络平台都属于市场创造者这一类,双边用户可以在平台上进行交易。

市场制造者房地产网络平台是指促进房地产相关用户群体相互交易的平台,平台上会存在不同的市场方:买方和卖方。房地产中的交易是指有偿取得或转让房地产的所有权、使用权及其他项权利的法律行为[501]。其交易成本主要包括了信息成本、产权界定成本、契约形成与实现成本、税费和办证成本等[502]。市场制造者房地产网络平台为买方提供信息搜索服务,比如房屋的建筑面积、地理位置、楼层、户型图、价格、周边设施等,还提供在线顾问、房屋价值评估、论坛等服务。还为卖方提供品牌展示区、客源导入、网上合同备案等服务,进而匹配并促进买卖双方的相互交易,降低交易过程中的各类成本。在房地产网络平台中,交易双方关心的是平台提供的服务能否有效地促成双边的交易,增加双边用户的效用,降低交易成本。这样的例子包括Q房网和土巴兔。

在Q房网上存在租房(买房)市场、出租(卖房)市场,还有中间服务商——经纪人市场,各边市场的用户相互影响。Q房网是以全民经纪人为模式的平台,任何人或中介公司都可以通过平台注册为房产经纪人,推荐客户成功购房后便可获得佣金。Q房网通过搭建平台,将零散的用户聚集到平台上,整合线上数据,提供房源展示、营销推广等服务,增加互相匹配的机会,减少搜索成本,并提高交易效率,属于市场创造型。Q房网平台模式见图10-7所示。

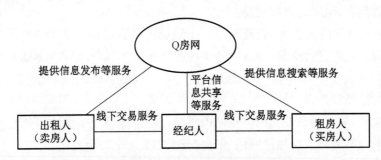

图10-7　Q房网平台模式

在土巴兔上存在设计师、装修公司、业主,土巴兔为业主提供免费设计,免费享受土巴兔监理节点上门验收服务、"装修保"服务等。通过这些免费服务,土巴兔吸引了更多的业主来平台选择装修公司,业主越多,装修公司和设计师接到的客单越多,成交量越大,属于市场制造型。土巴兔平台模式见图10-8所示。

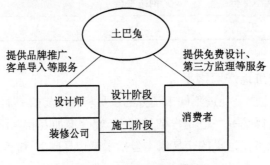

图10-8　土巴兔平台模式

10.3.2 受众创造者房地产网络平台

受众创造者平台主要是匹配广告商与消费者的一类平台。平台上消费者数量越多，且对广告信息做出正面回应，广告商就会花高价在平台上做广告。同样，当信息越准确有效，消费者也会对平台越依赖。该平台匹配的是一组买方用户和一组卖方用户，不需要匹配独立的买方用户和独立的卖方用户[503]。媒体产业是一个典型的受众创造者平台，在房地产网络平台中也有以广告为主要收入的网络媒体平台。网络媒体是通过互联网传播数字数据的综合信息发布平台[504]。

受众创造者房地产网络平台是指通过互联网传播房地产行业相关数字数据的信息发布平台，本质是房地产开发商或中介公司的网络广告平台。网络广告是指以数字代码为载体，采用多媒体技术设计制作，通过互联网发布传播，具有良好交互功能的广告形式[505]。房地产网络广告是指在互联网信息服务提供者的服务下，房地产开发商和经营者通过互联网在网站或网页上发布各类房地产类广告信息内容，其形式大多以文字链接、电子邮件、横幅、按钮等为主[506]。该类房地产网络平台提供的内容越丰富、准确、有效，就能够吸引更多的受众，进而增强开发商等到该平台投放广告的动机；而广告商越多，平台提供的房产信息越丰富，从而吸引更多的受众接入平台。因此，受众创造者房地产网络平台一般对消费者采取免费策略，通过广告商费用的支撑，为消费者提供优质的房地产信息服务。这样的例子包括网易房产。

网易房产依托平台发布房地产行业新闻、房地产行情等，其范围包括新闻、买房、楼盘、电商、二手房、家居、海外等，同时也为广大受众提供最新的房地产政策、房地产成交数据分析、论坛活动、新盘评测、热点专题等。房地产开发商比如万科企业股份有限公司、中海地产集团有限公司、绿地集团、华润置地等会在平台上投放广告。网易房产通过提供丰富精准的房产信息匹配购房者和广告商。网易房产平台模式见图10-9所示。

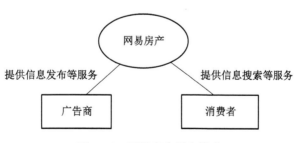

图 10-9　网易房产平台模式

10.3.3 需求协调者房地产网络平台

需求协调者是指为存在网络外部性的两组或多组参与者之间提供产品或服务的平台。不同参与者的需求同时出现是此平台的特征，将两边匹配起来是该平台的主要作用[507]。需求协调者平台制造产品和服务，且各边存在支付行为，这些产品或服务能引起两个或多个市场用户的网络外部性，如操作系统、银行卡产业。

需求协调者房地产网络平台主要是指社区服务网络平台，不同的社区业主会有不同的需求，业主通过社区服务网络平台选择各类服务。社区服务网络平台上存在多类服务提供商，比如物业公司、银行机构、社区商家、社区街办及社区业主，他们提供各种与业主相关的社区生活服务类项目。物业公司为业主提供社区配套服务，银行机构提供社区缴费和金融服务，社区商家提供社区相关便民服务，社区街办提供社区政务服务。这些服务或产品引起了业主和多个市场的交叉网络外部性。这样的例子比如家e通。

家e通依托互联网技术，打造了中国第一家正式运营的社区服务网络平台。家e通为业主提供了远程安防报警、智能家居、社区生活服务、物业服务、社区政务服务、社区商城等各类生活服务。当前，该社区业主可免费享受平台提供的服务，而物业公司、社区商家等服务提供商向平台交纳加盟费。家e通平台模式见图10-10所示。

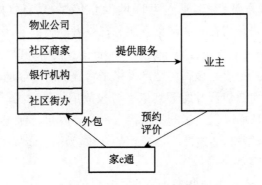

图 10-10　家 e 通平台模式

第十一章
房地产网络平台的价格结构模型

11.1 Armstrong 基础模型的适用性和参数假设分析

11.1.1 Armstrong 基础模型的适用性分析

对于不同成长阶段的平台企业,由于市场结构、企业战略等方面的差异,会选择不同的盈利模式和价格结构[508]。对于刚刚进入某一市场的平台企业而言,其企业目标是吸引和培养更多的两边用户,这是因为市场两边的需求具有相互依赖性,因此经常通过免费赠送产品和服务,来得到市场一边消费者的临界数量,进而利用交叉网络外部性吸引另一方用户。对于已经发展比较成熟的双边市场平台,需要设计和保持一个最优的定价结构,以把市场两边用户维持在平台上,此时价格结构发挥着重要的作用[499]。本书研究的平台企业数量和最终用户数量较为稳定,即平台处于成熟期时的双边平台价格结构问题。

市场结构被定义为某一特定产业中的企业与企业之间的规模、数量与份额关系以及由此决定的竞争形式。它描述了市场的竞争状态,是对组织形态及特征的概括,它决定着企业主体的市场行为和市场绩效,包括定价[509]。传统经济下,一般通过行业集中度、行业进入壁垒、产品差异化来进行市场结构分析[510]。基于这些要素表现出来的差异性,可以将市场结构划分为四种基本类型——完全竞争、垄断竞争、寡头垄断和完全垄断[511]。

1. 房地产网络平台行业集中度

行业集中度是对整个行业市场集中程度进行测量的指标,是反映市场垄断程度的核心指标,体现了市场占有率的不平均性。如果行业集中度高,则表明大企业在行业中的市场势力强,市场垄断程度高;如果行业集中度低,表明大企业在行业中的市场势力低,市场竞争程度高[96]。传统经济中,行业集中度的测定指标一般是指贝恩指数。

贝恩指数(CR_n)指的是某一产业前几家规模最大的企业的销售额、资产总额、投资总额、职工人数等在整个市场中所占比例。通常,行业集中度的指数越大,则市场的垄断程度越大。它的计算公式为:

$$CR_n = \frac{\sum_{i=1}^{n} X_i}{\sum_{i=1}^{N} X_i}$$

式中，CR_n 指该产业中规模较大的前几家企业的绝对集中度；X_i 指第 i 家企业的产值、产量、销售额、销售量、资产总额等；n 指该产业中规模较大的前几家企业的数量；N 指该产业中的企业总数。

通常 $n=4$ 或者 $n=8$ 时，就分别表示该产业内规模较大的前 4 家或者前 8 家企业的行业集中度。表 11-1 是贝恩对市场结构进行的划分。

表 11-1　贝恩对市场结构进行的分类

	$CR_4(\%)$	$CR_8(\%)$
寡占Ⅰ型	$CR_4 \geqslant 85$	
寡占Ⅱ型	$75 \leqslant CR_4 < 85$	$CR_8 \geqslant 85$
寡占Ⅲ型	$50 \leqslant CR_4 < 75$	$75 \leqslant CR_8 < 85$
寡占Ⅳ型	$35 \leqslant CR_4 < 50$	$45 \leqslant CR_8 < 75$
寡占Ⅴ型	$30 \leqslant CR_4 < 35$	$40 \leqslant CR_8 < 45$
竞争型	$CR_4 < 30$	$CR_8 < 40$

但是目前房地产网络平台的垄断程度无法用贝恩指数来衡量。一方面一些房地产网络平台已经全球化，比如搜房就有海外业务，贝恩指数中的整个市场份额不能局限于国内市场，房地产网络平台的市场范围界定存在很大争议；另一方面企业和行业数据的缺失，导致本研究无法对房地产网络平台的市场集中度进行定量测算。

实际上，贝恩指数只是行业集中度的衡量指标，并不是形成某一种市场结构的原因。Posner 指出，市场上卖者的实际数量并不是决定垄断的因素，是需求与供应的关系以及对市场运行的影响程度决定了市场结构。供给方和需求方的规模经济高低是评判行业集中度高低的标准，在某一特定市场上，规模经济水平越高，大企业支配市场能力越强，在行业上所占市场份额也就越大，行业集中程度也就越高。

（1）供给方规模经济

供给方规模经济是指生产某一单位的产品，如果在某个区间产生的平均成本递减，就称该产品在该区间存在规模经济。房地产网络平台的生存和发展的核心竞争力是把握并匹配各类房源和客源。传统经济会受到资源稀缺性和成本的约束，而房地产网络平台的核心资源是信息与匹配技术，这些要素具有共享性和复制性，这使得房地产网络平台的可变成本几乎为零。正是因为信息和技术不存在传统经济的资源稀缺性问题，房地产网络平台的这种可变成本几乎为零的优势可以使供给方规模经济趋向无限大。

（2）需求方规模经济

需求方的规模经济指产品价值随着购买这种产品及其兼容产品的消费者的数量增加而不断增加[512]。房地产本身估价复杂，包括区位、品牌、建筑结构、楼层、朝向等要素；交易流程也非常繁琐，涉及环节多，比如贷款、产权转移、公证办理、税费征收等，交易双方往往需要第三方介入完成交易。平台分别通过为房地产开发商等提供广告展示、信息发布推广等服务,为消费者提供信息检索、房产论坛等服务,来满足两类不同用户群体的需求,进而促成交易。当用户预期在该房地产网络平台上可以满足自身需求,便会加入平台。同时房地产网络平台具有交叉网络外部性的特征,梅特卡夫法则指出网络经济的价值等于网络节点数的平方,这说明网络产生和带来的效益将随着网络用户的增加而呈指数形式增长。房地产网络平台用户的效用大小,一方面取决于其选择的服务或产品,另一方面也和这个网络中用户规模带来的价值有关。在技术、服务、收费金额等其他条件相似的情况下,用户在选择房地产网络平台时,往往取决于另一边用户规模的大小,平台的用户对于网络规模有着强烈的偏好。越多用户的加入,网络价值或者消费者效用越大,从而形成良性循环。

如图 11-1 所示,一方面,房地产网络平台可变成本几乎为零的优势促使其供给方规模经济趋于无限大;另一方面,房地产网络平台用户对于规模的偏好使得其形成需求方规模经济。房地产网络平台在供给方和需求方双重规模经济作用下导致行业的高度集中并形成垄断。

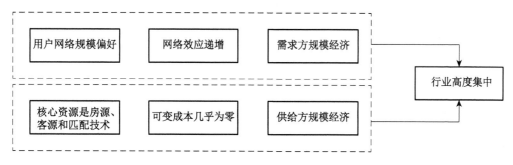

图 11-1 房地产网络平台行业高度集中形成机理

2. 房地产网络平台的进入壁垒

行业进入壁垒是指产业内既存企业对于潜在进入企业和新进企业所具有的某种优势的程度,进入壁垒使整个产业处于高度集中的结构状态[96]。

(1) 规模经济形成进入壁垒

从供给方来看,房地产网络平台在建设初期需要花费大量的成本,一方面为了购置软硬件,企业往往需要花费几百万,每年维护和更新设备的费用也是一笔巨大投入;另一方面,房地产网络平台的核心资源是房源、客源和各类技术,为了获取准确的房源和客源信息,平台也要花费大量的人员费用,同时需要高昂的研发费用,用于开发房地产网络平台的匹配技术和云计算技术等。而对于在位的房地产网络平台,由于供给方规模经济的特征,随着规模的不断增加,其平均成本几乎为零。因为成本的巨大差距,潜在房地产网络平台进入者往往竞争力很低。

从需求方来看,所有在位的房地产网络平台都在积极利用交叉网络外部性构筑进入壁垒,房地产网络平台的房源与客源往往是一个积累的过程,在位的房地产网络平台积累的用户越多,有交叉网络外部性带来的网络价值越高,需求方规模经济越明显。在位的房地产网络平台的需求方规模经济是潜在的进入者的一个巨大壁垒。

（2）绝对成本优势形成的进入壁垒

从供给方来说，从平均成本的角度来看，在位房地产网络平台随着规模的增加，平均成本在不断下降，与高投入成本的潜在进入者相比有着绝对的成本优势。

从需求方来说，房地产网络平台的消费者在房屋交易后，对房地产交易流程及平台提供的服务方式和水平有了一个学习和了解的过程，从而形成自我感知价值的判断。房地产交易标的额巨大，交易手续繁琐，交易过程耗时长，当第二次购买产品或者选择服务时，若选择其他房地产网络平台，消费者会产生较高的转移成本。因此，重复选择现有的房地产网络平台，则是对消费者来说最为稳妥和经济的选择。正是因为转移成本的存在，使得房地产网络平台的用户容易被锁定在原有平台上。

因为房地产网络平台所具备的规模经济和双边市场特征，规模经济和绝对成本形成的进入壁垒使得在位的房地产网络平台的优势非常明显，从而市场结构呈现高度垄断。

3. 房地产网络平台的产品差异化

产品差异化表现为提供不同种类产品的平台间的差异，也表现为提供同类产品的平台提供的产品与服务的差异。一般来说，产品差异化越大，竞争越小，垄断程度越大[96]。

（1）主营产品种类的差异小

主营产品种类的差异是指各个房地产网络平台的商品种类的区别。在市场中，既有综合性服务平台，如365淘房网、搜房网；也有细分业务平台，土巴兔和齐家网提供装修服务，好屋中国和平安好房以新房业务为主，爱屋吉屋和丁丁租房主营租房市场，彩生活则以物业服务为主，这使得房地产网络平台在产品的供给方面存在很大的差异性。但是由于交叉网络外部性、转移成本以及客源资源的重叠性，综合类服务平台更能满足消费者对产品的需求和操作的方便，一些房地产网络平台也逐渐向综合化平台发展，使得平台差异化逐渐减少。

（2）房地产网络平台间的差异性小

房地产网络平台的差异性可以理解为，平台在提供的搜索、沟通、购买、支付以及信用评价等交易过程中的服务差异化问题。我国的房地产网络平台主要以房源的真实性、价格、服务质量等作为和其他同类平台区分的标志，然而在搜索、沟通、购买、支付，以及信用评价等方面并无明显差异。同类平台同质化的现象十分严重。

综合以上原因，一方面房地产网络平台的规模优势一旦出现，就会因为交叉网络外部性和锁定效应不断自我强化，产生正反馈效应，最终大部分房地产网络平台用户将加入某一平台，产生"赢者通吃"的市场现象，平台形成巨大的进入壁垒；另一方面房地产网络平台同质化严重，产品差异化程度低，很容易导致房地产网络平台形成趋于垄断的市场结构。

11.1.2　房地产网络平台价格结构模型的参数假设

1. 用户偏好系数

从Armstrong关于效用函数的假设可知，消费者的效用受到三个因子的影响，即消费者规模、平台服务费和交叉网络外部性。而实际情况是，即使是同一商品或服务，不同消费者也会存在不同的偏好效用[513]。消费者偏好是指消费者喜爱或习惯于消费某种商品或服务的心理行为。消费者偏好受到各种因素的影响,包括年龄、个人需要、认知能力、学习能力等,不同的偏好会产生不同的消费者效用[514,515]。平台经济学学者 Hagiu[516] 指出,消费者偏好的不同是决定平台价格结构的一个重要影响因素。

房地产网络平台用户在选择房屋时会考虑价格、户型、区位、周边环境等,不同的用户会有不同的偏好,即便是同一个房屋商品,由于自身的经济实力、对房地产的认知、法律认知等差异,其产生的效用也会不同。房地产网络平台上的交易流程比一般双边市场复杂,在银行卡市场中,只要发生一笔"刷卡消费",就算交易行为发生;操作系统和媒体平台中,参与方很少有直接接触的机会。但对于房地产网络平台来说,在从事服务活动过程中需要同价值链上的各种利益相关者进行各种协商、谈判,也需要对消费者的需求进行了解,这是一个复杂的过程。对于消费者来说,房地产交易涉及房地产知识、法律知识。对于服务或产品提供者来说,在从事服务活动过程中需要同价值链上的各种利益相关者进行各种协商、谈判,也需要对消费者的需求进行了解。所以与其他平台相比,消费者偏好差异很大。比如,对于一些具有房地产知识、法律知识、经济富余的平台用户而言,平台提供的房产鉴定服务、金融服务等并不会太关注,相反,对于那些房地产知识、法律知识水平不高且经济紧张的用户而言,平台提供的房产鉴定服务、金融服务等相应的服务能够成为促使他们接入平台的重要理由。

因此本书模型引入用户偏好系数。令参数 θ_A, θ_B 分别表示 A 边用户和 B 边用户对于平台所提供服务或产品的偏好程度,并且 θ_A, θ_B 均服从[0,1]上的均匀分布。用户的偏好系数越大,偏好程度越高,即参数 θ_A, θ_B 越大,表示用户对平台服务或产品越偏好,用户所获得的效用越大,双边用户根据效用函数的大小选择平台服务。

2. 双边用户的规模

垄断房地产网络平台服务于两类用户:A 边用户和 B 边用户。该平台向市场上两边用户提供信息搜索、广告、金融贷款等一系列服务,促使两边用户之间交易的形成,两边用户均可自由选择是否加入平台进行交易。假定市场上同时存在的两边用户的总规模都是1,且服从[0,1]上的均匀分布,接入平台的双方用户的规模分别用 n_A, n_B 表示,这里有 $n_i \in [0,1](i=A,B)$。

3. 交叉网络外部性强度系数

根据之前分析可知,房地产网络平台存在明显的交叉网络外部性。房地产网络平台用户的效用大小,一方面取决于其选择的服务或产品,另一方面也和这个网络中用户规模带来的价值有关。因此在技术、服务、收费金额等其他条件相似的情况下,用户在选择房地产网络平台时,往往取决于另一边用户规模的大小。

假定平台两边的交叉网络外部性强度系数分别为 λ_A, λ_B,这里 $\lambda_i > 0$。依据假设,平台某一边用户所获得的效用仅与平台另一边用户的规模有关。实际上,平台的双边用户存在自网络效应 e,自网络效应来自平台同一边用户的竞争,即如果接入平台的某一边同类用户越多,彼此之间竞争越激烈,他们通过平台实现交易的可能性会降低。但为了便于分析,本研究和 Armstrong 价格模型相同,认为 $\lambda \gg e$,忽略自网络效应的影响。

4. 价格

平台企业的价格分析中通常涉及注册费和交易费两种费用[491]。注册费是指用户参与到平台时收取的费用,一般而言,是按年度或季度等时间限制收取的固定费用。而交易费的收取主要依靠实际交易量来产生[489]。房地产网络平台企业的注册费主要包括其向两边或多边用户收取的广告费、端口费。交易费指佣金[493]。房地产网络平台可分为市场制造者、受众创造者、需求协调者,而不同类型的平台会采取不同的定价模式,从而会有不同的价格结构模型。

市场制造者房地产网络平台一般可以详细地观测到交易用户和两边交易的次数,并且对于房产交易,每个用户在平台上的交易往往只有1次或2次,平台会采用收取交易费的定价模式。受众创造者房地产网络平台匹配广告商与消费者,双边用户之间交易难以观测,平台会采用收取注册费的定价模式。需求协调者房地产网络平台提供多种产品和服务,且各边存在支付行为,这些产品或服务能引起两个或多个市场用户的网络外部性,平台会采用两部分收费的定价模式。因此房地产网络平台企业可以选择三种不同的定价模式:注册费、交易费和两部分收费。

(1) 注册费形式。平台向买方收取注册费 p_A,向卖方收取注册费 p_B,这种定价模式为一次性收费模式,平台不收取任何交易费。

(2) 交易费形式。在本模型中,借用 Armstrong[37] 关于平台收取交易费的设定,假定平台收取的交易费与平台另一边的用户数量线性相关,平台向消费者和供应商收取的边际价格分别为 $\alpha_A, \alpha_B (\alpha_i \in [0,1], i=A,B)$,则两边用户的交易费分别为: $P_A = \alpha_A n_B$,$P_B = \alpha_B n_A$。

(3) 两部分收费形式。平台既向用户收取注册费,同时也向他们收取交易费[517]。具体表达式为: $P_A = p_A + \alpha_A n_B$,$P_B = p_B + \alpha_B n_A$。

5. 成本

为分析简便起见,认为房地产网络平台企业向双边用户提供服务的软硬件设施、办公场所等方面的成本为沉没成本,并且由于房地产网络平台提供的信息和服务是共享的,平台可以无限地复制其服务,复制的成本几乎为零,因此,在本章中假定房地产网络平台向买方和卖方用户提供服务的可变成本 $f=0$。

6. 用户效用

用户效用反映了人们从消费某物品或服务中欲望的满足程度,效用论指出消费者购买物品是为了获得包含在商品中的价值[458]。房地产网络平台将原本分散的房源和客源、家装公司和业主等聚集起来,再加上本身具有交叉网络外部性特征,用户选择平台服务后可以享受平台带来的网络价值。

依据 Armstrong 的效用函数,用户 A 和用户 B 的效用:

$$u_A = \lambda_A n_B - P_A, \quad u_B = \lambda_B n_A - P_B \tag{11-1}$$

但房地产网络平台的用户是有偏好的,即对不同的人来说,由于消费者偏好的不同会产生用户效用。令参数 θ_A, θ_B 分别表示 A 边用户和 B 边用户偏好系数,则房地产网络平台

的用户 A 和用户 B 的效用修正为：

$$u_A = \theta_A \lambda_A n_B - P_A, \quad u_B = \theta_B \lambda_B n_A - P_B \tag{11-2}$$

7. 平台的利润

综上，房地产网络平台的利润函数取决于平台两边用户数量和两边收取费用的大小，平台的成本为0，因此平台的利润 π：

$$\pi = P_{Ai} n_A + P_{Bi} n_B \tag{11-3}$$

至此已经构建了垄断房地产网络平台联结双边用户的模型，模型中双边用户对平台所提供的服务偏好是异质的，同时平台可以采取三种不同的定价模式：注册费、交易费以及两部分收费。基于上述参数分析，可以对三种不同的定价模式分别进行建模，并比较均衡状态下的最优价格结构，从而为房地产网络平台的定价策略提出建议。

11.2 房地产网络平台价格结构模型的构建与求解

11.2.1 平台采取注册费形式

在注册费收费形式中，由于房地产网络平台只向双边用户收取一次性费用，与交易量无关，比如房地产网络平台收取的广告费、端口费。这种收费模式下，房地产网络平台往往作为受众创造者，为房地产开发商或者房地产中介等企业（下文简称"企业"）提供广告服务，为消费者提供信息服务。平台的价格水平分别可以表示为 $P_{A1} = p_A$，$P_{B1} = p_B$，此价格结构下，双边用户的效用函数如下所示：

$$u_A = \theta_A \lambda_A n_B - p_A \tag{11-4}$$

$$u_B = \theta_B \lambda_B n_A - p_B \tag{11-5}$$

假设 A 边用户是消费者，B 边用户是房地产开发商或房地产中介等企业。A 边用户的效用是指消费者能在平台上获取信息的准确度和即时性；B 边用户的效用是指供应商通过平台广告品牌效应和房源曝光的提升度。平台上每个用户效用都是不同的，当且仅当两边接入平台所获得的效用水平大于或等于0时，即 $u_A \geqslant 0$，$u_B \geqslant 0$，房地产网络平台的双边用户才愿意接入平台并参与交易。

令 θ_A^*、θ_B^* 分别为两边用户对平台服务水平评价的无差异点，则有：

$$u_A = \theta_A^* \lambda_A n_B - p_A = 0 \tag{11-6}$$

$$u_B = \theta_B^* \lambda_B n_A - p_B = 0 \tag{11-7}$$

这里，处于无差异点 θ_A^*、θ_B^* 上的双边用户认为接入平台与否对他们没有影响，根据两边用户的偏好分布可得，处在 $\theta_A \in [\theta_A^*, 1]$ 的 A 边用户以及处在 $\theta_B \in [\theta_B^*, 1]$ 的用户都将接入平台，如图11-2所示。

接入平台的双边用户市场份额 (n_A, n_B) 可以表示为 $n_A = 1 - \theta_A^*$，$n_B = 1 - \theta_B^*$，因此

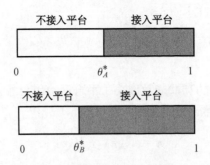

图 11-2 平台双边用户的选择

可得房地产网络平台的双边用户的反需求函数为

$$p_A = (1-n_A) \cdot \lambda_A n_B \tag{11-8}$$

$$p_B = (1-n_B) \cdot \lambda_B n_A \tag{11-9}$$

房地产网络平台通过向双边用户收取费用获取利润。因此,平台企业在满足表达式(11-12)和(11-13)的条件下,寻求利润最大化。平台利润函数可以表示为如下形式:

$$\max_{n_A,n_B} \pi = p_A n_A + p_B n_B \tag{11-10}$$

即

$$\max_{n_A,n_B} \pi = (1-n_A) \cdot \lambda_A n_B \cdot n_A + (1-n_B) \cdot \lambda_B n_A \cdot n_B \tag{11-11}$$

$$\text{s.t} \quad 0 \leqslant n_A \leqslant 1 \tag{11-12}$$

$$0 \leqslant n_B \leqslant 1 \tag{11-13}$$

因此,可以通过对表达式(11-11)分别对 n_A, n_B 求导,得到房地产网络平台的最优规模大小:

$$n_A = \frac{\lambda_A + \lambda_B}{3\lambda_A} = \frac{1}{3}\left(1 + \frac{\lambda_B}{\lambda_A}\right) \tag{11-14}$$

$$n_B = \frac{\lambda_B + \lambda_A}{3\lambda_B} = \frac{1}{3}\left(1 + \frac{\lambda_A}{\lambda_B}\right) \tag{11-15}$$

将上述两式代入平台双边用户的反需求函数(11-8)及(11-9),可以求得该极值点处房地产网络平台对双边用户的定价为:

$$p_A = \frac{(\lambda_A + \lambda_B)(2\lambda_A - \lambda_B)}{9\lambda_B} \tag{11-16}$$

$$p_B = \frac{(\lambda_B + \lambda_A)(2\lambda_B - \lambda_A)}{9\lambda_A} \tag{11-17}$$

将等式(11-14)、(11-15)、(11-16)、(11-17)代入式(11-11),可以得到房地产网络平台的最优利润为

$$\pi = \frac{(\lambda_A + \lambda_B)^3}{27\lambda_A\lambda_B} \tag{11-18}$$

从式(11-14)到式(11-18)可以看出,在不考虑房地产网络平台为消费者和企业提供服务的固定成本和边际成本的情况下,平台对于双边用户的最优定价以及双边用户的市场规模主要取决于双边用户之间交叉网络外部性强度的大小。

结论(1):垄断房地产网络平台收取注册费情况下,以平台利润最大化为目标,平台对于两边用户的最优定价分别为:$p_A = \frac{(\lambda_A + \lambda_B)(2\lambda_A - \lambda_B)}{9\lambda_B}$,$p_B = \frac{(\lambda_B + \lambda_A)(2\lambda_B - \lambda_A)}{9\lambda_A}$,此时两边用户的规模分别为$n_A = \frac{1}{3}\left(1 + \frac{\lambda_B}{\lambda_A}\right)$,$n_B = \frac{1}{3}\left(1 + \frac{\lambda_A}{\lambda_B}\right)$。平台的最优定价以及双边用户的规模均取决于双边用户之间的交叉网络外部性强度,此时,平台所获得的利润为$\frac{(\lambda_A + \lambda_B)^3}{27\lambda_A\lambda_B}$。

结论(2):当垄断房地产网络平台收取注册费时,平台的最优利润仅取决于两边用户的交叉网络外部性强度,两边用户的交叉网络外部性强度越强,平台的利润越高。

一般来说,用户预期和协同效应会影响交叉网络外部性强度的大小。用户预期是指消费者根据自己掌握的信息,对自身需求和未来变化进行预测,然后参与商品交易、投资等经济活动的心理和行为现象[518]。协同效应即$1+1>2$[519]。在平台中,如果用户之间的协同效应明显,那么两边用户的交易成本越低,成功概率越大。但是,如果用户存在不同偏好或交易成本过高,尽管平台希望能够协调,但是平台在实现协同过程中会遇到一定的困难,并妨碍决策的一致性和最优性[490]。

受众创造者房地产网络平台对于房地产开发商、房地产中介和家装公司等企业来说,可以通过投放在房地产网络平台的广告来提高企业的品牌和知名度,增加房源的曝光率。平台上的消费者越多,企业的宣传力度越大,企业从消费者那儿获得的预期越高。而对于消费者来说,企业的广告往往真实性差,准确度低,虽然相对电视剧中插播的广告、杂志中的广告页等来说,这类广告对消费者有一定的用处,但是消费者从企业获得的预期较低。房地产网络平台的消费者有着强烈的偏好,每位消费者经济状况、消费水平、兴趣爱好、工作性质、文化水平及生活经历的差异以及对房地产需求都存在差异,平台需要充分了解消费者的偏好,协调用户需求,协同效应不明显。总的来看,受众制造者房地产网络平台的企业用户交叉网络外部性强,而消费者交叉网络外部性弱。

由利润最大化情况下房地产网络平台的最优定价p_A、p_B分别对λ_A、λ_B求一阶偏导数可得:

$$\frac{\partial p_A}{\partial \lambda_A} = \frac{1}{9} + \frac{4\lambda_A}{9\lambda_B} > 0, \quad \frac{\partial p_A}{\partial \lambda_B} = -\frac{1}{9} - \frac{2\lambda_A^2}{9\lambda_B^2} < 0 \tag{11-19}$$

$$\frac{\partial p_B}{\partial \lambda_B} = \frac{1}{9} + \frac{4\lambda_B}{9\lambda_A} > 0, \quad \frac{\partial p_B}{\partial \lambda_A} = -\frac{1}{9} - \frac{2\lambda_B^2}{9\lambda_A^2} < 0 \tag{11-20}$$

上式说明,在其他条件不变的情况下,当 λ_A 增大时,均衡状态下,房地产网络平台对 A 边用户的收费将增加,而对 B 边用户的收费将降低;当 λ_B 增大时,均衡状态下,平台对 A 边用户的收费将降低,而对 B 边用户的收费将增加。

结论(3):在其他条件不变的情况下,当房地产网络平台的 A 边用户带给 B 边用户的价值增加时,平台将降低对 A 边用户的收费,而增加对 B 边用户的收费,反之,当 B 边用户带给 A 边用户的价值增加时,平台将增加对 A 边用户的收费,而降低对 B 边用户的收费。

该结论表明,无论是开发商或房地产中介等企业还是平台都应该提高广告的质量和信息的准确度,带给消费者更大的价值,平台会降低对企业的收费。由此,企业可以获得更大的利润,消费者也可以从企业的优质信息中增加效用;房地产网络平台则在利润最大化的前提下增强消费者和企业互动,达到多赢的效用。

11.2.2 平台采取交易费形式

如果垄断房地产网络平台采取收取交易费的定价模式,平台向双边用户收取一定比例的交易费 α_A、$\alpha_B(\alpha_i \in [0,1], i=A、B)$,比如房地产网络平台收取的佣金。采用这类定价模式的往往是作为交易中介的市场制造者房地产网络平台,此时平台上存在买方与卖方,则两边用户的效用函数分别为:

$$u_A = \theta_A \lambda_A n_B - \alpha_A n_B \tag{11-21}$$

$$u_B = \theta_B \lambda_B n_A - \alpha_B n_A \tag{11-22}$$

假设 A 边用户是买方,B 边用户是房地产开发商、房地产中介、房屋所有者、家装公司等卖方。A 边用户的效用是指买方通过房地产网络平台买到房产或装修服务的满意程度,B 边用户的效用是指卖方可以在平台上获得订单的多少。令 θ_A^*、θ_B^* 分别为两边用户对平台服务水平评价的无差异点,则可得到:

$$u_A = \theta_A^* \lambda_A n_B - \alpha_A n_B = 0 \tag{11-23}$$

$$u_B = \theta_B^* \lambda_B n_A - \alpha_B n_A = 0 \tag{11-24}$$

由式(11-21)和(11-22)结合等式 $n_A = 1 - \theta_A^*$,$n_B = 1 - \theta_B^*$,可将房地产网络平台利润函数表示为如下形式:

$$\max_{n_A、n_B} \pi = \alpha_A n_B n_A + \alpha_B n_A n_B \tag{11-25}$$

即

$$\max_{n_A、n_B} \pi = (1-n_A) \cdot \lambda_A n_B \cdot n_A + (1-n_B) \cdot \lambda_B n_A \cdot n_B \tag{11-26}$$

$$\text{s.t} \quad 0 \leqslant n_A \leqslant 1 \tag{11-27}$$

$$0 \leqslant n_B \leqslant 1 \tag{11-28}$$

收益函数 π 分别对 n_A,n_B 求一阶偏导数,并令其为零,可求得房地产网络平台收益取得极大值的情况下,双边用户的规模如下:

$$n_A = \frac{\lambda_A + \lambda_B}{3\lambda_A} = \frac{1}{3}\left(1 + \frac{\lambda_B}{\lambda_A}\right) \tag{11-29}$$

$$n_B = \frac{\lambda_B + \lambda_A}{3\lambda_B} = \frac{1}{3}\left(1 + \frac{\lambda_A}{\lambda_B}\right) \tag{11-30}$$

将式(11-29)和式(11-30)代入式(11-23)和式(11-24)可得房地产网络平台收取的交易费为：

$$\alpha_A = \frac{2\lambda_A - \lambda_B}{3}, \quad \alpha_B = \frac{2\lambda_B - \lambda_A}{3} \tag{11-31}$$

此时平台获取的利润为：

$$\pi = \frac{(\lambda_A + \lambda_B)^3}{27\lambda_A \lambda_B} \tag{11-32}$$

结论(4)：垄断房地产网络平台收取交易费情况下，以平台利润最大化为目标，平台对于两边用户的最优交易费分别为 $\alpha_A = \frac{2\lambda_A - \lambda_B}{3}$，$\alpha_B = \frac{2\lambda_B - \lambda_A}{3}$，此时两边用户的规模分别为 $n_A = \frac{1}{3}\left(1 + \frac{\lambda_B}{\lambda_A}\right)$，$n_B = \frac{1}{3}\left(1 + \frac{\lambda_A}{\lambda_B}\right)$。平台的最优定价以及双边用户的规模均取决于双边用户之间的交叉网络外部性大小，此时，平台所获得的利润为 $\frac{(\lambda_A + \lambda_B)^3}{27\lambda_A \lambda_B}$。

该结论与注册模型的结果非常相似，平台利润相同。因此，不考虑成本的情况下，受众创造者房地产网络平台和市场制造者房地产网络平台的利润相同，且与两边用户的交叉网络外部性正相关。

在市场制造者房地产网络平台中，其商品标的主要是房屋，往往人的一生当中只可能买一至两次房子，高客单价。相对于高频低值的行业，如百度、淘宝，房屋是非常低频率和高客单价的品类，因此房屋的总需求量小并且消费者的行为会非常谨慎。当消费者产生买房或者家装等需求时，就会对比各类房地产网络平台和传统中介的产品或服务。目前大部分房地产网络平台的房源信息不准确，服务人员缺乏相关资质，品牌效应落后，交易成本较高，消费者对平台的价值预期低。总的来看，消费者对房地产网络平台的预期规模偏低。房地产网络平台在促进交易时，需要同价值链上的各种利益相关者进行各种协商、谈判，也需要对消费者的需求进行了解，工作流程非常复杂。同时，我国的房地产业行业管理不健全，交易流程标准化程度低，都依靠人力驱动，导致数据查询不便，流程混乱，交易效率低，协同效应不明显。总的来看，市场制造者房地产网络平台两边用户的交叉网络外部性强度都较小。

由利润最大化情况下平台的最优交易费 α_A、α_B 分别对 λ_A、λ_B 求一阶偏导数可得：

$$\frac{\partial \alpha_A}{\partial \lambda_A} = \frac{2}{3} > 0, \frac{\partial \alpha_A}{\partial \lambda_B} = -\frac{1}{3} < 0 \qquad (11-33)$$

$$\frac{\partial \alpha_B}{\partial \lambda_B} = \frac{2}{3} > 0, \frac{\partial \alpha_B}{\partial \lambda_A} = -\frac{1}{3} < 0 \qquad (11-34)$$

上式说明,在其他条件不变的情况下,当 λ_A 增大时,均衡状态下,房地产网络平台对 A 边用户的交易费收费将增加,而对 B 边用户交易费收费将降低;当 λ_B 增大时,均衡状态下,房地产网络平台对 A 边用户交易费收费将降低,而对 B 边用户交易费收费将增加。

结论(5):在其他条件不变的情况下,当 A 边用户带给 B 边用户的价值增加时,房地产网络平台将降低对 A 边用户的收费,而增加对 B 边用户的收费,反之,当 B 边用户带给 A 边用户的价值增加时,平台将增加对 A 边用户的收费,而降低对 B 边用户的收费。

在收取交易费的市场制造者房地产网络平台中,A 边用户是指有购买需求的买方,而 B 边用户是指提供房源或者家居建材的卖方,买卖双方均关注能不能在平台上高效率、低成本地达成交易。从结论(5)看出,平台上的房地产开发商、房地产中介等企业与消费者之间同样也存在着博弈的关系。在交易市场上,买方与卖方的关系,表现为供给与需求的竞争关系[520]。当市场是买方市场时,买方往往能给卖方带来更高的价值;当市场是卖方市场时,卖方能给买方带来更高的价值。

买方市场指市场上商品供过于求的情况,出售者之间竞争激烈,购买者有随意挑剔选购商品的主动权;卖方市场,指市场上商品供不应求的情况,购买者争购抢购商品,卖者限售惜售①。往往卖方市场是计划经济体制下的产物,买方市场是市场经济体制的产物[521]。

随着我国房地产市场化政策的推出,房地产业成为我国的支柱产业,住房需求被极大地激发。人们对于房地产的需求包括主动性需求(改善生活居住质量或投资性需求)和被动性需求(旧城改造、拆迁引起的新的住房需求)[522]。由于我国经济的高速发展,土地资源的稀缺性日益突出,除了住宅用地和商业用地,各行各业对土地的需求也在不断加大,房地产市场的土地资源明显供不应求。因此新房市场也是供不应求,是典型的卖方市场,在交易过程中,平台的主要收费对象是购房者。比如,搜房网和乐居网就是主要向购房者收取一次性电商费用。

由于我国住房刚性需求巨大,新房资源稀缺,二手房市场也承担部分缓解住房问题的重担。同时二手房市场信息严重不对称,交易流程复杂,卖方与房地产经纪人分别由于资源禀赋优势与专业优势,相对于买方处于优势地位[481]。因此二手房市场也是明显的卖方市场。以房多多为例,在平台上,房多多同时服务于经纪公司、卖房者和买房者,三方用户相互影响,形成三边市场。其收费对象主要是购房者,房多多收取购房者 2 999 元的手续费,给购房者提供合同签订、过户、贷款等全程服务。对于房源端,卖房者可免费通过房多

---

① 《马克思恩格斯全集》第 25 卷第 261 页。

多直接进行房屋估值,发布卖房信息,由房多多上门验证房子的真实性,确定看房时间,帮助找买家,实现快速成交,经纪公司的经纪人来房多多注册,就会把拿到的房源开放给线上所有的经纪人,每桩交易达成后返给经纪人佣金。

资源非稀缺性的家装市场则是买方市场。一方面,产能过剩现象是对我国当前经济发展状况的一致认识[524]。产能过剩是指生产能力大于需求而形成的生产能力的过剩[525]。和传统的制造业相同,家装建材市场也存在着产能过剩的问题。2016 年,工业和信息化部在《2015 年建材工业经济运行情况》中指出,2015 年建材工业面对市场需求不旺、产能严重过剩的问题。另一方面,进入家装行业的门槛极低,一些"家装游击队"既无注册在案又无资质的施工队伍即可接家装业务。即使是注册在案的小型家装公司,一间十几平方米的店面,两三个设计师就可以接业务,施工队则不是固定的[525]。因此家装建材行业竞争非常激烈,其供应远远大于需求。比如在装修平台土巴兔上,平台只对装修公司收取费用,而对业主提供免费服务。一个装修订单,对于业主,土巴兔会免费推荐 3 家装修公司,然后三家公司给出免费设计、量房和报价,供业主选择;对于装修公司,土巴兔网站每单收 300 元信息费,3 家公司每家 300 元,同时跟业主签单的装修公司还要收工程总价 5%的费用。

11.2.3 平台采取两部分收费形式

垄断房地产网络平台一般采取两部分收费的定价模式,平台向双边用户收取一定比例的交易费 α_A、α_B($\alpha_i \in [0,1]$,$i = A、B$),同时也向他们收取一定的注册费 p_A、p_B,平台的利润完全来自向双边用户收取的费用。需求协调者房地产网络平台——社区服务网络平台往往会采取两部分收费形式,业主通过社区服务网络平台选择服务提供商的各类服务。此时,房地产网络平台向双边用户收取的费用可以表示为:

$$P_A = p_A + \alpha_A n_B, \quad P_B = p_B + \alpha_B n_A \tag{11-35}$$

接入平台的双边用户的效用可以表示为:

$$u_A = \theta_A \lambda_A n_B - p_A - \alpha_A n_B \tag{11-36}$$

$$u_B = \theta_B \lambda_B n_A - p_B - \alpha_B n_A \tag{11-37}$$

假设 A 边用户是社区业主,B 边用户是社区服务的各类提供商。A 边用户的效用是指社区业主在平台上享受服务或购买产品的满意程度;B 边用户的效用是指各类服务提供商获得订单的多少。令 θ_A^*、θ_B^* 分别为两边用户对平台服务水平评价的无差异点:

$$u_A = \theta_A^* \lambda_A n_B - p_A - \alpha_A n_B = 0 \tag{11-38}$$

$$u_B = \theta_B^* \lambda_B n_A - p_B - \alpha_B n_A = 0 \tag{11-39}$$

由式(11-38)、式(11-39)结合等式 $n_A = 1 - \theta_A^*$,$n_B = 1 - \theta_B^*$,可将平台利润函数表示为如下形式:

$$\max_{n_A, n_B} \pi = (p_A + \alpha_A n_B)n_A + (p_B + \alpha_B n_A)n_B \tag{11-40}$$

即
$$\max_{n_A, n_B} \pi = (1-n_A) \cdot \lambda_A n_B \cdot n_A + (1-n_B) \cdot \lambda_B n_A \cdot n_B \tag{11-41}$$

$$\text{s.t} \quad 0 \leqslant n_A \leqslant 1 \tag{11-42}$$

$$0 \leqslant n_B \leqslant 1 \tag{11-43}$$

收益函数 π 分别对 n_A、n_B 求一阶偏导数，并令其为零，可求得房地产网络平台收益取得极大值的情况下双边用户的规模如下：

$$n_A = \frac{\lambda_A + \lambda_B}{3\lambda_A} = \frac{1}{3}\left(1 + \frac{\lambda_B}{\lambda_A}\right) \tag{11-44}$$

$$n_B = \frac{\lambda_B + \lambda_A}{3\lambda_B} = \frac{1}{3}\left(1 + \frac{\lambda_A}{\lambda_B}\right) \tag{11-45}$$

将式(11-44)和式(11-45)代入式(11-38)和式(11-39)可得房地产网络平台对两边用户收取的注册费与交易费之间满足如下关系：

$$p_A = \frac{(\lambda_A + \lambda_B)(2\lambda_A - \lambda_B) - 3(\lambda_A + \lambda_B)\alpha_A}{9\lambda_B} \tag{11-46}$$

$$p_B = \frac{(\lambda_B + \lambda_A)(2\lambda_B - \lambda_A) - 3(\lambda_B + \lambda_A)\alpha_B}{9\lambda_A} \tag{11-47}$$

此时平台获取的利润为：

$$\pi = \frac{(\lambda_A + \lambda_B)^3}{27\lambda_A \lambda_B} \tag{11-48}$$

结论(6)：房地产网络平台对两边用户所收取的注册费和交易费之间满足关系 $p_A = \frac{(\lambda_A + \lambda_B)(2\lambda_A - \lambda_B) - 3(\lambda_A + \lambda_B)\alpha_A}{9\lambda_B}$，$p_B = \frac{(\lambda_B + \lambda_A)(2\lambda_B - \lambda_A) - 3(\lambda_B + \lambda_A)\alpha_B}{9\lambda_A}$，此时两边用户的规模分别为 $n_A = \frac{1}{3}\left(1 + \frac{\lambda_B}{\lambda_A}\right)$，$n_B = \frac{1}{3}\left(1 + \frac{\lambda_A}{\lambda_B}\right)$，平台所获得的利润为 $\frac{(\lambda_A + \lambda_B)^3}{27\lambda_A \lambda_B}$。

同样地，房地产网络平台采取两部分收费形式时获取的利润与收取注册费、交易费时利润相同，因此，不考虑成本的情况下，房地产网络平台的种类和收费方式不影响平台的利润。需求协调者房地产网络平台的价格结构与两边用户的交叉网络外部性强度的关系复杂，而交易费与注册费存在着线性关系。

由利润最大化情况下平台的注册费 p_A、p_B 分别对交易费 α_A、α_B 求一阶偏导数可得：

$$\frac{\partial p_A}{\partial \alpha_A} = -\frac{(\lambda_A + \lambda_B)}{3\lambda_B} < 0, \quad \frac{\partial p_B}{\partial \alpha_B} = -\frac{(\lambda_A + \lambda_B)}{3\lambda_A} < 0 \tag{11-49}$$

结论(7):房地产网络平台采取两部分收费的情况下,平台对双边用户收取的注册费和交易费之间存在着负相关关系,即平台对用户收取的注册费越高,相应的交易费将降低,反之亦然。

这一收费模式在面对不同需求类型的消费者时显得更为适用,当社区业主的需求量较高时,由于交易基数大,所以偏向高注册费低交易费的方式;而当社区业主的需求量较低时,他们往往不愿意花费高注册费加入平台,而倾向低注册费高交易费。因此,需求协调型房地产网络平台应根据用户对平台服务需求量的大小,通过调整注册费和交易费来制定合理的价格结构。

11.3 房地产网络平台的价格结构分析

11.3.1 模型均衡结果分析

三种定价模式下的价格结构见表11-2。

表 11-2 不同定价模式下的价格结构对比

定价模式	A 边	B 边
注册费	$\dfrac{(\lambda_A+\lambda_B)(2\lambda_A-\lambda_B)}{9\lambda_B}$	$\dfrac{(\lambda_B+\lambda_A)(2\lambda_B-\lambda_A)}{9\lambda_A}$
交易费	$\dfrac{2\lambda_A-\lambda_B}{3}$	$\dfrac{2\lambda_B-\lambda_A}{3}$
两部分收费	$\dfrac{(\lambda_A+\lambda_B)(2\lambda_A-\lambda_B)-3(\lambda_A+\lambda_B)\alpha_A}{9\lambda_B}$	$\dfrac{(\lambda_B+\lambda_A)(2\lambda_B-\lambda_A)-3(\lambda_B+\lambda_A)\alpha_B}{9\lambda_A}$

在利润最大化的情况下,通过对比三种定价模式下的价格结构,可以得到如下的结论:

结论(8):房地产网络平台收取注册费、交易费、两部分收费情况下,平台所获得用户规模和平台收益相同,即三种收费方式中并无较优的收费方式。即垄断平台情况下,房地产网络平台的类型和收费方式并不会影响平台的利润。该结论与 Armstrong[37] 的研究文献中所给出的结论存在一致性。

结论(9):对于房地产网络平台,无论在两边采用注册费还是交易费,在平台利润最大化的条件下,交叉网络外部性是其价格结构、规模以及利润大小的决定性因素。其在一边的定价都是和平台同边的交叉网络外部性正相关,和另外一边的交叉网络外部性强度负相关。

结论(10):网络外部性的存在也论证了垄断平台倾斜性定价的合理性,非中性的价格结构反映了平台两边用户的相互依赖特征,而并非是掠夺性定价。

11.3.2 房地产网络平台的定价策略

虽然在现实应用中难以获取房地产网络平台价格结构参数的具体数值,但是主要相关变量之间的关系还是显而易见的。本书通过对现实商业环境的研究,与模型结论相比较,从而为房地产网络平台的定价提出策略和建议。结合房地产网络平台的价格结构模型和现实因素分析,本书为房地产网络平台的定价提出以下两点建议。

1. 提高交叉网络外部性强度,实现平台利润的增加

由模型结论可知,两边用户的交叉网络外部性强度越大,平台获取的利润越高,平台应通过增强房地产网络平台两边用户的交叉网络外部性从而增加利润。

房地产网络平台可以对用户预期进行管理,提高交叉网络外部性。为了提高房地产网络平台的用户预期,平台可以针对目标人群的需求和消费心理进行挖掘和分析,引导用户预期。比如:通过新浪、百度、微博等主流网站的合作,有效导入客源,扩大用户规模;再根据客户浏览习惯和客户标签,精准推荐楼盘,满足买方需求。消费者规模越大,卖方对市场的预期越好,加入平台的开发商、中介等卖方也就越多。在房地产网络平台中,市场预期需求满足得越多,平台用户的交叉网络外部性越大,利润也会增加。

在经营协同上,房地产网络平台应该加强卖方与卖方的合作,买方与买方的合作,买方与卖方的合作,增强用户间的协同效应。比如:联合众多开发商开展团购,吸引更多的买方加入平台;组织买方看房团活动,吸引更多的卖方加入平台;建立类似淘宝的评价机制,增强买卖双方的信任。在管理协同上,房地产网络平台应引入互联网技术,建立信息管理系统,实现管理系统化、信息共享化等,优化平台系统,将工作流程标准化、IT化,从而提升平台的服务质量和匹配效率,增强用户间的协同效应。

2. 设计合理的价格结构,采取倾斜式定价策略

倾斜式定价是指平台为吸引两边的用户加入平台进行交易对两边用户收取不同的费用,对一方收取高价格,则对另一方收取低价格或者进行补贴[526]。在房地产网络平台中,平台为了获取最大利润,应设计合理的价格结构。

无论在房地产网络平台采用注册费还是交易费,平台的价格结构和两边用户的交叉网络外部性强度的相对大小有关。受众创造者房地产网络平台往往是匹配房地产开发商、房地产中介和家装公司等广告商与消费者,广告商的交叉网络外部性强度大小要远大于消费者,因此平台应主要向广告商收费,其收费形式是注册费。市场制造者房地产网络平台是撮合买方与卖方之间的交易,其收费形式是交易费,在新房和二手房这样的卖方市场,平台应向买方收费;在家装这样的买方市场,平台应向卖方收费。

参考文献

[1] 官建文.移动互联网蓝皮书[M].北京:社会科技文献出版社,2013.

[2] 苏振芳.互联网对社会生活方式影响研究[J].福建师范大学学报,2003(1):86-92.

[3] 李海舰,田跃新,李文杰.互联网思维与传统企业再造[J].中国工业经济,2014(10):135-146.

[4] 中国互联网信息中心.中国互联网络发展状况统计报告[EB/OL]. http://www.cnnic.cn/hlwfzyj/hlwxzbg/hlwtjbg/.

[5] 中国电子商务研究中心.2015年(上)中国电子商务市场数据监测报告[EB/OL]. http://www.100ec.cn/detail-6279448.html.

[6] 孙立,杨斌,杨军,等."互联网+"趋势下产业链大数据整合与应用研究[J].科技进步与对策,2015,32(17):57-60.

[7] 许正中,刘尧."互联网+"时代经济发展趋势与机遇[J].人民论坛,2015(35):22-24.

[8] 李克强.政府工作报告[R].北京,第十二届全国人民代表大会第三次会议,2015. http://www.gov.cn/guowuyuan/2015-03/16/content_2835101.htm.

[9] 习近平.第二届世界互联网大会开幕式主旨演讲[Z]. http://news.xinhuanet.com/world/2015-12/16/c_1117481089.htm.

[10] 唐德淼.科业变革和互联网渗透下的产业融合[J].科研管理,2015(S1):453-458.

[11] 腾讯科技频道.跨界:开启互联网与传统行业融合新趋势[M].北京:机械工业出版社,2014.

[12] 马化腾.互联网+:国家战略行动路线图[M].北京:中信出版社,2015.

[13] 巴曙松.房地产大转型的"互联网+"路径[M].厦门:厦门大学出版社,2015.

[14] Wright J. The Determinants of Optimal Interchange Fees in Payment Systems[J]. Journal of Industrial Economics, 2004(1): 1-26.

[15] Haigu A, Wright J. Multi-sided platforms[J]. International Journal of Industrial Organization, 2015, 43: 162-174.

[16] David S. Platform Economics: Essays on Multi-Sided Business [M]. Competition Policy International, 2011.

[17] Kaiser U, Wright J. Price Structure in Two-sided Markets: Evidence from the Magazine Industry [J]. International Journal of Industrial Organization, 2006, 24: 1-28.

[18] 巴曙松.巴曙松:房地产电商的机会在哪里[J].中国房地产业,2015(3):44-45.

[19] Rochet J, Tirole J. Two-Sided Markets: A Progress Report[J]. Rand Journal of Economics, 2006, 35(3): 645-667.

[20] Bolt W, Tieman A. On Myopic Equilibria in Dynamic Games with Endogenous Discounting[R]. International Monetary Fund, 2006.

[21] Wely E J. A Price Theory of Multi-Sided Platforms[J]. American Economic Review, 2010: 1642-1672.

[22] 马汉武,刘兴祥.B2C平台的价格结构及其收益的比较研究[J].中国管理科学,2013(S2):513-518.

[23] Evans D S, Schmalensee R. The Antitrust Analysis of Multi-Sided Platform Businesses[R]. Institute for law & Economics Working Paper, 2013.

[24] 徐晋,张祥建.平台经济学初探[J].中国工业经济,2006(5):40-47.

[25] 丹尼斯·W. 卡尔顿,杰弗里·M. 佩洛夫. 现代产业组织[M]. 4 版. 北京:中国人民大学出版社,1996.
[26] Wang E T G, Wei H L. Interorganizational governance value creation: Coordinating for information visibility and flexibility in supply chains[J]. Decision Sciences, 2007, 38(4): 647-674.
[27] 王凤彬,陈高生. 新经济中的虚拟一体化组织[J]. 经济理论与经济管理, 2002(3):47-52.
[28] 陈思静. 社会规范激活:第三方惩罚的心理机制及其对合作行为的影响[D]. 杭州:浙江大学,2011.
[29] Milgrom P, D North, et al. The Role of Institutions in the Revival of Trade: the Law Merchant, Private Judges, and the Champagne Fairs[J]. Economics and Politics, 1990, 2(1): 1-23.
[30] 青木昌彦. 比较制度分析[M]. 上海:上海远东出版社,2001.
[31] Katz M L, Shapiro C. Network externalities, competition, and compatibility[J]. The American Economic Review, 1985,75(3): 424-440.
[32] Economides N. The economics of networks[J]. International Journal of Industrial Organization, 1996, 14(6): 673-699.
[33] Berger S C, Gleisner F. Emergence of financial intermediaries in electronic markets: the case of online P2P lending[J]. BuR-Business Research, 2009, 2(1): 39-65.
[34] Yoo B, Choudhary V, Mukhopadhyay T. Electronic B2B marketplaces with different ownership structures[J]. Management Science, 2007, 53(6): 952-961.
[35] Roche J C, Tirole J. Two-sided markets: A progress report[J]. The RAND Journal of Economics, 2006, 37(3): 645-667.
[36] Evans D S. The antitrust economics of two-sided markets[J]. Yale Journal on Regulation, 2003, 20: 325-382.
[37] Armstrong M. Competition in two-sided markets[J]. The RAND Journal of Economics, 2006, 37(3): 668-691.
[38] Li S, Liu Y, Bandyopadhyay S. Network effects in online two-sided market platforms: A research note[J]. Decision Support Systems, 2010, 49(2): 245-249.
[39] Rysman M. The economics of two-sided markets[J]. The Journal of Economic Perspectives, 2009, 23(3): 125-143.
[40] Garcia-Swartz D D, Garcia-Vicente F. Network effects on the iPhone platform: An empirical examination[J]. Telecommunications Policy, 2015, 39(10): 877-895.
[41] 陆兰华. 网络外部性下的电子商务平台竞争与规制[J]. 商业时代,2014(2):66-67.
[42] Tellis G J, Yin E, Niraj R. Does quality win? Network effects versus quality in high-tech markets [J]. Journal of Marketing Research, 2009, 46(2): 135-149.
[43] 尹冬生. 网络外部性下的我国电子支付产业竞争策略研究[D]. 济南:山东大学,2010.
[44] 傅联英. 银行卡支付平台竞争绩效及其生存区间分析[J]. 上海管理科学,2011,33(5):25-28.
[45] 喻世华. 基于网络外部性的电信市场竞争分析[J]. 移动通信,2008,32(15):78-83.
[46] 孙璐,潘琦. 网络外部性条件下电信市场的竞争分析[J]. 对外经贸,2014(4):62-63, 75.
[47] Wilbur K C. A two-sided empirical model of television advertising and viewing markets[J]. Marketing Science, 2008, 27(3): 356-378.
[48] 阮亚娟. 我国银行卡产业的交叉网络外部性研究[J]. 金融经济,2011(9):124-125.
[49] 陈薪宇,潘小军. 交叉网络外部性在证券交易所定价中的应用分析[J]. 上海管理科学,2012(2):21-25.
[50] 纵凯. 我国银行卡市场的定价策略与福利分析——基于双边市场理论的研究[D]. 大连:东北财经大学,2012.
[51] 骆品亮,韩冲,余林徽. 我国银行卡市场双边性检验及其政策启示[J]. 产业经济研究,2010(2):64-72.

[52] Fu L, Luo P. Using attachment curves model to study the group externality of China's bankcard industry[C]. Business Management and Electronic Information(BMEI), 2011.

[53] 陈兆友. 基于归属曲线的交叉网络外部性测度[D]. 上海:复旦大学,2013.

[54] 胥莉,王耀斌,陈丽. 广告支持型双边市场的网络效应——即时通讯市场的实证分析[J]. 系统管理学报,2008,17(6):615-621.

[55] 张良卫. 基于双边市场理论的即时通讯行业网络外部性研究——以腾讯公司为例[D]. 上海:上海交通大学,2009.

[56] Kaiser U, Song M. Do media consumers really dislike advertising? An empirical assessment of the role of advertising in print media markets[J]. International Journal of Industrial Organization, 2009, 27(2):292-301.

[57] Lee R S. Vertical integration and exclusivity in platform and two-sided markets[J]. The American Economic Review, 2013, 103(7):2960-3000.

[58] Liu Y, Mai E S, Yang J. Network externalities in online video games: An empirical analysis utilizing online product ratings[J]. Marketing Letters, 2015, 26(4):679-690.

[59] Seamans R, Zhu F. Responses to entry in multi-sided markets: the impact of Craigslist on local newspapers[J]. Management Science, 2013, 60(2):476-493.

[60] Sridhar S, Mantrala M K, Naik P A, et al. Dynamic marketing budgeting for platform firms: Theory, evidence, and application[J]. Journal of Marketing Research, 2011, 48(6):929-943.

[61] Voigt S, Hinz O. Network effects in two-sided markets: why a 50/50 user split is not necessarily revenue optimal[J]. Business Research, 2015, 8(1):139-170.

[62] Rysman M. An empirical analysis of payment card usage[J]. The Journal of Industrial Economics, 2007, 55(1):1-36.

[63] Doganoglu T, Grzybowski L. Estimating network effects in mobile telephony in Germany[J]. Information Economics and Policy, 2007, 19(1):65-79.

[64] Kim J H, Prince J, Qiu C. Indirect network effects and the quality dimension: A look at the gaming industry[J]. International Journal of Industrial Organization, 2014, 37:99-108.

[65] Birke D, Swann G M P. Network effects and the choice of mobile phone operator[J]. Journal of Evolutionary Economics, 2006, 16(1-2):65-84.

[66] Smith W R. Product differentiation and market segmentation as alternative marketing strategies[J]. The Journal of Marketing, 1956, 21(1):3-8.

[67] Kotler P, Saliba S, Wrenn B. Marketing management: analysis, planning, and control: instructor's manual[M]. New Jersey: Prentice-Hall, 1991.

[68] Griffith R L, Pol L G. Segmenting industrial markets[J]. Industrial Marketing Management, 1994, 23(1):39-46.

[69] 邹鹏,李一军,郝媛媛. 基于代价敏感性学习的客户价值细分[J]. 管理科学学报,2009(1):48-56.

[70] 段书勇. 基于客户价值细分的推荐方式研究[D]. 长春:吉林大学,2011.

[71] 康慧敏. 基于盈利能力的顾客细分及营销策略[J]. 中外企业家,2015(22):96-97.

[72] 桑辉,王方华. 基于利益细分的网上消费者研究[J]. 上海管理科学,2005,27(4):7-8,21.

[73] 郑琦,李莉. 对中国饮料市场利益细分的探索性研究[J]. 经营管理者,2009(12):94-95.

[74] 张辉,夏丹,马丽丽. 基于利益的中国电影市场细分实证研究[J]. 现代传播(中国传媒大学学报),2015(2):154-155.

[75] Müller H, Hamm U. Stability of market segmentation with cluster analysis-A methodological approach[J]. Food Quality and Preference, 2014, 34:70-78.

[76] Brito P Q, Soares C, Almeida S, et al. Customer segmentation in a large database of an online customized fashion business[J]. Robotics and Computer-Integrated Manufacturing, 2015, 36:93-

100.

[77] Casabayó M, Agell N, Sánchez-Hernández G. Improved market segmentation by fuzzifying crisp clusters: A case study of the energy market in Spain[J]. Expert Systems with Applications, 2015, 42(3): 1637-1643.

[78] 高伟,贺昌政,蒋晓毅. 基于模糊聚类集成算法的客户细分研究[J]. 情报杂志,2011(4):125-128,177.

[79] 鲍雷. 混合遗传聚类算法在客户细分中的应用研究[D]. 广州:暨南大学,2010.

[80] 吴春旭,刘艳泽,苟清龙. 基于信息熵的蚁群聚类算法在客户细分中的应用[J]. 计算机系统应用,2010(7):171-174.

[81] Teimouri N, Omid M, Mollazade K, et al. A novel artificial neural networks assisted segmentation algorithm for discriminating almond nut and shell from background and shadow[J]. Computers and Electronics in Agriculture, 2014, 105: 34-43.

[82] 刘建国. 客观聚类算法在客户细分中的应用研究[D]. 兰州:兰州商学院,2014.

[83] Rahman S H. Modelling of international market selection process: a qualitative study of successful Australian international businesses[J]. Qualitative Market Research: An International Journal, 2003, 6(2): 119-132.

[84] 刘丽霞. 技术创新的目标市场选择研究[D]. 武汉:武汉理工大学,2006.

[85] 马志勇. 房地产项目市场定位的研究[D]. 北京:华北电力大学,2007.

[86] 吴雪. 基于客户价值的细分市场评价体系初探[J]. 现代企业教育,2007,22:54-55.

[87] Ou C W, Chou S Y, Chang Y H. Using a strategy-aligned fuzzy competitive analysis approach for market segment evaluation and selection[J]. Expert Systems with Applications, 2009, 36(1): 527-541.

[88] 李亮. HT证券经纪业务目标市场选择研究[D]. 济南:山东大学,2013.

[89] 袁松. GE矩阵在建筑企业目标市场选择中的应用研究[J]. 科学技术与工程,2007,20:5426-5429.

[90] 汤立. 房地产项目目标市场定位研究[D]. 长沙:中南大学,2007.

[91] 曹玉龙. 对马钢市场细分及其目标市场选择的思考[J]. 安徽冶金科技职业学院学报,2010(1):62-66.

[92] 卢梅,张文敏,郑涛. 中国建筑企业海外目标市场选择研究[J]. 商业研究,2013(2):100-103.

[93] 张文敏. 中国建筑企业海外市场开拓决策研究[D]. 西安:西安建筑科技大学,2013.

[94] 陈翔宇. 证券审计市场细分及事务所目标市场选择——基于GE矩阵方法[D]. 北京:首都经济贸易大学,2015.

[95] Montoya-Weiss M, Calantone R J. Development and implementation of a segment selection procedure for industrial product markets[J]. Marketing Science, 1999, 18(3): 373-395.

[96] 乔永璞. 中煤科工集团亚洲煤炭工程目标市场选择的研究[D]. 北京:北京交通大学,2011.

[97] 姚晓东. A公司海外房地产目标市场选择研究[D]. 北京:中国地质大学,2014.

[98] Lee G, Morrison A M, O'Leary J T. The economic value portfolio matrix: A target market selection tool for destination marketing organizations[J]. Tourism Management, 2006, 27(4): 576-588.

[99] 刘俊娥,张洪亮. 基于熵权理想点法的目标市场选择研究[J]. 中国管理信息化(综合版),2007(7):45-46.

[100] 刘禹力,张永位. DEA的第三方物流企业目标市场选择[J]. 中国储运,2007(3):117-118.

[101] 宋爱苹,李晓亮. 第三方物流企业目标市场选择[J]. 商业时代,2010(16):33-34.

[102] 王培承. 可拓学方法在医药目标市场选择中的应用研究[D]. 济南:山东大学,2009.

[103] 王红娜,刘应宗. 基于优度评价的住宅营销目标市场选择[J]. 西安电子科技大学学报(社会科学版),2010(5):18-22.

[104] Setnes M, Kaymak U. Fuzzy modeling of client preference from large data sets: an application to

target selection in direct marketing[J]. IEEE Transactions on Fuzzy Systems, 2001, 9(1): 153-163.

[105] Li X, Niu Y P, Yang S X. Targeting market selection based-on fuzzy preference relation[C]. Machine Learning and Cybernetics, 2004. Proceedings of 2004 International Conference on. IEEE, 2004, 4: 2390-2392.

[106] Aghdaie M H, Zolfani S H, Rezaeinia N, et al. A hybrid fuzzy MCDM approach for market segments evaluation and selection[C]. Management and Service Science (MASS), 2011 International Conference on. IEEE, 2011: 1-4.

[107] 杨强. 基于模糊层次分析法的第三方物流市场评价研究[D]. 大连:大连海事大学,2011.

[108] 盛紫焱,韩阳. 基于AHP-模糊综合法的电力营销目标市场选择[J]. 中国高新技术企业,2014(33): 163-164.

[109] 祖明,李仲轶,周晔. 我国自主品牌汽车企业海外目标市场选择研究[J]. 经济理论与经济管理,2013 (1):51-59.

[110] Dat L Q, Phuong T T, Kao H P, et al. A new integrated fuzzy QFD approach for market segments evaluation and selection[J]. Applied Mathematical Modelling, 2015, 39(13): 3653-3665.

[111] 周素萍. 灰色定权聚类在中小企业利基市场选择中的应用[J]. 生产力研究,2008(13):142-145, 169.

[112] 王金翎,于焱. 灰色关联分析在汽车零部件细分市场选择中的实证研究[J]. 商业经济,2010(24): 55-57.

[113] 高亚宾. 河南省电力目标市场选择与发展对策分析[J]. 市场研究,2013(12):27-31.

[114] 范宇峰. 基于CAGE距离模型之资源型央企国际市场进入模式研究[D]. 北京:中国地质大学,2013.

[115] 刘书庆,苏秦,陈丹丹. 科技成果产业化目标市场评估与选择模型研究[J]. 科技进步与对策,2012 (15):119-125.

[116] 张停停. 基于TOPSIS-RE的国际采购供应商伙伴选择决策模型[J]. 桂林航天工业学院学报,2015 (2):142-148.

[117] Nikander P, Ylitalo J, Wall J. Integrating Security, Mobility, and Multi-homing in a HIP Way[C]. Proceedings of Network and Distributed Systems Security Symposium, San Diego, 2003.

[118] Caillaud B, Jullien B. Chicken and egg: Competition among Intermediation Service Providers[J]. RAND Journal of Economics, 2003, 34(2): 309-328.

[119] Wright J. One-sided Logic in Two-sided Markets[J]. Review of Network Economics, 2004, 3(1): 42-63.

[120] Boudreau K. Open platform strategies and innovation: Granting access vs. devolving control[J]. Management Science, 2010, 56(10): 1849-1872.

[121] Choi J P. Tying in Two-Sided Markets with Multi-Homing[J]. The Journal of Industrial Economics, 2010, 58:607-626.

[122] Roson R. Platform Competition with Endogenous Multi-homing[R]. FEEM Working Paper, 2005.

[123] Evans D S. Some Empirical Aspects of Multi-Sided Platform Industries[J]. Review of Network Economics, 2003, 2(3): 191-209.

[124] Koh T K, Fichman M. Multi-Homing Users' Preferences for Two-Sided Exchange Networks[J]. MIS Quarterly, 2014,38(4): 977-996.

[125] Bughin J, Chui M, Manyika J. Clouds, big data, and smart assets: Ten tech-enabled business trends to watch[J]. McKinsey Quarterly, 2010(4): 26-43.

[126] White A, Weyl E G. Insulated platform competition[R], 2015.

[127] Hagiu A, Halaburda H. Information and two-sided platform profits[J]. International Journal of

Industrial Organization, 2014(34C): 25-35.
[128] Halaburda H, Yehezkel Y. Platform competition under asymmetric information[J]. American Economic Journal: Microeconomics, 2013, 5(3): 22-68.
[129] Jeitschko T D, Tremblay M J. Platform Competition with Endogenous Homing[J]. Social Science Electronic Publishing, 2015, 4: 1-44.
[130] Anderson S P, Kind H J. Competition for Advertisers and for Viewers in Media Markets[R]. Working Paper, University of Virginia and NHH Bergen, 2014.
[131] Athey S, Calvano E, Gans J S. The Impact of the Internet on Advertising Markets for News Media[R]. Working Paper, Harvard University, 2013.
[132] Bergemann D, Bonatti A. Targeting in advertising markets: implications for offline vs. online media[J]. RAND Journal of Economics, 2011, 42:417-443.
[133] Susan A, Calvano E, Gans H. The Impact of the Internet on Advertising Markets for News Media[R]. NBER Working Paper, 2013.
[134] Gentzkow M, Shapiro J M, Sinkinson M. Competition and Ideological Diversity: Evidence from US Newspapers[J]. American Economic Review, 2012, 104(10): 3073-3114.
[135] Jin G Z, Rysman M. Platform Pricing at Sports Card Conventions[R]. NBER Working Paper, 2010.
[136] Rochet J, Tirole J. Platform competition in two-sided markets[J]. Journal of the European Economic Association, 2003, 1(4):990-1029.
[137] Armstrong M. The theory of access pricing and interconnection[J]. Handbook of Telecommunications Economics, 2002, 1: 295-384.
[138] Evans D S, Schmalensee R. The Industrial Organization of Markets with Two-Sided Platforms[J]. Competition Policy International, 2007, 3(1): 149-179.
[139] 陈翔,仲伟俊,梅姝娥. 第三方电子商务平台的定价策略研究[J]. 系统工程学报,2003(3):237-243.
[140] 毛晶莹. 中立交易平台型B2B电子商务网络定价模型研究[J]. 厦门大学学报(自然科学版),2005(5):625-628.
[141] 龚亮. 第三方B2B电子商务平台定价研究——基于双边市场理论[J]. 北方经贸,2008(8):51-53.
[142] 杨文明. 互联网平台企业免费定价反垄断规制批判[J]. 广东财经大学学报,2015(1):104-113.
[143] 陈芳. 基于双边市场理论的电子商务B2B平台定价策略研究[D]. 宁波:宁波大学,2014.
[144] Bhargava H K, Choudhary V, Krishnan R, et al. Analysis of an intermediary's strategies in electronic markets for decision technologies[J]. Analysis of an Intermediary's Strategies in Electronic Markets, 1999, 1: 82-92.
[145] Ivaldi M, Sokullu S, Toru T. Airport prices in a two-sided market setting: Major US airports[J]. Social Science Electronic Publishing, 2015, 34: 40-76.
[146] Ferrando J A, Gabszewicz J, Laussel D, et al. Two-Sided Network Effects and Competition: An Application to Media Industries[R]. Working Paper, 2004.
[147] Affeldt P, Filistrucchi L, Klein T J. Upward Pricing Pressure in Two-sided Markets[J]. The Economic Journal, 2013, 123(572): 505-523.
[148] Vasconcelos H. Is exclusionary pricing anticompetitive in two-sided markets?[J]. International Journal of Industrial Organization, 2015, 40: 1-10.
[149] Liu Q, Serfes K. Price Discrimination in Two-Sided Markets[J]. Journal of Economics & Management Strategy, 2013, 22(4): 768-786.
[150] Luo P, Zhang Z L, Odlyzko A. Equilibria of Prices and Investments in Two-sided Internet Content Delivery Market[R]. Working Paper, 2013.
[151] Jullien B, Sand-Zantman W. Internet Regulation, Two-Sided Pricing, and Sponsored Data[R].

Working Paper, 2015.

[152] Gil R, Riera-Crichton D. Price discrimination and competition in two-sided markets: Evidence from the spanish local TV industry[J]. Ssrn Electronic Journal, 2012, 2: 48-78.

[153] Baxter W F. Bank Interchange of Transactional Paper: Legal and Economic Perspective[J]. Journal of Law and Economics, 1983, 26:541-588.

[154] Filistrucchi L, Klein T. Price Competition in Two-Sided Markets with Heterogeneous Consumers and Network Effects[J]. Ssrn Electronic Journal, 2013, 10: 13-20.

[155] 胥莉,陈宏民,潘小军.具有双边市场特征的产业中厂商定价策略研究[J].管理科学学报,2009(5): 10-17.

[156] Sehmalensee R. Payment System and Fees[J]. Journal of Industrial Economics, 2002(50):103-122.

[157] 丁宁.基于双边市场理论的中国信用卡市场价格结构分析[J].宏观经济研究,2014(6):71-79.

[158] Evans D S, Hagiu A, Schmalensee R.看不见的引擎:软件平台驱动下的产业创新和转型[M].陈宏民,胥莉,张艳华,译.北京:清华大学出版社,2010.

[159] Hagiu A. Proprietary vs. Open Two-Sided Platforms and Social Efficiency[J]. Ssrn Electronic Journal, 2006(6): 1-43.

[160] Gallaugher J M, Yu-Ming B. Understanding Network Effects in Software Markets: Evidence From Web Service Pricing[J]. MIS Quarterly, 2002(26): 303-327.

[161] 李煜.基于双边市场理论的软件平台运营机制研究[D].北京:北京邮电大学,2013.

[162] Roson R. Auctions in a Two-Sided Network: The Market for Meal Voucher Services[J]. Networks and Spatial Economics, 2005a, 5(1):339-350.

[163] Nocke V, Peitz M, Stahl K. Platform Ownership[J]. Journal of the European Economic Association, 2007, 5(6): 1130-1160.

[164] Schiff S. Open and Closed Systems of Two-sided Networks[J]. Information Economics and Policy, 2003, 15: 425-442.

[165] Damiano E, Li H. Price discrimination and efficient matching[J]. Economic Theory, 2007, 30(2): 243-263.

[166] 陈姣,马君.信任的博弈论分析[J].华东经济管理,2005,19(4):81-85.

[167] Rotter J B. Generalized expectancies for interpersonal trust[J]. Amer. Psychologist, 1971, 26(5): 443-452.

[168] Barber B. The logic and limits of trust[J]. New Jersey: Rutgers University Press, 1983.

[169] Das T K, Teng B S. The risk-based view of trust: A conceptual framework[J]. Journal of Business and Psychology, 2004, 19(1): 85-116.

[170] McKnight D H, Chervany N L. What trust means in e-commerce customer relationships: An interdisciplinary conceptual typology[J]. International Journal of Electronic Commerce, 2002, 6(2): 35-59.

[171] Beldad A, De Jong M, Steehouder M. How shall I trust the faceless and the intangible? A literature review on the antecedents of online trust[J]. Computers in Human Behavior, 2010, 26(5): 857-869.

[172] Deutsch M. Trust and suspicion[J]. The Journal of Conflict Resolution,1958(2):265-279.

[173] Lewis J D, Weigert A J. Trust as a social reality[J]. Soc. Forces, 1985, 63(4): 967-985.

[174] Lee M K O, Turban E. A trust model for consumer internet shopping[J]. International Journal of Electronic Commerce, 2001, 6(1):75-91.

[175] Pavlou P A, Fygenson M. Understanding and predicting electronic commerce adoption: An extension of the theory of planned behavior[J]. MIS Quarterly, 2006,30(1): 115-143.

[176] Zucker L G. Production of trust: Institutional sources of economic structure: 1840—1920[M]//Staw B M, Cummings L L. Research in Organizational Behavior. Greenwich, CT: JAI Press,1986.

[177] Luhmann N. Trust and Power[M]. Chichester:John Wiley & Sons, 1979.

[178] (美)弗朗西斯·福山.信任:社会道德与繁荣的创造[M].呼和浩特:远方出版社,1998.

[179] Rousseau D M, Sitkin S B, Burt R S, et al. Not so different after all: A cross-discipline view of trust[J]. Acad. Management Rev, 1998, 23(3): 393-404.

[180] 周密,姚芳,赵西萍.组织内部信任——理性控制最优模型的建立[J].山西财经大学学报,2006,28(5):93-98.

[181] 孟越,李希霖.以组织间信任为支点的组织间关系对跨组织成本管理绩效的影响研究[J].经济师,2016(8):24-25.

[182] 陈启泷,狄为.基于交易成本理论的组织间信任与承诺对财务绩效影响研究[J].财会通讯:综合(下),2015(4):81-85.

[183] 冯圆.组织间关系与企业群成本管理[J].会计之友,2016(6):93-99.

[184] Hwang P, Burgers W. Properties of trust: an analytical view[J]. Organizational Behavior and Human Decision Processes, 1997, 69(1):67-73.

[185] Venkatesh Shankar, Glen L Urban, Fareena Sultam. Online trust: a stakeholder perspective, concepts, implications, and future directions[J]. Strategic Information Systems, 2002, 11: 325-344.

[186] Coleman J S. Foundations of social theory[M]. Boston: Harvard University Press, 1994.

[187] Williamson O E. Calculativeness, trust, and economic organization[J]. The Journal of Law and Economics, 1993, 36(1, Part 2): 453-486.

[188] Lewicki R J, Bunker B B. Trust in Relationships: A Model of Trust Development and Decline [M]//Bunker B B, Rubin J Z. Conflict, Cooperation, and Justice. San Francisco: Jossey Bass Publishers, 1995.

[189] Granovetter M. Economic action and social structure:The problem of embeddedness[J]. American Journal of Sociology,1985,91(3):481-510.

[190] Mayer R C, Davis J H, Schoorman F D. An integrative model of organizational trust[J]. Academy of Management Review, 1995, 20(3): 709-734.

[191] Gefen D,Karahanna E,Straub D W. Trust and TAM in online shopping:An integrated model[J]. MIS Quarterly, 2003,27(1):51-90.

[192] Gefen D, Rao V S, Tractinsky N. The Conceptualization of Trust, Risk and Their Relationship in E-Commerce[C]. Proc. 36th Hawaii Int. Conf. on System science(HICSS 2003), 2003.

[193] Shapiro D L, Sheppard B H, Cheraskin L. Business on a handshake[J]. Negotiation Journal, 1992, 8(4), 365-377.

[194] 张维迎.信息、信任与法律[M].北京:生活·读书·新知三联书店,2003.

[195] Urban G L, Sultan F, Qualls W J. Placing trust at the center of your Internet strategy[J]. MIT Sloan Management Review, 2000, 42(1): 39.

[196] Warrington T B, Abgrab N J, Caldwell H M. Building trust to develop competitive advantage in e-business relationships[J]. Competitiveness Review: An International Business Journal, 2000, 10(2): 160-168.

[197] Jarvenpaa S L, Leidner D E. Communication and trust in global virtual teams[J]. Organization Science, 1998, 10(6):791-815.

[198] 李沁芳,刘仲英.电子商务初始信任影响因素的动态建模[J].商业研究,2007(8):204-208.

[199] 姜涛,李晓义,李建标.治理的功能、结构与演化:一个概念模型[J].天津社会科学,2013(2):72-77.

[200] Malone T W, Crowston K. The interdisciplinary study of coordination[J]. ACM Computing

Surveys(CSUR), 1994, 26(1): 87-119.

[201] Rubinstein A, Wolinsky A. Middlemen[J]. The Quarterly Journal of Economics, 1987, 102(3): 581-593.

[202] Cosimano T F. Intermediation[J]. Economica, 1996, 63(249): 131-143.

[203] Yavaş A. Marketmakers versus matchmakers[J]. Journal of Financial Intermediation, 1992, 2(1): 33-58.

[204] Hackett S C. A comparative analysis of merchant and broker intermediation[J]. Journal of Economic Behavior & Organization, 1992, 18(3): 299-315.

[205] Spulber D F. The intermediation theory of the firm: integrating economic and management approaches to strategy[J]. Managerial and Decision Economics, 2003, 24(4): 253-266.

[206] Croson D C, Jacobides M G. Agency relationships and monitoring in electronic commerce[J]. International Journal of Electronic Commerce, 1997, 1(3): 65-82.

[207] 郁建兴,宋晓清.商会组织治理的新分析框架及其应用[J].中国行政管理,2009(4):59-64.

[208] 巴泽尔.国家与第三方强制实施者的多样性[M].北京:经济科学出版社,2003.

[209] 李艳东,郑江淮.私序的功能与转型:一个述评[J].产业经济研究,2007(1):64-70.

[210] (美)奥利弗·E.威廉姆森(Oliver E. Williamson).治理机制[M].北京:中国社会科学出版社,2001.

[211] 钟无涯.基于运营主体的区域公共服务平台运营模式比较[J].科技进步与对策,2014(19):36-39.

[212] 王钰.电子商务第三方网络平台存在的问题与对策研究[J].商业研究,2011(6):75-79.

[213] 薛虹.论电子商务第三方交易平台——权力、责任和问责三重奏[J].上海师范大学学报(哲学社会科学版),2014(5):39-46.

[214] Sarkar M, Butler B, Steinfield C. Cybermediaries in electronic marketspace: toward theory building[J]. Journal of Business Research, 1998, 41(3): 215-221.

[215] Brousseau E. The governance of transactions by commercial intermediaries: An analysis of the re-engineering of intermediation by electronic commerce[J]. International Journal of the Economics of Business, 2002, 9(3): 353-374.

[216] 王飞,黄玲.平台时代第三方治理功能的拓展路径研究[J].西安财经学院学报,2016(1):57-61.

[217] Grewal R, Chakravarty A, Saini A. Governance mechanisms in business-to-business electronic markets[J]. Journal of Marketing, 2010, 74(4): 45-62.

[218] Chakravarty A, Kumar A, Grewal R. Customer orientation structure for internet-based business-to-business platform firms[J]. Journal of Marketing, 2014, 78(5): 1-23.

[219] 李小玲,任星耀,郑煦.电子商务平台企业的卖家竞争管理与平台绩效——基于VAR模型的动态分析[J].南开管理评论,2014(5):73-83.

[220] Bauer R A. Consumer behavior as risk taking[C]//Hancock R S. Dynamic Marketing for a Changing World, 1960.

[221] Cox D F. Risk handling in consumer behavior-an intensive study of two cases[M]//Cox D F. Risk Taking and Information Handling in Consumer Behavior. Boston: Harvard University Press, 1967.

[222] Cunningham S M. The major dimensions of perceived risk[M]//Cox D F. Risk Taking and Information Handling in Consumer Behavior. Boston: Harvard University Press, 1967.

[223] Jarvenpaa S L, Todd P A. Consumer reactions to electronic shopping on the World Wide Web[J]. International Journal of Electronic Commerce, 1996, 1(2): 59-88.

[224] 张春兴.现代心理学[M].上海:上海人民出版社,1994.

[225] Wright S. The method of path coefficients[J]. The Annals of Mathematical Statistics, 1934, 5(3): 161-215.

[226] Yuan Y, MacKinnon D P. Bayesian mediation analysis[J]. Psychological Methods, 2009, 14(4):

301.
[227] 温忠麟,张雷,侯杰泰. 有中介的调节变量和有调节的中介变量[J]. 心理学报,2006,38(3):448-452.
[228] Edwards J R, Lambert L S. Methods for integrating moderation and mediation: a general analytical framework using moderated path analysis[J]. Psychological Methods, 2007, 12(1): 1.
[229] Roson R. Two-sided markets: A tentative survey[J]. Review of Network Economics, 2005, 4(2): 142-160.
[230] Rochet J C, Tirole J. Two-Sided Markets: An Overview[J]. Toulouse, 2004, 51(11): 233-260.
[231] Rochet J C, Tirole J. Two-sided markets: a progress report[J]. The Rand Journal of Economics, 2006, 37(3): 645-667.
[232] Coase R H. The nature of the firm[J]. Economica, 1937, 4(16): 386-405.
[233] Rysman M. The economics of two-sided markets[J]. Journal of Economic Perspectives, 2009, 23(3): 125-143.
[234] Choi J P. Tying in two-sided markets with multi-homing[J]. The Journal of Industrial Economics, 2010, 58(3): 607-626.
[235] Evans D S. The antitrust economics of multi-sided platform markets[J]. Yale Journal on Regulation, 2003, 20(2): 325-431.
[236] Farrell J, Saloner G. Standardization, compatibility, and innovation[J]. Rand Journal of Economics, 1984, 16(16): 70-83.
[237] Farrell J, Saloner G. Installed base and compatibility: innovation, product preannouncements, and predation[J]. American Economic Review, 1986, 76(5): 940-955.
[238] Brynjolfsson E, Kemerer C F. Network externalities in microcomputer software: An econometric analysis of the spreadsheet market[J]. Management Science, 1996, 42(12): 1627-1647.
[239] Bental B, Spiegel M. Network competition, product quality, and market coverage in the presence of network externalities[J]. Journal of Industrial Economics, 1995, 43(2): 197-208.
[240] Parker G, Van Alstyne M W. Information complements, substitutes, and strategic product design[C]//Proceedings of the twenty first international conference on Information systems. Association for Information Systems, 2000: 13-15.
[241] Parker G, Van Alstyne M. Unbundling in the presence of network externalities[Z]. Mimeo, 2002.
[242] 徐晋. 平台经济学——平台竞争的理论与实践[M]. 上海:上海交通大学出版社,2007.
[243] Armstrong M. Competition in two-sided markets(2002 version)[J]. Mpra Paper, 2002, 37(3): 668-691.
[244] 帅旭. 网络外部性的内生机理及其在市场竞争中的效应研究[D]. 上海:上海交通大学,2003.
[245] Kraemer T, Hinz O, Skiera B. Measuring the economic success of marketing investments in two-sided markets[C]//Proceedings of the 34th INFORMS Marketing Science Conference, Boston, 2012.
[246] Hagiu A. Platforms, pricing, commitment and variety in two-sided markets[D]. New Jersey: Princeton University, 2004.
[247] 陈宏民,胥莉. 双边市场企业竞争环境的新视角[M]. 上海:上海人民出版社,2007.
[248] 纪汉霖. 双边市场定价策略研究[D]. 上海:复旦大学,2006.
[249] 尹冬生. 网络外部性下的我国电子支付产业竞争策略研究[D]. 济南:山东大学,2010.
[250] Park S. Quantitative analysis of network externalities in competing technologies: The VCR case[J]. Review of Economics and Statistics, 2004, 86(4): 937-945.
[251] Lieberman M B. Did first-mover advantage survive the dot-com crash[R]. UCLA, 2005.
[252] Shapiro C, Varian H R. Information rules: a strategic guide to the network economy[M]. Boston:

Harvard Business Press,2013.

[253] Zeithaml V A. Consumer perception of price, quality, and value: A means-end model and sy-nthesis of evidence[J]. Journal of Marketing,1988,52(3):2-22.

[254] 王庆国,蔡淑琴,汤云飞.基于质量信息不对称度的消费者效用与企业利润研究[J].中国管理科学, 2006(1):88-93.

[255] 曹俊浩.基于双边市场理论的B2B平台运行策略及其演化研究[D].上海:上海交通大学,2010.

[256] 刘蓉娜.质量因素影响下的双边市场平台均衡分析[D].重庆:重庆大学,2010.

[257] Liebowitz S J. RE-thinking the network economy: the true forces that drive the digital marketplace [M]. New York: American Management Association,2002.

[258] 王小芳,纪汉霖.用户基础与拥挤效应及双边平台的市场进入[J].系统工程学报,2015,30(4):466-475.

[259] 张家伦.企业价值评估与创造[M].上海:立信会计出版社,2005.

[260] 李雨田.企业价值研究[D].武汉:武汉理工大学,2003.

[261] 康纳尔,张志强,王春香.公司价值评估:有效评估与决策的工具[M].北京:华夏出版社,2001.

[262] 李向前.企业价值研究[D].长春:吉林大学,2005.

[263] 戴书松.公司价值评估[M].北京:清华大学出版社,2009.

[264] 张素蓉.企业价值最大化及其实现途径研究[D].天津:天津大学,2004.

[265] 周宏岩.浅析企业价值评估基础理论[J].合作经济与科技,2012(7):41-42.

[266] 于艳芳,宋凤轩.资产评估理论与实务[M].北京:人民邮电出版社,2010.

[267] 张晗.资产评估理论与实务[M].北京:清华大学出版社,2015.

[268] 汤姆·科普兰.价值评估:公司价值的衡量与管理[M].3版.北京:电子工业出版社,2002.

[269] 方胜新.证券投资常用估值方法及适用性研究[D].杭州:浙江工业大学,2009.

[270] Rochet J, Tirole J. Platform competition in two-sided markets[J]. Journal of the European Economic Association,2003,1(4):990-1029.

[271] Evans D S, Schmalensee R. The Industrial Organization of Markets with Two-Sided Platforms[J]. Competition Policy International,2007,3(1):149-179.

[272] Bolt W, Tieman A F. Heavily skewed Pricing in two-sided markets[J]. International Journal of Industrial Organization,2008,26:1250-1255.

[273] Ferrando J, Gabszewiez J, Laussel D, et al. Two-sided Effects and Competition: An Application to Media Industries[R]. Center for Operations Research and Econometrics(CORE),2004.

[274] Jullien B, Sand-Zantman W. Internet Regulation, Two-Sided Pricing, and Sponsored Data[R]. Institut d'Économie Industrielle(IDEI), Toulouse, 2015.

[275] Bhargava H, et al. Analysis of an Intermediary's Strategies in Electronic Markets for Decision Technologies[R]. ICIS,1999.

[276] Aaron Schiff. Open and Closed Systems of Two-sided Networks[J]. Information Economics and Policy,2003,15:425-442.

[277] 彭讲华.基于双边市场理论视角下网上购物平台的定价机制研究[D].南京:南京财经大学,2011.

[278] 倪可心.基于交叉网络外部性的双边市场定价行为研究[D].大连:东北财经大学,2013.

[279] 李煜.基于双边市场理论的软件平台运营机制研究[D].北京:北京邮电大学,2013.

[280] 王红娇.网络外卖补贴对内部刷单的影响[D].大连:东北财经大学,2016.

[281] 程贵孙,李银秀.平台型产业反垄断规制的几个关键问题研究[J].当代财经,2009(7):71-76.

[282] Armstrong M. Competition in two-sided markets[J]. The RAND Journal of Economics,2006,37 (3):668-691.

[283] Hagiu A. Two-sided platforms: Pricing and social efficiency[R]. SSRN 621461,2004:214-256.

[284] 王昭慧,忻展红.双边市场中的补贴问题研究[J].管理评论,2010(10):44-49.

[285] Evans D S, Hagiu A, Schmalensee R. A survey of the economic role of software platforms in computer-based industries[J]. Cesifo Economic Studies, 2005, 51(2-3): 189-224.

[286] Jullien B. Two-sided markets and electronic intermediaries[J]. Cesifo Economic Studies, 2005, 51(2-3): 233-260.

[287] Hagiu A. Optimal pricing and commitment in two-sided markets[R]. The Conference on the Economics of Two-Sided Markets, Toulouse, 2004.

[288] 王娜. 双边平台企业价格策略研究[D]. 武汉: 武汉大学, 2011.

[289] Gaudeul A. Internet intermediaries' editorial content quality[R]. WUSTL Industrial Organization, 2004.

[290] Kind H J, Nilssen T, Sørgard L. Business models for media firms: Does competition matter for how they raise revenue?[J]. Marketing Science, 2009, 28(6): 1112-1128.

[291] Yadav M S, Monroe K B. How buyers perceive savings in a bundle price: an examination of a bundle's transaction value[J]. Journal of Marketing Research, 1993, 30(3): 350-358.

[292] Choi J P, Jeon D S. A leverage theory of reputation building with co-branding: Complementarity in reputation building[R]. SSRN 1002882, 2007: 561-584.

[293] Amelio A, Jullien B. Tying and Freebies in Two Sided Markets Preliminary and Incomplete[R]. Toulouse School of Economics, 2007: 55-98.

[294] Senn J A. Business-to-business e-commerce[J]. Information Systems Management, 2000, 17(2): 23-32.

[295] 段文奇. 基于复杂网络的第三方电子商务平台临界用户规模研究[J]. 中国管理科学, 2014(12): 93-101.

[296] 刘小利. 第三方B2C在线交易平台现状调查[C]//信息经济与国民经济增长方式的转变——中国信息经济学会2006年学术年会论文集, 2006.

[297] 符启林. 房地产法[M]. 北京: 法律出版社, 2004.

[298] 中华人民共和国城市房地产管理法[Z]. 2007修正.

[299] 施建刚. 房地产开发与管理[M]. 上海: 同济大学出版社, 2004.

[300] 李艳双, 韩文秀. 房地产业竞争力分析[J]. 西北农林科技大学学报(社会科学版), 2003(2): 82-85.

[301] Brousseau E. The governance of transactions by commercial intermediaries: An analysis of the re-engineering of intermediation by electronic commerce[J]. International Journal of the Economics of Business, 2002, 9(3): 353-374.

[302] (美)奥利弗·E.威廉姆森(Oliver E. Williamson). 治理机制[M]. 北京: 中国社会科学出版社, 2001.

[303] Nguyen G D. Du commerce électronique à l'intermédiation électronique[R]. Paris: Technologies de l'Information et de la Communication Organization et Performances Économiques, 1999.

[304] Rochet J C, Tirole J. Platform competition in two-sided markets[J]. Journal of the European Economic Association, 2003, 1(4): 990-1029.

[305] 彭欣. 第三方平台的电子商务分析[J]. 中国管理信息化, 2006(6): 44-46.

[306] 陶芝兰, 王欢. 信任模式的历史变迁——从人际信任到制度信任[J]. 北京邮电大学学报(社会科学版), 2006, 8(2): 20-23.

[307] 郑也夫. 信任与社会秩序[J]. 学术界, 2001(4): 30-40.

[308] Granovetter M. Economic action and social structure: The problem of embeddedness[J]. American Journal of Sociology, 1985, 91(3): 481-510.

[309] Lewis J D, Weigert A J. Trust as a social reality[J]. Soc. Forces, 1985, 63(4): 967-985.

[310] Mayer R C, Davis J H, Schoorman F D. An integrative model of organizational trust[J]. Academy of management review, 1995, 20(3): 709-734.

[311] McKnight D H, Chervany N L. What trust means in e-commerce customer relationships: An interdisciplinary conceptual typology[J]. International Journal of Electronic Commerce, 2002, 6(2):35-59.

[312] Gefen D, Karahanna E, Straub D W. Trust and TAM in online shopping: An integrated model[J]. MIS Quarterly, 2003, 27(1):51-90.

[313] 张维迎. 信息、信任与法律[M]. 北京:生活·读书·新知三联书店, 2003.

[314] 中国互联网络信息中心. 第39次中国互联网络发展状况统计报告[EB/OL]. http://202.119.24.249/cache/9/03/cnnic.net.cn/9e017bfa6ef25a2a6ac17ac19a3f29ac/P020170123364672657408.pdf.

[315] Tan S J. Strategies for reducing consumers risk aversion in Internet shopping[J]. Journal of Consumer Marketing, 1999, 16(2):163-180.

[316] Kim D J, Ferrin D L, Rao H R. A trust-based consumer decision-making model in electronic commerce: The role of trust, perceived risk, and their antecedents[J]. Decision Support Systems, 2008, 44(2): 544-564.

[317] Lohse G L, Spiller P. Electronic shopping[J]. Communications of the ACM, 1998, 41(7):81-87.

[318] Aljaafreh A O, Gill A Q, Al-Ani A, et al. Factors influencing customer's initial trust of Internet banking services in the jordanian context[C]. IBIMA Conference, 2013:281-288.

[319] Sultan F, Urban G, Shankar V, et al. Determinants and role of trust in e-business: a large scale empirical study[J]. Working Papers, 2003(4):133-152.

[320] Pavlou P A. Consumer acceptance of electronic commerce: Integrating trust and risk with the technology acceptance model[J]. International Journal of Electronic Commerce, 2003, 7(3): 101-134.

[321] Jarvenpaa S L, Todd P A. Consumer reactions to electronic shopping on the World Wide Web[J]. International Journal of Electronic Commerce, 1996, 1(2): 59-88.

[322] Ahmad M Hassan, Michelle B Kunz, Allison W Pearson, et al. Conceptualization and measurement of perceived risk in online shopping[J]. Marketing Management Journal, 2006, 16(1):138.

[323] Zucker L G. Production of trust: Institutional sources of economic structure. 1840—1920[M]. Research in Organizational Behavior, Greenwich, CT: JAI Press, 1986.

[324] 诺思. 制度、制度变迁与经济绩效[M]. 刘守英,译. 上海:上海三联书店, 1994.

[325] 张宇燕. 经济发展与制度选择[M]. 北京:中国人民大学出版社, 1992.

[326] McKnight D H, Cummings L L, Chervany N L. Initial trust formation in new organizational relationships[J]. Academy of Management Review, 1998, 23(3): 473-490.

[327] 王俊秀,杨宜音. 2011中国社会心态研究报告[M]. 北京:社会科学文献出版社, 2011.

[328] 张明军,陈朋. 2011年中国社会典型群体性事件的基本态势及学理沉思[J]. 当代世界与社会主义, 2012(1):140-146.

[329] Doney P M, Cannon J P. An examination of the nature of trust in buyer-seller relationships[J]. Journal of Marketing, 1997, 61(2): 35-51.

[330] Corritore C L, Kracher B, Wiedenbeck S. On-line trust: concepts, evolving themes, a model[J]. International Journal of Human-computer Studies, 2003, 58(6): 737-758.

[331] Lewicki R J, Bunker B B. Trust in Relationships: A Model of Trust Development and Decline [M]//Bunker B B, Rubin J Z. Conflict, Cooperation, and Justice. San Francisco: Jossey Bass Publishers, 1995.

[332] Cox D F. Risk handling in consumer behavior-an intensive study of two cases[M]//Cox D F. Risk Taking and Information Handling in Consumer Behavior. Boston: Harvard University Press, 1967.

[333] Ajzen I. From intentions to actions: A theory of planned behavior[M]. Heidelberg: Springer, 1985.

[334] Rotter J B. Generalized expectancies for interpersonal trust[J]. Amer. Psychologist, 1971, 26(5): 443-452.

[335] Jarvenpaa S L, Leidner D E. Communication and trust in global virtual teams[J]. Journal of Computer-Mediated Communication, 1998, 3(4):791-815.

[336] 艾瑞咨询. 2016 年 Q4 中国房地产网站季度监测[EB/OL]. http://www.199it.com/archives/578684.html?url_type=39.

[337] 周密,姚芳,赵西萍. 组织内部信任——理性控制最优模型的建立[J]. 山西财经大学学报,2006,28(5):93-98.

[338] 鲁耀斌,周涛. B2C 环境下影响消费者网上初始信任因素的实证分析[J]. 南开管理评论,2006,8(6):96-101.

[339] Bart Y, Shankar V, Sultan F, et al. Are the drivers and role of online trust the same for all web sites and consumers? A large-scale exploratory empirical study[J]. Journal of Marketing, 2005, 69(4):133-152.

[340] Delgado-Ballester E, HernáNdez-Espallardo M. Effect of brand associations on consumer reactions to unknown on-line brands[J]. International Journal of Electronic Commerce, 2008, 12(3):81-113.

[341] 蒋大兴. 信息、信任与规制性竞争——网络社会中二手房交易之信息传递[J]. 法制与社会发展,2014(5):118-141.

[342] Sussman S W, Siegal W S. Informational influence in organizations: An integrated approach to knowledge adoption[J]. Information Systems Research, 2003, 14(1):47-65.

[343] Featherman M S, Pavlou P A. Predicting e-services adoption: a perceived risk facets perspective[J]. International Journal of Human-Computer Studies, 2003, 59(4):451-474.

[344] 赵冬梅,纪淑娴. 信任和感知风险对消费者网络购买意愿的实证研究[J]. 数理统计与管理,2010(2):305-314.

[345] Martin J, Mortimer G, Andrews L. Re-examining online customer experience to include purchase frequency and perceived risk[J]. Journal of Retailing and Consumer Services, 2015, 25:81-95.

[346] Sarkar M, Butler B, Steinfield C. Cybermediaries in electronic marketspace: toward theory building [J]. Journal of Business Research, 1998, 41(3):215-221.

[347] Westland J C. Transaction risk in electronic commerce[J]. Decision Support Systems, 2002, 33(1):87-103.

[348] Williamson P J, De Meyer A. Ecosystem advantage[J]. California Management Review, 2012, 55(1):24-46.

[349] Suh B, Han I. The impact of customer trust and perception of security control on the acceptance of electronic commerce[J]. International Journal of Electronic Commerce, 2003, 7(3):135-161.

[350] Pavlou P A. Institution-based trust in interorganizational exchange relationships: the role of online B2B marketplaces on trust formation[J]. The Journal of Strategic Information Systems, 2002, 11(3):215-243.

[351] Wrightsman L S. Interpersonal trust and attitudes toward human nature[R]. Psychologica Report, 1991.

[352] Pavlou P A, Gefen D. Building effective online marketplaces with institution-based trust[J]. Information Systems Research, 2004, 15(1):37-59.

[353] Bhattacharya U, Spiegel M. Insiders, outsiders, and market breakdowns[J]. Review of Financial Studies, 1991, 4(2):255-282.

[354] Antony S, Lin Z, Xu B. Determinants of escrow service adoption in consumer-to-consumer online auction market: An experimental study[J]. Decision Support Systems, 2006, 42(3):1889-1900.

[355] Lu B, Zeng Q, Fan W. Examining macro-sources of institution-based trust in social commerce marketplaces: An empirical study[J]. Electronic Commerce Research and Applications, 2016, 20: 116-131.
[356] 江若尘,徐冬莉,严帆. 网络团购中感知风险对信任及购买意愿的影响[J]. 现代财经(天津财经大学学报),2013(1):87-96.
[357] 梁健爱. 顾客感知风险对网络零售商惠顾意愿影响实证研究[J]. 企业经济,2012(8):110-114.
[358] Gefen D, Rao V S, Tractinsky N. The Conceptualization of Trust, Risk and Their Relationship in E-Commerce[C]. Proc. 36th Hawaii Int. Conf. on System science(HICSS 2003), 2003.
[359] 张春兴. 现代心理学[M]. 上海:上海人民出版社,1994.
[360] Coleman J S, Coleman J S. Foundations of social theory[M]. Harvard: Harvard University Press, 1994.
[361] Cunningham S M. The major dimensions of perceived risk[J]. Risk Taking and Information Handling in Consumer Behavior, 1967, 1: 82-111.
[362] 温忠麟,叶宝娟. 有调节的中介模型检验方法:竞争还是替补?[J]. 心理学报,2014,46(5):714-726.
[363] Ping Jr R A. A parsimonious estimating technique for interaction and quadratic latent variables[J]. Journal of Marketing Research, 1995,32: 336-347.
[364] 风笑天. 方法论背景中的问卷调查法[J]. 社会学研究,1994(3):13-18.
[365] 李灿,辛玲. 调查问卷的信度与效度的评价方法研究[J]. 中国卫生统计,2008,25(5):541-544.
[366] 马庆国. 管理统计:数据获取,统计原理,SPSS 工具与应用研究[M]. 北京:科学出版社,2002.
[367] 吴明隆. 结构方程模型——Amos 的操作与应用[M]. 重庆:重庆大学出版社,2009.
[368] 林嵩. 结构方程模型原理及 AMOS 应用[M]. 武汉:华中师范大学出版社,2008.
[369] Rochet J C, Tirole J. Two-Sided Markets: An Overview[J]. Toulouse, 2004, 51(11): 233-260.
[370] Rochet J C, Tirole J. Two-sided markets: a progress report[J]. The Rand Journal of Economics, 2006, 37(3): 645-667.
[371] 徐晋. 平台经济学——平台竞争的理论与实践[M]. 上海:上海交通大学出版社,2007.
[372] 巴曙松. 房地产大转型的"互联网＋"路径[M]. 厦门:厦门大学出版社,2015.
[373] 周利华. 网络平台演化机制研究[D]. 金华:浙江师范大学,2013.
[374] 曹振良. 房地产经济学通论[M]. 北京:北京大学出版社,2003.
[375] 杨波. 房地产业的城市政府管理研究[D]. 大连:东北财经大学,2006.
[376] 李德智. 中国房地产业发展代价问题研究[D]. 南京:东南大学,2008.
[377] 丁云,武永春. 房地产经济学[M]. 北京:首都经济贸易大学出版社,2008.
[378] 张洪力. 房地产经济学[M]. 北京:机械工业出版社,2004.
[379] 李艳双. 房地产业与国民经济协调发展研究[D]. 天津:天津大学,2003.
[380] 王国军,刘水杏. 房地产业对相关产业的带动效应研究[J]. 经济研究,2004(8):38-47.
[381] 韩波. 房地产业链中开发商运营模式变革分析[D]. 上海:上海交通大学,2002.
[382] 简德三,王洪卫. 房地产经济学[M]. 北京:中国建筑工业出版社,2003.
[383] 包亚钧,汪洪涛. 房地产经济论[M]. 上海:同济大学出版社,1999.
[384] 朱奎元. 土地市场对增量房市场影响机理分析[D]. 西安:西安建筑科技大学,2008.
[385] 牛伟晨. 基于系统动力学的西安市住宅增量市场与存量市场互动机理研究[D]. 西安:西安建筑科技大学,2014.
[386] 苏小波. 赣州市房地产产业链及区域经济相关研究[D]. 南昌:江西理工大学,2008.
[387] 吕其银. 我国房地产业并购战略研究[D]. 南京:东南大学,2006.
[388] 孙羽. 基于 EVA 的我国互联网企业价值评估研究[D]. 北京:首都经济贸易大学,2014.
[389] 王珊琦. 互联网企业价值评估模型研究[D]. 北京:华北电力大学,2014.

[390] 齐晓林. 基于商业模式的互联网企业价值评估[D]. 南京:东南大学,2015.

[391] McKnight L W, Bailey J P. Internet economics[M]. Massachusetts:MIT Press,1998.

[392] 王聪儿. 基于EVA估价模型的我国互联网企业价值评估研究[D]. 厦门:厦门大学,2009.

[393] 李向前. 企业价值研究[D]. 长春:吉林大学,2005.

[394] 侯晓文. 互联网公司上市估值的影响因素研究[D]. 济南:山东财经大学,2016.

[395] Bain J S. Barriers to new competition:their character and consequences in manufacturing industries [J]. California Law Review,1957,45(1):448-458.

[396] 夏皮罗,瓦里安,张帆. 信息规则:网络经济的策略指导[M]. 北京:中国人民大学出版社,2000.

[397] 殷逸健. 网络股定价:基于新增长模式的深入分析[J]. 证券市场导报,2000(2):30-34.

[398] Evans D S, Schmalensee R. Failure to launch:critical mass in platform businesses[J]. Social Science Electronic Publishing,2010,9(4):1-28.

[399] 马越. 互联网经济估值研究[J]. 科技与企业,2016(1):19-20.

[400] Kotler P. Marketing management[M]. 12th ed. 北京:清华大学出版社,2009.

[401] 周立新. 浅议企业利润最大化与价值最大化[J]. 冶金财会,2006(6):13.

[402] 田力,梁义江. 企业价值最大化:企业理财目标的现实选择[J]. 环渤海经济瞭望,2010(8):50-52.

[403] 许思宁. 企业价值最大化——我国现代企业财务目标的理性选择[J]. 山西财经大学学报,2011(S1):171.

[404] 腾讯科技讯. Airbnb去年营收增幅超80%下半年已首次实现盈利[EB/OL]. 2017-01-28. http://tech.qq.com/a/20170128/002799.htm.

[405] Modigliani F, Miller M H. The cost of capital,corporation finance and the theory of investment [J]. The American Economic Review,1958,48(3):261-297.

[406] 张素蓉. 企业价值最大化及其实现途径研究[D]. 天津:天津大学,2004.

[407] 黄良鸣. 浅议企业价值最大化的财务管理目标[J]. 冶金财会,2006(12):28-29.

[408] 赵铂. 财务管理目标与企业价值最大化[J]. 山西财经大学学报,2011(S1):201.

[409] Allen F, Gale D. Corporate governance and competition[M]. Pennsylvania:University of Pennsylvania Press,1999.

[410] 腾讯科技讯. 房产电商房多多宣布完成C轮2.23亿美元融资[EB/OL]. 2015-09-16. http://tech.qq.com/a/20150916/054489.htm.

[411] 凤凰科技. Airbnb证实完成一轮15亿美元融资——估值250亿美元[EB/OL]. 2015-12-08. http://finance.ifeng.com/a/20151208/14115227_0.shtml.

[412] 中国新闻网. 从A到D连投四轮,雷军看中爱屋吉屋什么?[EB/OL]. 2015-05-14. http://finance.chinanews.com/cj/2015/05-14/7276511.shtml.

[413] 陈艳莹. 企业价值的战略涵义[J]. 大连理工大学学报(社会科学版),2000(1):28-31.

[414] 程杞国. 行业选择对企业市场价值的影响[J]. 北京行政学院学报,2000(1):33-37.

[415] 施焱旻. 中国互联网企业估值研究[D]. 上海:上海交通大学,2014.

[416] 方胜新. 证券投资常用估值方法及适用性研究[D]. 杭州:浙江工业大学,2009.

[417] 赵立新. 互联网企业商业模式与企业价值基于生命周期的视角分析[D]. 上海:复旦大学,2011.

[418] 许冠碧. 基于EVA模型的我国互联网企业价值评估研究[D]. 广州:暨南大学,2015.

[419] 郜明忠. 修正的DEVA法在互联网企业估值中的应用研究[D]. 北京:首都经济贸易大学,2016.

[420] Zhang X Z, Liu J J, Xu Z W. 腾讯和脸书数据验证了梅特卡夫定律[J]. Journal of Computer Science and Technology,2015,30:246-251.

[421] 范声焕. 基于齐普夫法则的互联网企业估值研究——以"东方财富"为例的分析[J]. 湖北经济学院学报(人文社会科学版),2016,8:55-56.

[422] Amir E, Lev B. Value-relevance of nonfinancial information:The wireless communications industry [J]. Social Science Electronic Publishing,1995,22(1/2/3):3-30.

[423] Tumarkin R, Whitelaw R F. News or noise? Internet postings and stock prices[J]. Financial Analysts Journal, 2001,27(3):41-51.

[424] Quaddus M, Achjari D. A model for electronic commerce success[J]. Telecommunications Policy, 2005, 29(2/3): 127-152.

[425] Ghandour A, Benwell G, Deans K. The Relationship between Website Metrics and the Financial Performance of Online Businesses[C]// International Conference on Information Systems, Icis 2010, Saint Louis, Missouri, Usa, December. DBLP, 2010:27.

[426] Trueman B, Zhang X J. The eyeballs have it: searching for the value in internet stocks[J]. Journal of Accounting Research, 2000, 38(2): 137-162.

[427] Rajgopal S. The Relevance of Web Traffic for Stock Prices of Internet Firms[J]. Ssrn Electronic Journal, 2000, 69(3): 182-184.

[428] 李彤. 电子商务网站流量对企业价值的影响研究[D]. 哈尔滨:哈尔滨工业大学,2012.

[429] Meeker M. The internet report[M]. New York: Harper Collins Publishers, 1996.

[430] 方晓成. 网络企业价值理论和评估方法研究[D]. 合肥:合肥工业大学,2008.

[431] 谈多娇,董育军. 互联网企业的价值评估——基于客户价值理论的模型研究[J]. 北京邮电大学学报(社会科学版),2010(3):34-39.

[432] 李伯阳. 互联网企业估值在中国的应用情况[J]. 中国资产评估,2016(2):33-36.

[433] Walter A, Ritter T, Gemünden H G. Value creation in buyer-seller relationships: Theoretical considerations and empirical results from a supplier's perspective [J]. Industrial Marketing Management, 2001, 30(4): 365-377.

[434] Sunil G, Donald L R, Stuart Jennifer Ames. Valuing customers[J]. Journal of Marketing Research, 2004, 41(1): 7-18.

[435] Bauer H H, Hammerschmidt M. Customer-based corporate valuation: Integrating the concepts of customer equity and shareholder value[J]. Management Decision, 2005, 43(3): 331-348.

[436] 王果,张琦,孙优帅,等. 基于用户流量的互联网企业会计估值问题研究[J]. 商场现代化,2016,16:172-173.

[437] 刘茂红. 中国互联网产业组织实证研究[D]. 武汉:武汉大学,2011.

[438] 杨文明. 市场份额标准的理论反思与方法适用——以互联网企业市场支配地位认定为视角[J]. 西北大学学报(哲学社会科学版),2014(3):68-75.

[439] 帅青红. 基于客户的互联网企业价值评估的实证研究[J]. 网络安全技术与应用,2005(4):34-37.

[440] 陈轩. 我国电商平台 GMV 数据现状及监管思路初探[N]. 中国工商报,2015-10-28(003).

[441] 吴彩凤. 现金流比利润更重要[J]. 科技资讯,2006(34):143-144.

[442] 萧枭. 现金流比利润更重要[J]. 财会学习,2006(8):17-18.

[443] 王青华. 互联网对资产评估的挑战[J]. 中国资产评估,2016(2):26-30.

[444] 投房研究院. 2015 年长租公寓投研报告[EB/OL]. 2015-08-10. http://mt.sohu.com/20150810/n418494827.shtml.

[445] 艾瑞咨询. 2015 年中国社区 O2O 行业研究报告[EB/OL]. 2015-08-31. http://www.iresearch.com.cn/report/2442.html.

[446] 邓之宏,郑伟亮,秦军昌. C2C 电子商务服务质量评价实证研究——基于中国 C2C 市场的问卷调查[J]. 图书情报工作,2012,56(14):141-147.

[447] 周新玉. 房地产电商综合平台运营模式研究[J]. 中国市场,2016(6):105-107.

[448] Nathan R J, Yeow P H P. Crucial web usability factors of 36 industries for students: a large-scale empirical study[J]. Electronic Commerce Research, 2011, 11(2): 151-180.

[449] 叶堃晖,崔兆,李炳恒. 建筑业企业竞争强度评价模型研究[J]. 建筑经济,2012(5):94-97.

[450] Aghdaie M H, Zolfani S H, Rezaeinia N, et al. A hybrid fuzzy MCDM approach for market

segments evaluation and selection[C]. Management and Service Science(MASS), 2011.
[451] 纪汉霖. 双边市场定价策略研究[D]. 上海:复旦大学,2006.
[452] Christensen C. The innovator's dilemma: when new technologies cause great firms to fail[M]. Boston: Harvard Business Review Press, 2013.
[453] 许晓明,宋琳. 基于在位企业视角的破坏性创新战略研究综述及应用模型构建[J]. 外国经济与管理,2008(12):1-9.
[454] Cherif E, Grant D. Analysis of e-business models in real estate[J]. Electronic Commerce Research, 2014, 14(1):25-50.
[455] 祁艳. 房地产网站用户满意度研究[D]. 哈尔滨:哈尔滨工业大学,2007.
[456] 王富强. 基于网站质量的房产网站顾客满意度研究[D]. 北京:北京师范大学,2009.
[457] 张凡. 房地产网站顾客满意度测评 QFD 方法的研究与应用[D]. 北京:首都经济贸易大学,2010.
[458] 种晓丽. 基于消费者价值的移动服务定价模型研究[D]. 武汉:华中科技大学,2012.
[459] Zeithaml V A. Consumer perception of price, quality, and value: A means-end model and sy-nthesis of evidence[J]. Journal of Marketing, 1988, 52(3): 2-22.
[460] 王庆国,蔡淑琴,汤云飞. 基于质量信息不对称度的消费者效用与企业利润研究[J]. 中国管理科学,2006(1):88-93.
[461] 曹俊浩. 基于双边市场理论的 B2B 平台运行策略及其演化研究[D]. 上海:上海交通大学,2010.
[462] Farrell J, Saloner G. Installed base and compatibility: innovation, product preannouncements, and predation[J]. American Economic Review, 1986, 76(5): 940-955.
[463] Armstrong M. Competition in two-sided markets(2002 version)[J]. MPRA Paper, 2002, 37(3): 668-691.
[464] Rysman M. The economics of two-sided markets[J]. Journal of Economic Perspectives, 2009, 23(3): 125-143.
[465] Hagiu A. Platforms, pricing, commitment and variety in two-sided markets[D]. New Jersey: Princeton University, 2004.
[466] 王小芳,纪汉霖. 用户基础与拥挤效应及双边平台的市场进入[J]. 系统工程学报,2015,30(4):466-475.
[467] 芦彩梅,高小俊. P2P 在线借贷平台的定价研究[J]. 陕西科技大学学报(自然科学版),2016(1):175-180.
[468] 艾瑞咨询. 2016 年中国互联网家装白皮书[EB/OL]. 2016-10-25. http://report.iresearch.cn/report/201610/2665.shtml.
[469] 吴昊. 网络外部性市场后人者竞争策略研究——以世界移动通信产业为例[D]. 上海:复旦大学,2006.
[470] 王慧. 基于利益的服装市场细分研究[D]. 郑州:中原工学院,2012.
[471] Lee G, Morrison A M, O'Leary J T. The economic value portfolio matrix: A target market selection tool for destination marketing organizations[J]. Tourism Management, 2006, 27(4): 576-588.
[472] Huotari P, Järvi K H, Kortelainen S, et al. Winner Does Not Take All: Selective Attention and Local Bias in Platform-Based Markets[J]. Technological Forecasting & Social Change, 2017, 114: 313-326.
[473] 陈斑斑. 中国房地产网站信息内容建设研究[D]. 广州:暨南大学,2015.
[474] 蒋超. 我国房地产门户网站内容建设研究[D]. 天津:天津师范大学,2012.
[475] 陈雪松. 房地产业与区域经济发展的关系分析[D]. 广州:暨南大学,2009.
[476] 链家研究院. 存量时代,流通为王[EB/OL]. 2017-01-13. http://house.china.com.cn/topic/2016/lianjiasxh/.

[477] Saaty T L. The Analytic Hierarchy Process[M]. New York:McGraw-Hill,1980.
[478] 鲁为华,于磊. 层次分析法在天然草地资源评价中的应用[J]. 草原与草坪,2004(3):39-44.
[479] 李安平. 层次分析法在船舶投资决策中的应用研究[D]. 上海:上海海事大学,2005.
[480] Goldhaber M H. The Attention Economy and the Net[J]. First Monday,1997,2(4):18-26.
[481] 黄珊. 二手房市场的交易信息成本研究[D]. 武汉:华中师范大学,2012.
[482] 濮小金,司志刚. 网络经济学[M]. 北京:机械工业出版社,2006.
[483] 周鸿铎. 网络产业经营与管理[M]. 北京:经济管理出版社,2005.
[484] 吕华. 房地产估价理论与实务[M]. 上海:同济大学出版社,1990.
[485] Rochet J,Tirole J. Defining Two-Sided Markets[R]. IDEI University of Toulouse,2004.
[486] 于飒洲. 房屋中介网系统的设计与实现[D]. 长春:吉林大学,2011.
[487] 葛维. 基于云计算的房地产中介管理系统的分析设计研究[D]. 西安:西安科技大学,2014.
[488] 马飞. 房产中介管理信息系统的设计和实现[D]. 济南:山东大学,2013.
[489] 郑淑蓉. 商务网站的成本与效益分析[J]. 经济问题,2009(4):50-52.
[490] Parker G,Van Alstyne M W. Information complements,substitutes,and strategic product design[C]//Proceedings of the twenty first international conference on Information systems. Association for Information Systems,2000:13-15.
[491] Rochet J,Tirole J. Platform competition in two-sided markets[J]. Journal of the European Economic Association,2003,1(4):990-1029.
[492] 胡雯瑾. 广告支持型双边市场的价格结构与网络外部性研究[D]. 上海:上海交通大学,2007.
[493] 安凯. 上市房企电子商务盈利模式及其效率研究[D]. 咸阳:西北农林科技大学,2014.
[494] Rochet J,Tirole J. Platform Competition in Two-sided Markets:an overview[R]. University of Toulouse,2001.
[495] Armstrong M,Wright J. Two-Sided Markets[M]//Larry Blxime,Steven Durlauf. The New Palgrave Dictionary of Economics. New York:Palgrave Macmillan,2008.
[496] 刘厚俊. 现代西方经济学原理[M]. 南京:南京大学出版社,2009.
[497] Rochet J,Tirole J. Two-Sided Markets:A Progress Report[J]. Rand Journal of Economics,2006,35(3):645-667.
[498] Bakos J Y. Towards Friction-Free Markets:The Emerging Role of Electronic Marketplaces on the Internet[J]. Communications of the ACM,1998,41:35-42.
[499] 方富龙. 基于双边市场理论的B2B平台运行策略及其演化研究[D]. 上海:上海交通大学,2010.
[500] 吕凤琴. 房地产中介的市场选择与发展研究[D]. 重庆:重庆大学,2004.
[501] 秦虹. 房地产交易[M]. 北京:北京经济学院出版社,1995.
[502] 刘圣欢. 住宅交易成本与交易模型选择[J]. 华中师范大学学报(人文社会科学版),2001(4):72-77.
[503] 王秋菊. 基于双边市场理论的B2C电子商务平台定价策略研究[D]. 广州:华南理工大学,2014.
[504] 单杰. 网络媒体盈利模式研究[D]. 北京:首都经济贸易大学,2007.
[505] 刘佳璐. 网络广告研究[D]. 上海:华中师范大学,2005.
[506] 唐颂. 房地产网络广告现状及对策研究[D]. 大连:大连理工大学,2010.
[507] 王娜,谭力文. 基于双边市场的平台企业定价策略研究[J]. 首都经济贸易大学学报,2010(2):59-64.
[508] 张凯. 双边市场中平台企业的非价格竞争策略研究[D]. 哈尔滨:哈尔滨工业大学,2010.
[509] Shaffer S. A test of competition in Canadian banking[J]. Journal of Money,Credit and Banking,1993,25(1):49-61.
[510] Bain J S. Industrial Organization[M]. New York:Harvard University Press,1968.
[511] Gelos R G,Roldós J. Consolidation and market structure in emerging market banking systems[J]. Emerging Markets Review,2004,5(1):39-59.

[512] 傅瑜. 中国互联网平台企业竞争策略与市场结构研究[D]. 广州：暨南大学, 2013.

[513] 岳本珍. 双边市场中网络购物平台的定价策略[D]. 沈阳：东北大学, 2011.

[514] 段文斌. 西方经济学[M]. 北京：旅游教育出版社, 2008.

[515] 张士军, 施立奎. 现代经济学基础[M], 北京：北京大学出版社, 2008.

[516] Hagiu A. Two-Sided Platforms：Product Variety and Pricing Structures[J]. Journal of Economics & Management Strategy, 2009, 18(4)：1011-1043.

[517] Evans D S. The Antitrust Economics of Multi-Sided Platform Industries[J]. Yale Journal on Regulation, 2003(20)：237-294.

[518] 许多. 浅谈网络外部性下的消费者预期管理[C]//中国通信学会. 通信发展战略与管理创新学术研讨会论文集, 2006：3.

[519] Fahey L, Ansoff H. The new corporate strategy[M]. New Jersey：John Wiley & Sons, 1998.

[520] 周振华. 论社会主义商品供求关系的社会性：买方市场与卖方市场[J]. 福建论坛, 1987(9)：8-11.

[521] 汪建坤. 中国经济卖方市场与买方市场的特征比较[J]. 浙江大学学报（人文社会科学版）, 1999(2)：104-108.

[522] 王猛. 中国房地产市场价格现状及调控研究[D]. 沈阳：沈阳大学, 2011.

[523] 齐红倩, 黄宝敏, 李伟. 供给和需求冲击下的全要素生产率变动与中国产能过剩[J]. 南京社会科学, 2014(8)：16-23.

[524] 孙海旺. 产业生命周期下的我国产能过剩的形成机制及其治理[D]. 上海：上海社会科学院, 2014.

[525] 徐仁莲. 北京家装市场企业竞争战略研究[D]. 北京：北京交通大学, 2007.

[526] 李煜. 基于双边市场理论的软件平台运营机制研究[D]. 北京：北京邮电大学, 2013.